DEIN COACH ZUM ERFOLG!

Dein ActiveBook auf My**STARK**:

Du kannst auf alle digitalen Inhalte (Prüfung 2022, interaktive Aufgaben, MindCards, Glossar) online zugreifen. Registriere dich dazu unter **www.stark-verlag.de/mystark** mit deinem **persönlichen Zugangscode:**

C16140-000287

Die Inhalte dieser Auflage stehen bis Schuljahresende zur Verfügung.

My**STARK**

Das Active**Book** *bietet dir:*

- Viele interaktive Übungsaufgaben zu prüfungsrelevanten Kompetenzen
- Tipps zur Bearbeitung der Aufgaben
- Sofortige Ergebnisauswertung und Feedback
- MindCards und digitales Glossar zum gezielten Üben und Wiederholen zentraler Inhalte

DEIN COACH ZUM ERFOLG!

So kannst du interaktiv lernen:

Interaktive Aufgaben

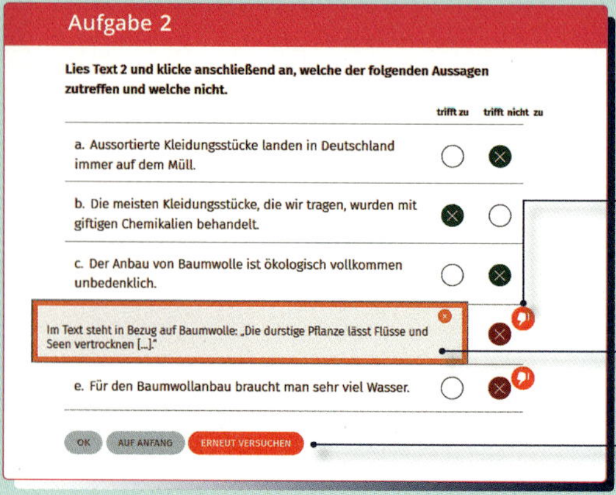

Sofortige Ergebnisauswertung

Hilfreiche Tipps zum Lösen der Aufgaben

Zwei Versuche pro Aufgabe

Digitales Glossar

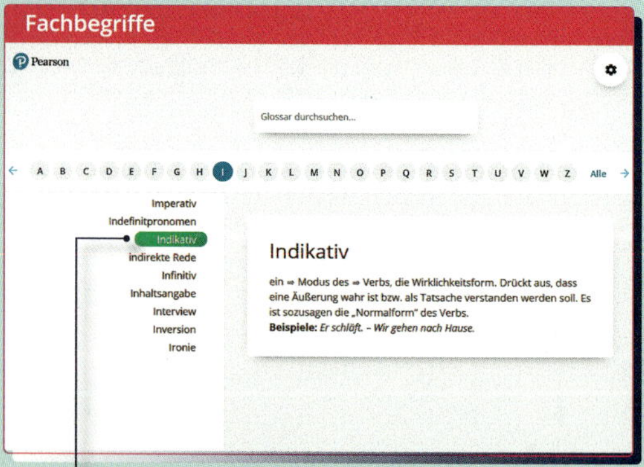

Schnelles Nachschlagen von Fachbegriffen

Web-App „MindCards"

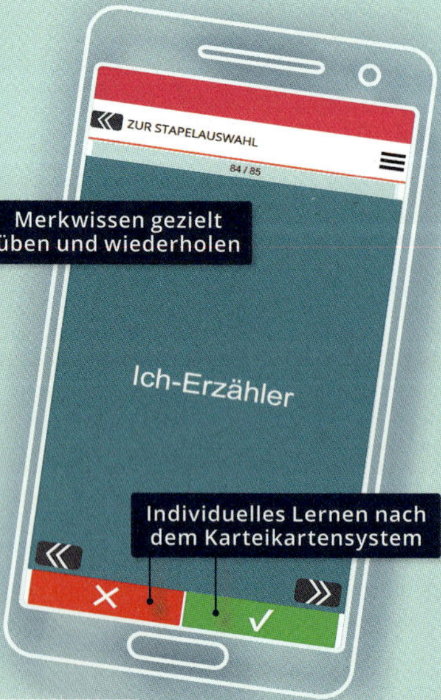

Merkwissen gezielt üben und wiederholen

Individuelles Lernen nach dem Karteikartensystem

Systemvoraussetzungen:

- Mindestens 1024×768 Pixel Bildschirmauflösung
- Chrome, Firefox oder ähnlicher Webbrowser
- Internetzugang
- Adobe Reader oder kompatibler anderer PDF-Reader

Direkt zu den MindCar

2023

Realschulabschluss

Original-Prüfungsaufgaben mit Lösungen

Thüringen

Deutsch

STARK

28. ergänzte Auflage
www.stark-verlag.de

Inhalt

Abschlussprüfung 2016 mit Lösungen

Abschlussprüfung 2017 mit Lösungen

Abschlussprüfung 2018 mit Lösungen

Abschlussprüfung 2019 mit Lösungen

Abschlussprüfung 2020 mit Lösungen

Abschlussprüfung 2021 mit Lösungen

Abschlussprüfung 2022 mit Lösungen

Sobald die **Original-Prüfungsaufgaben 2022** freigegeben sind, können sie als PDF auf der Plattform **MyStark** heruntergeladen werden (Zugangscode vgl. Farbseiten vorne im Buch).

Autoren:

Bärbel Bensch (Kap. A – E), Redaktion (Lösungen Abschlussprüfungen)

Interaktives Training

Dieses Buch umfasst ein interaktives Training fürs Lernen am Computer oder Tablet. Zum **ActiveBook** gelangst du über die Online-Plattform *MyStark*. Nutze dafür den vorne im Buch abgedruckten **Link** und deinen persönlichen **Zugangscode**.

Inhalt ActiveBook

Interaktive Aufgaben

Aufgaben mit Tipps, Feedback und sofortiger Auswertung zu diesen Bereichen:

Lesekompetenz
1 Literarischer Text (Romanauszug)
2 Sachtext

Schreibkompetenz
1 Innerer Monolog
2 Persönlicher Brief
3 Erörterung
4 Stellungnahme
5 Figurencharakterisierung
6 Gedichtinterpretation

Sprachkompetenz
1 Stilmittel
2 Fremdwörter
3 Zeitformen
4 Modus des Verbs
5 Zeichensetzung

MindCards

Interaktive Lernkarten zu wichtigen Fragen und Fehlerschwerpunkten

Digitales Glossar

Einfaches und schnelles Nachschlagen von Fachbegriffen, wie z. B. Textsorten, Stilmittel, Grammatikwissen

Lernvideos

Wenn du den QR-Code mit deinem Smartphone oder Tablet scannst, kannst du Lernvideos abrufen, die dir wichtige Rechtschreibregeln erläutern.

Im Hinblick auf eine eventuelle Begrenzung des Datenvolumens wird empfohlen, dass du dich beim Ansehen der Videos im WLAN befindest. Hast du keine Möglichkeit, den QR-Code zu scannen, findest du die Lernvideos auch unter:

http://qrcode.stark-verlag.de/rechtschreibung-deutsch

Themen der Videos:

- Großschreibung
- Nominalisierung
- Kommaregeln bei Haupt- und Nebensätzen
- Kommasetzung bei Infinitivgruppen
- Rechtschreibstrategien

Jeweils zu Schuljahresbeginn erscheinen die neuen Ausgaben der Abschlussprüfungsaufgaben mit Lösungen.

Vorwort

Liebe Schülerin, lieber Schüler,

dieses Buch hilft dir dabei, dich gründlich auf deine **Realschul-Abschlussprüfung im Fach Deutsch vorzubereiten**. Dazu findest du auf den folgenden Seiten nicht nur die Prüfungsaufgaben der letzten Jahre mit ausführlichen Lösungsvorschlägen, sondern auch wichtige Hinweise und Tipps zu den Aufsatzformen.

Vielleicht erscheint dir die Abschlussprüfung in Deutsch bislang als große Herausforderung. Aber keine Sorge! Durch die Arbeit mit diesem Buch bekommst du sowohl das **methodische Wissen** als auch die nötige **Routine**, um in der Prüfungssituation ruhig vorgehen und einen **gelungenen Aufsatz** schreiben zu können.

Nun ein paar wichtige Informationen zum **Inhalt der Prüfung:**

Dir stehen **vier Aufgaben** zur Wahl. Davon suchst du dir **eine** aus und hast dann **210 Minuten** (dreieinhalb Stunden) Zeit, um sie zu bearbeiten. Achte darauf, dir zunächst einen **Überblick** zu verschaffen: Welche Aufgabe liegt dir inhaltlich und methodisch am meisten?

Diese **Aufgabenstellungen** kommen in unterschiedlichen Kombinationen in der Prüfung dran:

- **Erörtern und Argumentieren:** die These bzw. der Text oder das Problem stammen entweder aus deiner eigenen Lebens- und Erfahrungswelt oder die Aufgabe bezieht sich auf bekannte literarische Themen
- **Interpretieren** oder **vergleichen** literarischer Texte, z. B. kurze epische Texte, Dramenauszüge, Gedichte, Songs usw.: Angaben zu Autor/Autorin, Werk, Zeit und deren Wechselbeziehung untereinander; Angaben zu Erzählweise, zu Textmerkmalen und verwendeten sprachlichen Mitteln
- **Wiedergeben** und **Schildern** von Eindrücken: Gedanken, Gefühle und Empfindungen bei Erlebnissen und Begegnungen mit Texten, Kunstwerken o. Ä.
- **Erzählen** einer Geschichte: z. B. nach einem vorgegebenen Erzählanfang
- **Informationen erfassen und wiedergeben:** Texte auswerten, Informationen erfassen und in geeigneter Form darstellen, z. B. in einem informierenden oder appellativen Text

Meist beziehen sich die Aufgaben mindestens auf ein **Zitat**, häufig jedoch auf einen oder mehrere **längere Texte**. Als Materialgrundlage können vorkommen:

- **pragmatische Texte/Sachtexte:** z. B. Zeitungsartikel
- **literarische Texte:** z. B. Kurzgeschichten, Erzählungen, Parabeln, Kriminalgeschichten, Novellen, Romanausschnitte, Dramenauszüge, Lyrik aller Epochen bis zu modernen Songs
- eine Zusammenstellung **verschiedener Materialien:** z. B. Sachtexte, Diagramme, Bilder

Bist du dir im Umgang mit den Prüfungsanforderungen noch unsicher, lies dir zunächst das **Kapitel „Hinweise und Tipps"** (S. 1–24) durch. Es zeigt dir nach Aufgabenarten geordnet die notwendigen **Techniken und Vorgehensweisen**. Du kannst dir natürlich auch bestimmte Themen und Aufsatzarten gezielt herausgreifen, in denen du dich verbessern willst.

Die **Original-Prüfungsaufgaben** der letzten Jahre findest du im anschließenden Teil des Buchs. Nutze sie, um dich in die **Prüfungssituation** zu versetzen. Vielleicht willst du bei der Bearbeitung auch die Zeit stoppen – auf diese Weise lernst du einzuschätzen, wie du sie dir im Ernstfall am besten einteilst.

Die **Lösungsvorschläge** zu jeder Aufgabe ermöglichen dir die **Kontrolle** bzw. **Korrektur** deiner eigenen Arbeit. Sei dir aber bewusst, dass es im Fach Deutsch in der Regel **nicht nur eine richtige Lösung** gibt! Sollte dein Aufsatz von der Musterlösung abweichen, muss das keinesfalls bedeuten, dass er falsch ist. Wichtig ist vor allem die richtige Methodik, die Vorgehensweise beim Umgang mit Texten und Aufgaben.

Solltest du bei der Bearbeitung einer Aufgabe nicht weiterkommen, helfen dir die grau markierten **Hinweise** vor der Lösung. Wenn du sie gelesen hast, solltest du aber **selbstständig** weiterarbeiten. Lies dir die Musterlösungen also nicht sofort durch, sondern versuche zunächst, die Aufgaben eigenständig zu lösen. Erst am Schluss vergleichst du deine Arbeit mit dem Musteraufsatz und überlegst, wo du dich noch verbessern kannst.

Das **ActiveBook** zum Buch enthält zusätzliche interaktive Aufgaben. So kannst du dich auch am **Computer oder Tablet** auf die Prüfung vorbereiten. Den Link zur Online-Plattform *MyStark* und deinen Zugangscode findest du auf den Farbseiten vorne im Buch.

Falls nach Erscheinen dieses Bandes noch wichtige **Änderungen** für die Abschlussprüfung 2023 vom Ministerium für Bildung, Wissenschaft und Kultur bekannt gegeben werden, findest du aktuelle Informationen dazu ebenfalls bei *MyStark.*

Viel Erfolg beim Erlangen des Realschulabschlusses!

Themenübersicht nach Aufsatzarten

(Prüfungen 2014–2021)

A. Erörtern und Argumentieren

1. Beschreibung der Aufsatzform

Bei der **freien Erörterung** ist das Thema als Feststellung, Behauptung oder als Frage formuliert, die im Aufsatz beleuchtet werden soll. Manchmal liegt auch ein Zitat zugrunde, das zunächst erläutert und anschließend mit eigenen Argumenten erörtert werden muss.

Eine weitere Aufsatzform stellt die **textgebundene Erörterung** dar, d. h. die Erörterung eines bekannten/unbekannten literarischen Stoffes/Problems. Grundlage dieser Erörterung ist ein literarischer Kurztext, eine Gedichtzeile, eine Gedichtstrophe, eine Szene aus einem Drama usw. Der Text ist zunächst inhaltlich wiederzugeben, danach sind die im Text enthaltenen Argumente/Behauptungen zu bearbeiten.

Wer erörtert, setzt sich mit einem strittigen oder komplizierten Problem bzw. Sachverhalt auseinander, um sich Klarheit darüber zu verschaffen. Welcher Art das zu erörternde Thema auch sein mag – eine politische Entscheidung, ein auffälliges Sozialverhalten, ein Alltagsproblem usw. – es löst in jedem Fall Fragen aus: Warum ist das so? Wie ist es dazu gekommen? Was ist zu tun? Wie ist die Sache zu beurteilen? Wer darauf begründete Antworten sucht, kann sich mit einer schnellen „Lösung“ nicht zufrieden geben, sondern muss das Problem unter vielfältigen Gesichtspunkten betrachten, Ursachen und Folgen erwägen, Aussagen und Urteile dazu prüfen, nicht zuletzt auch eigenes Wissen, eigene Erfahrungen zur Klärung heranziehen – kurz, muss das Problem erörtern.

Im Alltag werden Probleme meist **mündlich erörtert**. Jeder Gesprächspartner trägt aus seiner Sicht durch Kenntnisse und Meinungen, durch Vermutungen und Vorschläge, durch Widerspruch und Zustimmung zur Klärung des Sachverhalts bei, kann aber auch während des Gesprächs seinen Standpunkt leicht korrigieren.

Anders bei der **schriftlichen Erörterung**. Hier muss ein Einzelner den Sachverhalt allein untersuchen und zu einer Klärung kommen. Zwar hat die schriftliche Form den Vorteil, die Gedanken übersichtlich festzuhalten, zu überprüfen und zu ordnen. Aber der Verfasser muss nun auch die Interessen und Standpunkte anderer in seine Erörterung mit einbeziehen, vor allem, wenn es um eine strittige Frage, also um eine Problemerörterung geht.

Auf alle Fälle heißt es: Die Darstellung muss so klar und deutlich sein, dass der Leser den Gedankengang des Verfassers nachvollziehen kann. Das musst du unbedingt beachten, wenn du dich für eine Erörterung als Prüfungsaufsatz entscheidest. Besonders musst du dabei auf die zusätzlichen Arbeitsanweisungen achten.

2. Vorarbeiten

Bevor du mit der Darstellung deiner Gedanken beginnst, sind eine Reihe von Vorarbeiten sinnvoll. Die folgenden Arbeitsschritte solltest du aber auf jeden Fall durchführen, denn somit kannst du sicher sein, das Thema vollständig erfasst zu haben.

Der erste wichtige Schritt ist die **Analyse des Themas**. Es ist notwendig, das Thema zu erfassen, indem du es mehrmals durchliest, die Art der Erörterung klärst und das Thema abgrenzt. Du solltest überlegen: Auf welche Frage(n) muss mein Aufsatz Antwort geben?

Im zweiten Schritt musst du die **Schlüsselbegriffe** des Themas herausarbeiten. Du kannst sie im Thema unterstreichen, herausschreiben, definieren und Synonyme dazu finden. Es ist außerdem empfehlenswert, mit eigenen Worten zu formulieren, welche These(n), Behauptung(en) oder Frage(n) im Thema steckt (stecken). Verwende dabei die Schlüsselbegriffe. Klarer wird die Problematik auch, wenn du das Thema umformulierst (z. B. in eine Frage) und mit eigenen Worten ausdrückst.

Sollten Zusatzaufgaben vorhanden sein, verfahre mit diesen ebenso: Stelle die Schlüsselbegriffe heraus und formuliere mit ihnen die Aufgabenstellung mit eigenen Worten. Bei der Erörterung eines Kurztextes arbeitest du statt der Schlüsselbegriffe des Themas die Hauptargumente / Hauptthesen des Textes heraus. Anschließend verfährst du wie beschrieben.

Nach diesen Überlegungen stellst du fest, welcher **Darstellungstypus** verlangt ist:
- eine kontroverse Darstellung nach dem Schema Pro – Kontra (Aufgabenstellungen, die mit Ja oder Nein zu beantworten sind) oder
- eine lineare bzw. entwickelnde Darstellung, die nach Gründen, Folgen, Auswirkungen, Bedeutungen usw., nach bestimmten Entwicklungen oder Erscheinungsformen fragt.

Der Darstellungstypus tritt nicht immer in einer Reinform auf. Es können beispielsweise erst Ursachen für eine Entwicklung beschrieben werden, die anschließend von zwei Seiten aus (Pro und Kontra) beleuchtet werden.

Entsprechend diesen beiden Darstellungstypen baust du deine **Stoffsammlung** auf und ordnest danach den gesammelten Stoff. Verfahre am besten so:
Du sammelst Antworten und Einfälle zur Aufgabenstellung, zum Für und Wider oder zu den Gründen, Folgen, Auswirkungen, Bedeutungen usw. einer Sache. Du kannst die sog. W-Fragen (Wer? Was? Wann? Wo? Wie? Warum? usw.) als Fragesätze formulieren. Du solltest unbedingt alle vorkommenden Fachbegriffe klären. Deine Gedanken notierst du zunächst ungeordnet in Form von Stichpunkten oder ganzen Sätzen, die dir zu den jeweiligen Überschriften einfallen. Günstig ist es, die Stichpunkte oder ganzen Sätze untereinander zu schreiben, damit du leichter die zusammengehörigen Gedanken mit Farben, Zahlen oder Symbolen kennzeichnen, themenfremde Überlegungen oder unergiebige Einfälle leichter streichen und in Einzelfällen noch Fehlendes ergänzen kannst.

Danach solltest du den **Stoff ordnen**, indem du überlegst, welche Punkte der Stoffsammlung sich unter einem bestimmten Oberbegriff zusammenfassen lassen.

Zuletzt gehst du daran, die Reihenfolge für die gefundenen Oberbegriffe mit einzelnen Unterpunkten festzulegen, und zwar nach ihrer Wichtigkeit. Du kannst den wichtigsten Punkt an den Anfang oder an den Schluss stellen, solltest aber stets einheitlich verfahren. In der Reihenfolge kann es aber auch vom Persönlichen zum Allgemeinen bzw. in umgekehrter Folge vom Allgemeinen zum Persönlichen ablaufen. So ist eine entsprechende **Gliederung** für deinen Aufsatz entstanden.

3. Schreiben

Du wirst erkennen, dass eine gründliche Vorarbeit das Aufsatzschreiben wesentlich erleichtert. Durch mehrfaches Üben im Unterricht und mit diesem Buch erwirbst du dir die nötige Fertigkeit im Analysieren des Themas, in der Stoffsammlung und Stoffanordnung und im Erstellen einer guten Gliederung.

Danach verfasst du eine zusammenhängende Darstellung zum Erörterungsthema – einen **Entwurf** – und **überarbeitest** diese zielgerichtet. Am besten, du nimmst mit einem andersfarbigen Stift die Überarbeitung vor und notierst am Rand (evtl. Extrablatt) Ergänzungen.

Anschließend schreibst du den Aufsatz in **Reinschrift**, die du zur Bewertung abgibst (eigentlicher Prüfungsaufsatz).

Da der Aufsatz durch eine Dreiteilung – Einleitung, Hauptteil und Schluss – gekennzeichnet ist, sollen die einzelnen Teile noch einmal gesondert betrachtet werden:

Bei der **Einleitung** gibt es – je nach Thema – verschiedene Möglichkeiten. Du kannst

- das Thema bzw. das darin enthaltene Problem erklären,
- auf einen aktuellen Anlass, einen Zeitungsartikel, einen Buchausschnitt, eine Fernseh- oder Rundfunksendung o. Ä. hinweisen,
- einen geschichtlichen Rückblick geben oder einen historischen Bezug herstellen,
- eine persönliche Erfahrung, Beobachtung beschreiben,
- jemanden zitieren oder ein Sprichwort/eine Redewendung anführen.

Wichtig ist, dass du mit deiner Einleitung das Interesse des Lesers weckst bzw. zur eigentlichen Erörterung des Themas sinnvoll hinführst.

Danach beginnt der **Hauptteil**, die eigentliche Darstellung der verschiedenen Argumente zur Klärung des gewählten Themas – seien es die Pro-Kontra-Argumente oder die unterschiedlichen Gründe, Folgen, Auswirkungen, Bedeutungen usw.
Das Ziel des Hauptteils ist die umfassende sachliche Information. Der Leser soll sich aufgrund deiner Überlegungen ein begründetes Urteil bilden können, das sich eventuell mit deinem eigenen Urteil deckt bzw. zu seiner Urteilsfindung beiträgt.
Bei der kontroversen Darstellung kannst du das Für und Wider jeweils im Block darstellen oder auf ein Pro-Argument das passende Gegenargument folgen lassen. Letzteres ist schwieriger, da nicht immer der eine Gesichtspunkt den anderen eindeutig widerlegt.
Die lineare (entwickelnde) Darstellung führt die Argumente jeweils gesammelt nach Gründen, Folgen, Auswirkungen, Bedeutungen usw. an.

Zum **Aufbau eines Arguments** empfehlt sich folgendes Vorgehen:

- du nennst das Argument (Behauptung),
- anschließend erklärst du es (Begründung),
- und schließlich führst du (ein) eigene(s) Beispiel(e) als Beweisführung an.

Wichtig sind die **Überleitungen** von Argument zu Argument mit den entsprechenden Begründungen und Beispielen, aber auch z. B. vom Pro- zum Kontra-Teil oder von den Gründen zu den Auswirkungen. Sie sollen dem Leser dein Vorgehen klar machen und den langen Hauptteil in überschaubare Abschnitte unterteilen.

Im **Schluss** fasst du deine Überlegungen zusammen und leitest daraus deine persönliche Stellungnahme ab, die du begründen musst und mit eigenen Beispielen/Erfahrungen (selbstkritisch) untermauern kannst. Mit einer Frage als Schlusssatz könntest du den Leser nochmals persönlich ansprechen. Die Frage sollte aber nicht formal / plakativ gestellt werden.

Für den **Umfang** der Einleitung, des Hauptteils und des Schlusses könntest du dir als Richtlinie das Verhältnis 1 : 5 : 1 einprägen.

Grafische Darstellungen

Analyse des Themas

Erfassen des Themas	• mehrmals durchlesen • Klärung der Art der Erörterung • Abgrenzung von ähnlichen Themen
Klären wichtiger Themenbegriffe (Schlüsselbegriffe)	• unterstreichen • herausschreiben • definieren • Synonyme finden
Formulieren der Aufgabenstellung	• Umformulieren des Themas • unverändert übernehmen

Stoffsammlung, Stoffordnung und Gliederung

Stoffsammlung

- Antworten und Einfälle zur Themafrage sammeln
- W-Fragen als Fragesätze formulieren und Antworten sammeln
- Fachbegriffe klären
- Stichpunkte oder ganze Sätze notieren
- Gedanken in beliebiger Reihenfolge untereinander schreiben

⇓

Arbeitsschritte auf dem Weg zur Stoffordnung

- zusammengehörige Gedanken mit Farben, Zahlen oder Symbolen kennzeichnen
- themenfremde Überlegungen oder Unergiebiges streichen
- in Einzelfällen noch Gesichtspunkte ergänzen

⇓

Stoffordnung/Gliederung

- Oberbegriffe suchen/Unterpunkte zuordnen
- sinnvolle Reihenfolge festlegen, z. B.:
  - vom Unwichtigen zum Wichtigen
  - vom Persönlichen zum Allgemeinen
- Gliederung aufstellen

Aufbau des Aufsatzes

Einleitung

- Thema/Problem erklären *oder*
- aktueller Anlass, Zeitungsartikel o. Ä. *oder*
- geschichtlicher Rückblick *oder*
- persönliche Erfahrung *oder*
- Zitat/Sprichwort *oder*
- bei Kurztexten: Inhaltsangabe

(Überleitung)

Hauptteil

	Überleitung	Überleitung
• „Pro“ bzw. Gründe	• „Kontra“ bzw. Folgen	• Auswirkungen usw.
A1	A1	A1
A2	A2	A2
A3	A3	A3
…	…	…

(Überleitung)

Schluss

- Zusammenfassung
- persönliche Stellungnahme mit Begründung und Beispiel(en)

B. Interpretieren literarischer Texte

1. Beschreibung der Aufsatzform

Ein Thema des Prüfungsaufsatzes verlangt eine Interpretation eines literarischen Textes (Kurzgeschichte / Erzählung / Dramenauszug / Romanausschnitt / Gedicht).

Was verlangt die Interpretation eines literarischen Textes?

An der Bedeutung des Wortes „interpretieren" kann sehr gut gezeigt werden, was mit dieser Darstellungsart gemeint ist. „Interpretare" heißt wörtlich „zwischensprechen" bzw. auch „deuten, auslegen", also mit eigenen, verständlichen Worten jemandem erläutern, was ein Text uns sagen will. Literarische Texte sind in verschlüsselter Sprache geschrieben, die der Interpret (für einen Leser oder Zuhörer) wieder entschlüsseln soll. Um einen Text entschlüsseln zu können, braucht man Interesse an Sprache und Literatur, aber auch Kenntnisse diesbezüglich, ein Gespür für Ausdrucksmittel und natürlich Übung. Durch Üben erwirbst du Fertigkeiten im Herausfinden der Mittel, die einen Text verschlüsseln. Im Unterricht werden diese meist Stilmittel oder sprachkünstlerische Mittel genannt.

Zur Interpretation gehört neben der Textuntersuchung nach Inhalt und Form (also die Entschlüsselung) auch die Beobachtung, wie der Text auf die Leser wirkt und wirken soll (Leserbezug). Außerdem kann eingearbeitet werden, was du über die epochale Zuordnung des literarischen Textes und die Autorin/den Autor weißt (über ihr/sein Leben und Werk, den sozialen und politischen Hintergrund) und welche Hinweise der Text darauf gibt.

Um dir Sicherheit für das Interpretieren zu geben, werden hier wiederholend grundsätzliche Merkmale der verschiedenen literarischen Textsorten genannt:

Erzählung, Roman und Kurzgeschichte gehören zum Genre der Epik. Unter **Erzählung** versteht man die Darstellung eines wirklichen, möglichen oder erfundenen Ereignisses, erzählt als Eigenerlebnis oder in der dritten Person. Die Erzählung ist in Prosa geschrieben, hat eine Einleitung, einen Hauptteil mit Höhepunkt und einen Schluss (s. Kapitel D). In der Erzählung werden charakteristische Merkmale von Personen sichtbar. Gegenüber der Erzählung ist der **Roman** von größerem Umfang, komplexer in der Handlung, figurenreicher und welthaltiger.

Zu den Kurzformen der Epik gehört die **Kurzgeschichte**. Sie ist eine kurze Erzählung (amerik. „short story"), die ein alltägliches Geschehen schlaglichtartig hervorhebt und zu einer überraschenden Wende führt, wobei die Schlusspointe von Anfang an den Erzählverlauf bestimmt, d. h. die Geschichte wird vom Ende her erzählt. Die Kurzgeschichte zeigt meist einen unvermittelten Eingang, eine gedrängte Steigerung und einen offenen Schluss, der den Leser zum Nachdenken über das Dargestellte zwingt. Die Kurzgeschichte kann an Merkwürdiges gebunden sein, kann Belangloses oder auch historisch Bedeutungsvolles widerspiegeln. Sie zeigt häufig eine typisierte Figur in einer Entscheidungssituation, in einem Konflikt. Das Geschehen umfasst einen kurzen Zeitausschnitt. Aufgrund ihres geringen Umfangs bietet sie auf einem Minimum an Raum ein Maximum an Sinn und damit häufig eine symbolische, verweisende Botschaft. Die innere Handlung dominiert. Der Erzählton zeigt oft die Tendenz zur nüchternen Sachlichkeit, der Stil Tendenz zu umgangssprachlichen Wendungen, z. B. zum Jugendjargon. Man unterscheidet in Kurzgeschichten den Ich-Erzähler (aus eigenem Erleben), den personalen Erzähler (aus der Sicht einer Gestalt) und den auktorialen Erzähler (er handelt nicht, tritt aber wertend in Erscheinung).

Unter einem **Drama** versteht man den Ablauf eines Geschehens auf der Bühne durch handelnde Personen mithilfe von Dialogen und Monologen, nach Szenen (Auftritte) und Akten (Aufzüge) gegliedert; es gehört zum Genre der Dramatik.

Das Drama hat in der Regel einen strengen, meist fünfaktigen (manchmal dreiaktigen) Aufbau: Exposition, d. h. Darlegung des Sachverhalts, der einen Konflikt in sich birgt oder gelöst werden muss; Ausspielen des Konflikts bis zum Höhepunkt, der entscheidenden Wende; Lösungsversuch, der entweder zum befriedigenden Erfolg oder in die Katastrophe führt. Wichtig ist das Moment der Spannung, deshalb müssen die einzelnen Szenen genau ineinander greifen. Es ist notwendig, beim Interpretieren einer Dramenszene die richtige Einordnung in das Gesamtgeschehen zu beachten.

Gedichte gehören wie die Balladen zur literarischen Gattung der Lyrik, welche die persönlichste aller Gattungen ist und äußerst subjektive Empfindungen, Stimmungen und Gefühle ausdrückt. In Gedichten wird oft das persönliche Erlebnis in eine allgemeine Erfahrung gehoben. Häufig gibt es ein „lyrisches Ich“ (greifbar in der 1. Person oder in der Anrede eines „du“), das als Bezugspunkt aller Wahrnehmungen und Äußerungen eingesetzt wird, aber nicht mit dem Autor selbst verwechselt werden darf. Die Ballade erzählt von Ereignissen und Schicksalen. Die verdichtete Sprache der Lyrik ist von der Alltagssprache abgehoben: äußerlich durch die gebundene Redeweise (Vers, Reim, Strophe), aber auch durch die Wortwahl und die Bilder (Metapher, Personifikation, Symbol, Vergleich).

2. Vorarbeiten

Eine gute Interpretation setzt intensive Vorarbeiten voraus. Lies vor allem den Text gründlich und beobachte bei der Textentschlüsselung genau.

Der erste Teil der Vorarbeit gilt der **Auseinandersetzung mit dem Text**. Nach der Phase des mehrmaligen – langsamen, gründlichen – Lesens des Textes schließt sich das inhaltliche Erfassen an, am besten mit den **fünf W-Fragen** (Wer? Was? Wann? Wo? Warum?). Anschließend erstellst du eine kurze **Inhaltsangabe**, in der die Schauplätze, die Dauer bzw. die zeitliche Abfolge, die Haupt- und Nebenpersonen der Handlung erfasst werden – und worum es geht. Die Inhaltsangabe erfolgt im Präsens! Die Inhaltsangabe benötigst du als Teil für den Aufsatz. Weiterhin geht es darum, die Textsorte anhand typischer Merkmale festzustellen (also Gedicht, Romanausschnitt, Erzählung, Kurzgeschichte usw.).

Der nächste Schritt beinhaltet die eigentliche **Textarbeit**, die **Interpretation** (Entschlüsselung, Deutung). Der Inhalt mit seinen verschiedenen Bedeutungsaspekten wird gründlich untersucht. Lies dabei den Text mehrmals, denn oft fällt dir später noch etwas Neues auf.

Du kannst die fünf W-Fragen als Raster nehmen und ausbauen, etwa mit folgenden zusätzlichen Fragen:

- Wie ist die Hauptperson/sind die Hauptpersonen charakterisiert?
  Gibt es Nebenpersonen? Welche Beziehungen gibt es zwischen den Personen?
- Wie verändern sich die Personen und ihr Verhältnis untereinander?
- Was wird dargestellt (Text, Bild)?
- Was geschieht und wie verändert sich das Geschehen?
- Welches Hauptthema/Problem wird angesprochen?
- Auf welchem politischen, sozialen, religiösen Hintergrund wird es gezeigt?
- Welche Tendenzen der Zeit werden sichtbar?
- Wird der zeitliche Ablauf unterbrochen durch Vor- oder Rückblenden?
- Was lässt sich über den Ort bzw. den Wechsel der Schauplätze sagen?
- Welche Gründe gibt es für den Verlauf des Geschehens, für das Verhalten der Personen, für ihr Verhältnis untereinander und zur Handlung?

Aus der Beantwortung dieser Fragen kannst du folgern, wofür Personen, Geschehen, Ort und Zeit im Text stehen, was durch sie gesagt wird. Dadurch kommst du über den Inhalt zur **Aussage** des Textes.

Anschließend betrachtest du die **Sprache** und die **Form** des Textes:
Bei der **Sprachuntersuchung** stellst du die Mittel heraus, mit denen die Verfasserin/der Verfasser des Textes arbeitet, z. B.

- Übertreibung, Ironie, Verallgemeinerung, bestimmte Wortfelder, Bild, Vergleich, Symbol, Wiederholung, Personifikation, Aufzählung, rhetorische Frage, Gegensatz usw.
- Wen lässt die Autorin/der Autor sprechen?
- Besonderheiten im Satzbau, z. B. Häufung bestimmter Satzzeichen, unvollständige Sätze, komplizierter/einfacher Satzbau usw.
- Sprachstil: Umgangssprache, gehobene Sprache, Jargon, Fachsprache, Verwendung vieler Verben bzw. Substantive usw.

Schreibe deine Beobachtungen in Stichpunkten heraus oder markiere sie farbig im Text.

Wenn du die Sprachuntersuchung beendet hast, musst du unbedingt herausfinden, was die beobachteten Mittel mit dem Inhalt zu tun haben:

- Verstärken/unterstreichen sie die Bedeutung des Inhalts?
- Stehen sie im Gegensatz dazu?

Lediglich festzustellen, welche Sprachmittel verwendet werden, sagt an sich sehr wenig aus und genügt nicht.

Bei der **Betrachtung der Form** gehst du ähnlich vor: Du arbeitest die Besonderheiten heraus und fragst anschließend, welcher Bezug zum Inhalt besteht.
Zur Formbetrachtung gehören:

- Strophen, Reim, Versmaß (Gedichte)
- Unterteilung in Abschnitte
- Anordnung/Aufbau einzelner Strophen/Abschnitte bzw. Textteile (Steigerung, Abfolge von Gegensätzen, ungeordnete Reihenfolge usw.)
- Anfang und Schluss (Geschlossenheit, Offenheit)

Nach Bearbeitung dieser Gesichtspunkte und Fragen kannst du die gesamte **Aussage** des Textes (Inhalt und Form) festhalten.

Im nächsten Schritt untersuchst du den Bezug zwischen **Text und Leser**:

- Wer erzählt den Text (Er- oder Ich-Erzähler)?
- Welche Leser werden angesprochen (z. B. Jugendliche, Schüler, besorgte Eltern, technisch interessierte Menschen, Menschen mit bestimmten Problemen usw.)?
- Auf welche Weise wird der Leser angesprochen (z. B. Anrede, Identifikation mit bestimmten Personen, als kritisch distanzierter Beobachter usw.)?
- Welche Stimmung erzeugt der Text (z. B. Nachdenklichkeit, Optimismus, Pessimismus usw.)?

Die Beantwortung dieser Fragen gibt Auskunft über die Absicht des Verfassers und die Leserwirkung.

Schließlich nimmst du noch eine **Übertragung (Transfer)** auf deine bzw. die allgemeine heutige Lebenssituation vor. Deine bisherigen Notizen kannst du als Stoffsammlung betrachten.

Im zweiten Teil der Vorarbeiten folgt nun die **Gliederung**.

Es gibt grundsätzlich zwei Arten, eine Textinterpretation aufzubauen:

- Entweder gehst du chronologisch vor, d. h., du folgst dem Textverlauf und beschreibst Abschnitt für Abschnitt bzw. Strophe für Strophe, was du beobachtet und welche Zusammenhänge du hergestellt hast.
- Oder du gehst nach übergeordneten Gesichtspunkten vor und ordnest deine Beobachtungen jeweils unter.

Ersteres Vorgehen ist besonders geeignet für Texte, die eine lineare Entwicklung (z. B. eine Steigerung) enthalten, letzteres Vorgehen für Texte, die gegensätzliche Positionen oder eine Reihe verschiedener, unzusammenhängender Gedankengänge beinhalten (z. B. gegensätzliche Reaktionsweisen in einer Konfliktsituation).

3. Schreiben

Nach diesen ausführlichen Vorarbeiten müsste dir das Schreiben des Aufsatzes relativ leicht fallen.

In der **Einleitung** kannst du
- über die Autorin/den Autor schreiben (später einen Bezug zum Text herstellen),
- über die Leserwirkung, speziell über deinen persönlichen Eindruck schreiben (anschließend im Hauptteil diesen Eindruck überprüfen),
- die im Text behandelte Problematik beschreiben (und dann auf die Textuntersuchung überleiten).

Der folgende **Hauptteil** enthält zunächst eine kurze Inhaltsangabe (im Präsens, keine wörtliche Rede) und stellt im Anschluss die Ergebnisse der Textuntersuchung dar. Wichtig sind Zitate als Belege für deine Feststellungen.
Achte darauf, dass du dich nicht wiederholst (z. B. bei der Darstellung des Inhalts oder wenn du Beobachtungen zu Sprache und Form auf den Inhalt beziehst) und dass du das Wesentliche im Auge behältst, dich also nicht im Detail verlierst.
Die Absichten des Verfassers (evtl. mit Bemerkungen über Autorin/Autor) und die Wirkung auf den Leser bilden den letzten Abschnitt des Hauptteils.

Der **Schluss** enthält die zentrale Aussage als Zusammenfassung deiner Untersuchungen und nimmt eine Übertragung der Problematik auf unsere Gegenwart/dein Leben vor.
Du kannst auch ganz persönlich darüber schreiben, wie dich der Text angesprochen hat, was dir gefallen/nicht gefallen hat.

Grafische Darstellung

Einleitung • Biografisches über Autorin/Autor *oder* • Leserwirkung (persönlich) *oder* • Problematik beschreiben (Überleitung)
Hauptteil • kurze Inhaltsangabe • Ergebnisse der Textuntersuchung nach: – Inhalt – Sprache und Form • Leserwirkung/Autorenabsicht (Überleitung)
Schluss • zentrale Aussage • Transfer *oder* • persönliche Stellungnahme

C. Schildern/Wiedergeben von Eindrücken

1. Beschreibung der Aufsatzform

Im Prüfungsaufsatz kann natürlich auch eine Aufgabe gestellt werden, die verlangt, deine Eindrücke, Gedanken und Empfindungen beim Lesen eines bestimmten Textes wiederzugeben. Es handelt sich hierbei – im Gegensatz zur Erörterung, die sachlich gehalten ist – um ein persönliches, ausdrucksvolles Schreiben in Verbindung mit einer Textbeschreibung. Schildern bedeutet immer: etwas ausmalen, ausschmücken, beschreiben – mit eigenen Worten.

Gegenstand der Schilderung kann eine Situation, ein Erlebnis, eine Landschaft, eine Person, ein Kunstwerk o. Ä. sein. Es gilt, dies aus dem persönlich Erlebten heraus ausdrucksvoll darzustellen. Das ausdrucksvolle Darstellen basiert auf genauem Beobachten, dem Erkennen der Grundstimmung und dem Wahrnehmen der Details sowie dem wirkungsvollen Einsatz entsprechender sprachlicher Mittel. Dazu gehören Sprachbilder – Vergleiche, treffende Ausdrücke – Adjektive, Verben, Substantive. Das hast du im Sprachunterricht gelernt.

Im Prüfungsaufsatz geht es darum, diese reine Form der Schilderung bzw. der Wiedergabe von Eindrücken deutlich abzugrenzen von den Anforderungen, die wie folgt formuliert sein können: Schildern der Eindrücke, Gedanken und Empfindungen beim Lesen einer Erzählung bzw. Kurzgeschichte oder eines Gedichts und Eingehen auf sprachkünstlerische Besonderheiten.

Beim genaueren Betrachten eines solchen Themas sind folgende Schwerpunkte erkennbar, die beim Abfassen des Aufsatzes erfasst werden müssen:

- Erkennen der entsprechenden Textart und deren Merkmale;
- Verstehen des Textes – inhaltliches Erschließen;
- Schildern/Wiedergeben eigener Eindrücke, Gedanken und Empfindungen beim Lesen des Textes;
- Aufzeigen entsprechender sprachkünstlerischer Besonderheiten, die oben genannte Eindrücke, Gedanken und Empfindungen hervorrufen – natürlich in Verbindung mit dem Text;
- Erkennen der Absicht des Verfassers oder abschließende Wertung.

Damit ist zu erkennen, dass bei dieser Aufsatzform nicht nur persönliches Schreiben und damit Grundkenntnisse über das Wiedergeben von Eindrücken erforderlich sind, sondern auch das Wissen um die Anforderungen der Textbeschreibung (Interpretation) vonnöten ist.

2. Vorarbeiten

Das Wiedergeben von Eindrücken beim Lesen eines Textes setzt gründliche Vorarbeiten voraus. Nimm dir genügend Zeit dafür; es kommt dem Ergebnis deines Aufsatzes auf jeden Fall zugute, wenn du den Text aufmerksam liest und genau beobachtest, welchen Eindruck der gesamte Text bzw. einzelne Textzeilen im Besonderen auf dich machen.

Der erste Teil der Vorarbeiten gilt also dem **ersten Leseeindruck**. Lies den Text mehrmals, aber wenigstens zweimal – langsam und gründlich (Gedichte mit Betonung). Dabei kannst du schon markieren, was dir besonders auffällt (Wörter, Sprachbilder), welche Textstellen dich besonders beeindrucken.

In dieser Phase geht es darum, den Inhalt zu erfassen und eine kurze Inhaltsangabe zu schreiben. Sie ist später Bestandteil deines Aufsatzes. Außerdem soll die Textart anhand ihrer typischen Merkmale bestimmt werden (siehe Kapitel B).

Der nächste Schritt erfordert das **Herausschreiben der Textstellen, die besonders Gedanken, Gefühle und Empfindungen provozierten**, d. h. die dich anregen, nachzudenken über ähnliche Erlebnisse, über den Sinn des Gesagten bzw. des Geschehenen, über Entscheidungen und Haltungen bzw. Handlungen der Personen in entsprechenden Situationen (im Text). Du kannst folgendermaßen vorgehen:

- Aufschreiben von Gedanken, Gefühlen, Empfindungen zum Gesamtgeschehen (Grundanliegen des Textes – dein grundsätzliches Verständnis);
- Herausschreiben von Details, die ein bestimmtes Geschehen bzw. eine bestimmte Entscheidung/Haltung einer Person/mehrerer Personen zum Inhalt haben, persönliche Eindrücke (Nachdenklichkeit, Mitgefühl, Ablehnung, Zustimmung, Identifikation, Liebe, Hass, Verständnis, Unverständnis, Erinnerung, Vorbildwirkung usw.).

Anschließend untersuchst du die **sprachkünstlerischen Besonderheiten** des Textes und stellst fest, welcher Bezug zum Inhalt besteht. Du suchst die Mittel heraus, mit denen der Verfasser arbeitet (vgl. Kapitel B), z. B.:

- Übertreibung, Vergleich, Gegensatz, Frage usw.;
- Erzähler des Textes;
- Besonderheiten im Satzbau, z. B. Häufung bestimmter Satzarten, unvollständige Sätze, komplizierter/einfacher Satzbau usw.;
- Besonderheiten des Sprachstils: Umgangssprache, Jugendjargon, verbaler oder nominaler Stil u. Ä.

Dazu gehört natürlich auch die **Formbetrachtung** – Aufbau, Anfang- und Schlussgestaltung, Einteilung in Abschnitte, Strophen, Reim und Rhythmus (bei Gedichten).

Es wäre zum Schluss ratsam, auf die **Absicht des Verfassers** und die **Leserwirkung** in einer Zusammenfassung einzugehen.

Betrachtest du das Erarbeitete als Stoffsammlung, müsstest du dir noch einmal Gedanken machen, wie du die Endfassung des Aufsatzes aufbauen willst. Zwei Möglichkeiten solltest du kennen:

- Entweder du gehst (wie beim Interpretieren) chronologisch vor, d. h., du folgst dem Textverlauf und beschreibst Abschnitt für Abschnitt bzw. Strophe für Strophe, welche Gedanken, Gefühle und Empfindungen dich beim Lesen des vorliegenden Textes bewegen, welche sprachkünstlerischen Besonderheiten dir in diesem Zusammenhang auffallen.
- Oder du gehst von deinen Gedanken, Gefühlen und Empfindungen aus, die dich beim Lesen des Textes bewegt haben/bewegen und beweist das anschließend an geeigneten Textstellen.

Entscheidend ist, dass du **das Thema nicht verfehlst**, indem du eine Nacherzählung des Inhalts in den Mittelpunkt deiner Ausführungen stellst und vielleicht nur ein bis zwei Gedanken, die dich bewegen, „anhängst". Das Gleiche trifft auf das Untersuchen einer bereits vorgegebenen Textstelle innerhalb der Aufgabenstellung zu.

3. Schreiben

Obwohl du bei den Vorarbeiten eine Ähnlichkeit mit Teilschritten des Interpretierens erkennen kannst, handelt es sich beim Wiedergeben von Gedanken, Gefühlen und Empfindungen beim Lesen eines Textes um eine sehr subjektive Schreibform.
Entscheidend für das Gelingen einer Schilderung bzw. das Wiedergeben von Eindrücken ist die persönliche Art zu schreiben; die persönliche Empfindung und die Detailbeobachtung stehen im Vordergrund, obgleich Textkenntnisse erforderlich sind.

In der **Einleitung** kannst du
- über den Inhalt schreiben oder
- über eine ähnliche persönliche Situation/ein ähnliches Erlebnis berichten oder
- die im Text behandelte Problematik beschreiben.

Der folgende **Hauptteil** enthält
- deine Gedanken, Gefühle und Empfindungen beim Lesen des vorgegebenen Textes und die entsprechenden Textbelege und
- die Ergebnisse der Untersuchung der sprachkünstlerischen Besonderheiten einschließlich der Merkmale der erkannten Textsorte.

Zum **Schluss** rundest du deine Ausführungen mit einer Zusammenfassung der Wirkung auf den Leser (auf dich) ab.

Da diese Aufsatzform persönliches Schreiben verlangt und es schwierig ist, dafür objektive Maßstäbe festzulegen, wird in den Lösungsvorschlägen vor allem auf die Merkmale der Textsorte eingegangen.

Grafische Darstellung

Einleitung • Textinhalt *oder* • persönliches Erlebnis *oder* • Problematik (Überleitung)
Hauptteil • Gedanken, Gefühle und Empfindungen beim Lesen des Textes • Textbelege • sprachkünstlerische Besonderheiten (Überleitung)
Schluss • Wirkung auf Leser (persönlich)

D. Erzählen einer Geschichte

1. Beschreibung der Aufsatzform

Was muss beim Erzählen einer Geschichte beachtet werden?

Neben der Erörterung, der Interpretation eines Textes und der Wiedergabe von Eindrücken kann als Thema das Erzählen einer Geschichte gewählt werden.
Es handelt sich hierbei um kreatives Arbeiten, da ausgehend von einem Wort, einem Satz, einem kurzen Text (z. B. Gedicht, Sprichwort o. Ä.) oder auch einem Bild eine Geschichte erfunden werden soll. Da diese Geschichte erzählt wird, nennt man sie schlichtweg eine Erzählung. Je nachdem, worauf man diese aufbaut, spricht man von einer Erlebnis- oder einer Fantasieerzählung.

Grundlegendes zur Erlebniserzählung

Anlässe für das Erzählen könnten ein besonderes Ereignis (ungewöhnlich/unterhaltsam) oder der Wunsch, etwas persönlich Erlebtes mitzuteilen, sein. In der Darstellung muss auf alle Fälle ein klarer Aufbau zu erkennen sein, der sich in Einleitung, Hauptteil und Schluss gliedert.

In der **Einleitung** spielen Informationen zum Ort, zur Zeit, zur Situation und zum Gegenstand bzw. zur Person/zu Personen eine wesentliche Rolle.

Im Mittelpunkt des **Hauptteils** steht ein einmaliges Erlebnis. Beim Erzählen des Erlebnisses sind bestimmte Erzählschritte zu beachten – Steigerung der Spannung, ein ausgebauter Höhepunkt und der entsprechende Ausklang der Geschichte.

Abgerundet wird die Erlebniserzählung mit einem **Schlussgedanken**/einer **Lehre**/einer **Folgerung**/einer **Erklärung**.

In der **sprachlichen Gestaltung** sind die Wahl des Erzählers, Sinneswahrnehmungen, eigene Gedanken und Gefühle von Bedeutung. Eine bildhafte Sprache, treffende Verben, wirkungsvolle Adjektive, Vergleiche verstärken die Wirksamkeit des Dargestellten.
Als Zeitform ist das Präteritum zu wählen, wobei bei der Ausformulierung des Höhepunktes das Präsens möglich ist.

Grundlegendes zur Fantasieerzählung

Im Aufbau sind die gleichen Prinzipien wie bei der Erlebniserzählung gültig. Anlässe für fantasievolles Erzählen bilden Reiz- oder Schlagwörter, Bilder, Träume, Sehnsüchte oder Sciencefiction-Vorstellungen u. a. So unterscheidet man danach eine reine freie Fantasieerzählung, die fantastisch-unwirklich ist, aber für den Leser nachvollziehbar. Märchenhafte Elemente könnten dabei wirkungsvoll eingesetzt werden. Sucht man sich verschiedene Reizwörter, bringt sie in eine sinnvolle Reihenfolge, gestaltet diese vorgegebenen Begriffe glaubwürdig, logisch aus und verbindet alles zu einem Ganzen, hat man eine andere Möglichkeit der Fantasieerzählung. Das Gleiche ist machbar nach vorgegebenen oder ausgedachten Bildfolgen. Außerdem besteht die Möglichkeit, einen Erzählanfang glaubwürdig fortzusetzen.

Meistens enthalten Themen dieser Art eine zusätzliche Arbeitsanweisung, die unbedingt zu beachten ist.

2. Schreiben

Einige **Fragen** können beim Verfassen einer Geschichte/Erzählung hilfreich sein:

- Woran denke ich, woran erinnere ich mich, wenn ich das Thema lese? (z. B. eine bestimmte Situation, ein nachhaltiges Erlebnis, eine gehörte/gelesene Geschichte, ein Film, eindrucksvolle Bilder usw.) – Stichpunkte notieren!
- Welchen Handlungsablauf kann ich meiner Geschichte zugrunde legen? (W-Fragen: Wo, wann war was? Wer spielte die Hauptrolle? Wer Nebenrollen? Wie erzeuge ich Spannung, die zum Höhepunkt der Handlung führt? Wie endet meine Geschichte?) – Stichpunkte notieren!
- Habe ich mich für eine Erlebnis- oder eine Fantasieerzählung entschieden?
- Welchen Erzähler wähle ich? (Ich-Erzähler oder Erzähler in der 3. Person?)
- Sind Sinneswahrnehmungen (Sehen, Hören, Fühlen), evtl. die wörtliche Rede, anschauliche sprachliche Mittel (bildhafte Sprache, Symbole, entsprechende Verben, Adjektive usw.) und die richtige Zeitform gewählt worden?
- Wenn das Thema eine Wertung erfordert, ist diese in die Darstellung eingeflossen?

Genauere Hinweise in Bezug auf die Vorarbeiten und das Abfassen einer Geschichte/Erzählung können nicht gegeben werden, da es sich um eine subjektive Schreibform handelt. Entscheidend für das Gelingen ist die eigene schöpferische Arbeit, gepaart mit viel Fantasie, mit Spaß am „Fabulieren“.

3. Besonderheiten

Das Aufbauschema einer spannenden Geschichte (grafische Darstellung s. u.) und die Anforderungen an die sprachliche Gestaltung kannst du dir einprägen. Wählen solltest du eine solche Aufgabe aber nur, wenn du dir sicher bist, die Anforderungen erfüllen zu können.

Zu dieser Aufsatzart können Lösungsvorschläge nur andeutungsweise angeboten werden, da hier viel Kreativität und subjektives Können des Schreibers gefordert ist.

Grafische Darstellung

Aufbau einer Erzählung

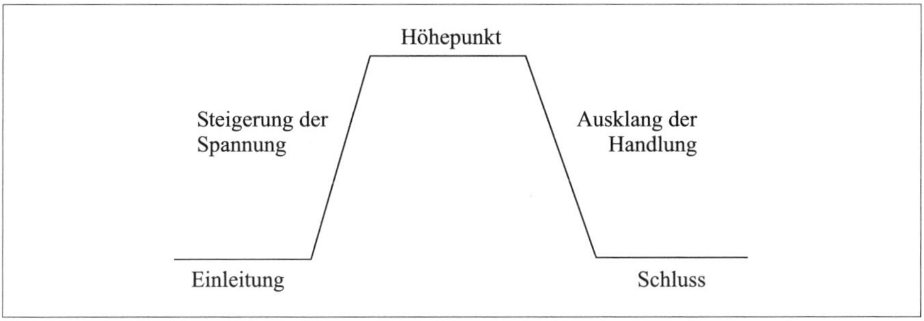

E. Umgang mit Sachtexten/Informierendes Schreiben

1. Beschreibung der Aufsatzform

In zunehmendem Maße werden Sachtexte (pragmatische Texte) und verschiedene andere Informationsquellen wie Tabellen, Schemata, Diagramme etc. als Grundlage für Prüfungsaufgaben genutzt. Dabei geht es um das Erschließen, um die analytische Auseinandersetzung mit Informationswert und -absicht und um die weitere Verarbeitung der gewonnenen Informationen in einer zusammenhängenden Darstellung.

Voraussetzung für die erfolgreiche Lösung einer solchen Aufgabe ist zu wissen, welche Techniken und Methoden sich einsetzen lassen, um Informationen optimal zu sichten, auszuwerten, festzuhalten und darzustellen bzw. aufzubereiten.

2. Informationen erfassen, auswerten und darstellen

2.1 Sachtexte – Merkmale und Arten

Wir unterscheiden zwischen **literarischen Texten** (dichterisch, fiktional) und **Sachtexten** (sachbezogen, pragmatisch). Für den Umgang mit Beispielen beider Gruppen und deren Beurteilung ist es notwendig, bestimmte Merkmale erkennen und zuordnen zu können. Literarische Texte und ihre Zugehörigkeit zu den drei traditionellen Gattungen der Literatur – Epik, Lyrik, Dramatik – stehen im Mittelpunkt des Kapitels B.

Sachtexte (pragmatische Texte)

- beschäftigen sich mit Personen, Handlungen und Sachverhalten mit Realitätsbezug,
- sind an einen bestimmten Zweck gebunden, ihre Sprache ist sach- und fachbezogen,
- sind in Bezug auf den Inhalt zumeist eindeutig und nicht auslegungsbedürftig.

Für eine Unterteilung der Sachtexte gibt es vielerlei Ansätze, u. a. nach der Funktion der Sprache: **Darstellung, Appell, Ausdruck**.

Sachtexte (pragmatische Texte)

Informierende Texte/ Darstellungstexte	**Appellative Texte/ Aufforderungstexte**	**Expressive Texte/ Ausdruckstexte**
• überwiegend sachliche Information über einen Gegenstand, einen Sachverhalt oder eine Person • sach- und fachbezogene Sprache	• Appell an den Leser/ Hörer; Ziel: ihn von etwas zu überzeugen, ihn zu etwas zu bewegen oder einen Befehl auszusprechen • oft Verwendung des Imperativs: „Lassen Sie sich …“	• Mittelpunkt der Texte sind Meinungen und Gefühle des Schreibers/ Sprechers • Autor meist namentlich genannt • oft Formulierungen wie „Ich bin der Auffassung, dass …“
Bericht, Nachricht, Lexikon-Artikel, Inhaltsangabe, Beschreibung, Gebrauchsanweisung, Referat, Reportage, …	Arbeitsanweisung, Verordnung, Werbetext, Befehl, Aufruf, Plakat, politische Rede, Flugblatt, …	Kommentar, Gespräch, Interview, Glosse, Karikatur, privater Brief, Tagebucheintrag, …

In fast jeder Mitteilung sind alle drei Sprachfunktionen enthalten, deshalb lassen sich viele Texte nicht eindeutig zuordnen, z. B. der Leserbrief. Dieser enthält informative, appellative und expressive Elemente.

2.2 Lesetechniken zur Informationserfassung

Überfliegendes/orientierendes Lesen

- einen Text rasch überfliegen,
- sich einen Überblick über Inhalt und Aufbau verschaffen,
- die Eignung des Textes/Buches als Informationsquelle feststellen.

Es gibt verschiedene Techniken des orientierenden Lesens:

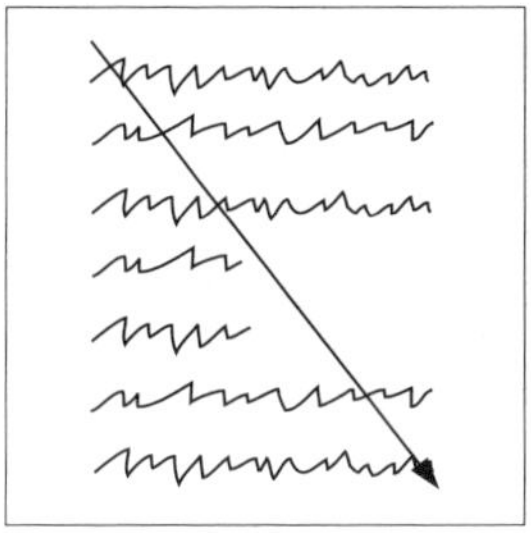

Diagonallesen

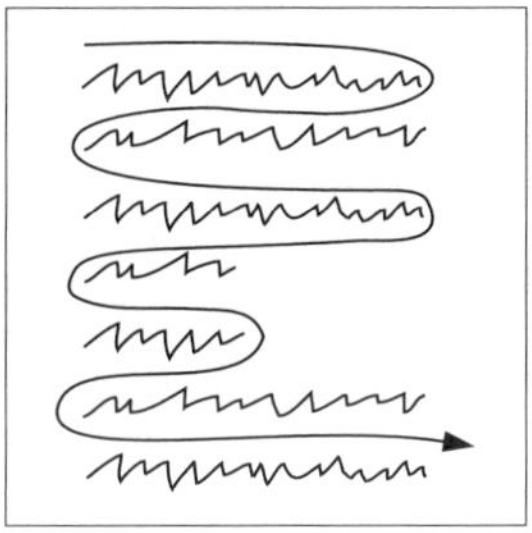

Schlängellesen

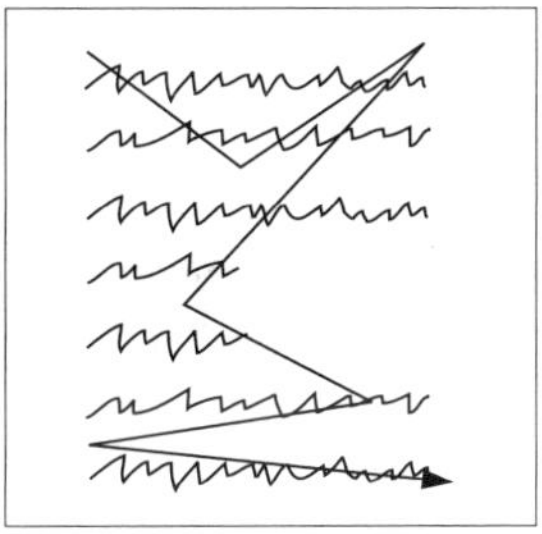

Zickzacklesen

Kursorisches/selektives Lesen

- Textpassagen mit unterschiedlicher Intensität lesen,
- gezielt Fragen stellen,
- bestimmte Informationen heraussuchen (Begriffe, Antworten zu Fragen …).

Totales/gründliches Lesen

- Satz für Satz lesen, Gedankengang des Autors nachvollziehen,
- den gesamten Inhalt erfassen,
- Markierungen vornehmen.

Systematisches Lesen oder 5-Schritt-Lesemethode

(nach: H. Klippert, Methodentraining, Beltz Verlag, Weinheim und Basel, 1998, S. 97)

1. Schritt

Überfliegen

- auf Überschriften, Fettgedrucktes, sonstige Hervorhebungen, Bilder, Anfänge einzelner Abschnitte achten (bei Büchern auf Inhaltsverzeichnis),
- grundsätzliches Ziel: Gewinnen einer groben Übersicht über Inhalt und Aufbau des Textes.

2. Schritt

Fragen

- Überlegen, um welche Aussagen es geht,
- Überlegen, auf welche Fragen der Text Antwort gibt,
- Aufschreiben der entsprechenden Fragen (evtl. auf Extrablatt).

3. Schritt **Lesen**

- gründliches Lesen des Textes,
- Beachten deiner Fragen und deiner Leseabsicht,
- beim Lesen kurze „Sekundenpausen“ einlegen, damit sich das Gelesene besser einprägt.

4. Schritt **Zusammenfassen**

- nach jedem Sinnabschnitt überlegen, was gelesen wurde und ob alles klar/verständlich ist,
- wichtige Stellen unterstreichen (Wörter, Satzteile, ganze Sätze),
- jeden gelesenen Sinnabschnitt mit eigenen Worten zusammenfassen, gedanklich oder schriftlich (als Stichpunkte, Einzelsätze oder als kurzen zusammenfassenden Text).

5. Schritt **Wiederholen**

- Wiederholen der wichtigsten Aussagen/Informationen des Textes,
- Berücksichtigen der anfangs formulierten Fragen und Unterstreichungen, die du evtl. während der Textarbeit vorgenommen hast,
- die Wiederholung kann gedanklich oder schriftlich ausgeführt werden; du kannst dir auch in Gedanken einen „Vortrag“ halten.

2.3 Texte markieren und strukturieren

Vorgehen

- absatzweises Durchlesen, Klären unbekannter Wörter (durch mehrmaliges Lesen der betreffenden Stelle oder mithilfe des Kontextes oder durch Auflösen komplizierter Satzstrukturen oder durch Nutzen eines Nachschlagewerkes),
- Markieren der Kernaussage und Schlüsselbegriffe (einzelne Wörter, bei Definitionen evtl. Sätze),
- Beachten möglicher Fragestellungen beim Markieren:
  - Welches sind die Absichten des Verfassers?
  - Was sind Kernaussagen, was sind Randbereiche?
  - Was sind Meinungen, was Argumente?
  - Welche Struktur (Aufbau) liegt dem Text zugrunde?
  - Stimmt das Gelesene mit den bereits vorhandenen Erkenntnissen überein?
- durchgängig gleiche Markierungsmethode nutzen:
  - Unterstreichungen sparsam und gezielt, auch mit unterschiedlichen Farben,
  - Verwendung von Abkürzungen/Symbolen/Zeichen (eigenes System entwickeln),

    z. B. ! → wichtig, Besonderheit
    ? → fraglich, unklar
    W → widersprüchlich
    1 … 2 … → Reihenfolge
    Def. → Definition
    Bsp. → Beispiel
    Zus. → Zusammenfassung

Vorteile des Markierens

- Wesentliches wird gekennzeichnet,
- Text wird dabei strukturiert,
- Zusammenhänge werden sichtbar.

2.4 Informationen auswerten und wiedergeben

Informationen lassen sich – je nach Zweck – auf unterschiedliche Weise festhalten.

Die Hauptaussage eines Textes erfassen

- Fragen stellen:
  - Wovon handelt der Text?
    Mit welchem Problem/Sachverhalt setzt sich der Autor auseinander?
  - Welche Absicht verfolgt der Verfasser mit dem Text?
  - In welcher Weise wird das Thema behandelt?
  - Welche wichtigen Informationen werden zum Thema gegeben?
- Lesen, Markieren und Herausschreiben von Stichpunkten zu diesen Fragen,
- zum Schluss Hauptaussage des Textes mithilfe der Stichpunkte formulieren.

Einen Text zusammenfassen

Wichtig ist die Konzentration auf die Hauptaussage. Zuerst wird das Thema fixiert, danach fasst man den Inhalt des Textes zusammen.

- Techniken des Zusammenfassens:
  - Weglassen unwichtiger Informationen,
  - Zusammenfassen mehrerer Einzelaussagen zu einer komplexen Information,
  - Verallgemeinern von Einzelaussagen.
- Formen des Zusammenfassens:

Konspektieren (Konspekt)	**Exzerpieren (Exzerpt)**
Ziele Erfassen der Hauptinformation eines Textes in sprachlich verdichteter und geordneter Form: • in der Regel durch Notieren von Stichpunkten, nur wörtliche Übernahme wichtiger Textstellen; • genaue Quellenangabe ist notwendig.	Informationsentnahme aus einem Text unter einer bestimmten Fragestellung: • sinngemäßes, häufig auch wörtliches Festhalten von Informationen (Zitate); • die genaue Quellenangabe ist von Nutzen für das schnelle Wiederauffinden von Textstellen.
Arbeitsschritte • Lesen des Textes und Ermitteln der Struktur (an Teilüberschriften, Absätzen orientieren), • abschnittweises Durcharbeiten des Textes und Erfassen der wesentlichen Informationen, • Verdichten der Hauptgedanken zu Stichpunkten, • Notieren der Stichpunkte in übersichtlicher Form.	• Bestimmen der Fragestellung, unter der der Text durchgearbeitet werden soll, • kursorisches Lesen des Textes und Kennzeichnen der Textstellen, die Informationen zu der bestimmten Fragestellung enthalten, • gründliches Lesen der Textstellen, • Herausschreiben der wesentlichen Informationen.
Wichtige Aussagen (z. B. Definitionen, Kernaussagen) werden **wörtlich** übernommen und als **Zitate** gekennzeichnet.	

Zitieren

Unter „Zitieren" versteht man die wörtliche oder sinngemäße Wiedergabe mündlicher oder schriftlicher Äußerungen anderer. Zitate müssen mit **Quellenangaben** (Verfasser, Titel, Erscheinungsort, Verlag, Erscheinungsjahr, Seite) kenntlich gemacht werden (z. B. als Fußnote oder im Anschluss an den jeweiligen Text).

Wörtliche (direkte) Zitate

- Anwendung bei Definitionen oder bei Stellungnahmen,
- Anfang und Ende durch Anführungszeichen kennzeichnen,
- Übereinstimmung mit dem Originaltext, Auslassungen kenntlich machen (…).

Sinngemäße (indirekte) Zitate

- nicht wörtliche Übernahme fremder Äußerungen,
- inhaltliches Entsprechen der Äußerungen,
- in der Quellenangabe mit dem Zusatz „vgl." verdeutlichen.

2.5 Eine Inhaltsangabe anfertigen

Einen Sachtext kann man durch eine Inhaltsangabe wiedergeben. Darunter ist eine **knappe und sachliche Information über den Inhalt** eines umfangreichen Textes zu verstehen.

Eine Inhaltsangabe
- enthält **Titel, Autor und Thema** des Textes,
- bedeutet die Wiedergabe des Inhalts in knapper Form **mit eigenen Worten**,
- kann Hinweise auf Auffassungen des Verfassers enthalten,
- kann sinngemäße oder wörtliche Zitate verwenden,
- steht meist im Präsens,
- kann anhand einer **Strukturskizze** vorbereitet werden; diese Skizze veranschaulicht als **optisch-schematische Textaufbereitung** den Inhalt bzw. die Gedankenfolge des Textes (eine wertvolle Hilfe beim mündlichen, aber auch schriftlichen Darstellen bzw. Weitergeben von Informationen).

Beispiel

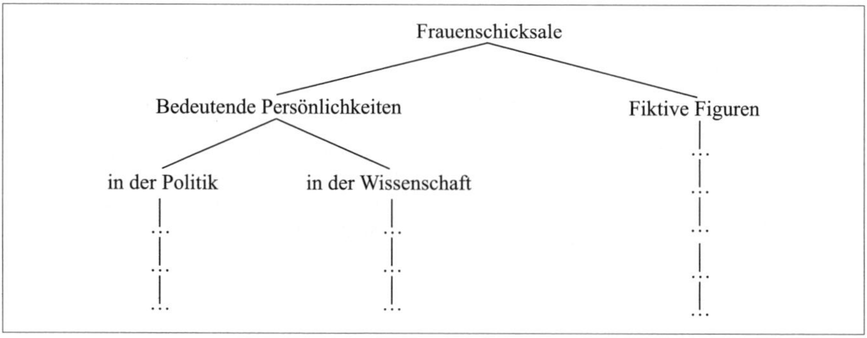

2.6 Grafisch veranschaulichte Informationen verstehen und nutzen

Jede Information wird einprägsamer und leichter fassbar, wenn sie durch bildliche Darstellungen unterstützt oder sogar als Bild vermittelt wird. Es gibt verschiedene Möglichkeiten der Veranschaulichung von Informationen (bekannt aus anderen Unterrichtsfächern): Diagramme, Tabellen, Skizzen und Mind Maps.

Kurvendiagramm
Prozent-Interesse für Computer (Bsp.)

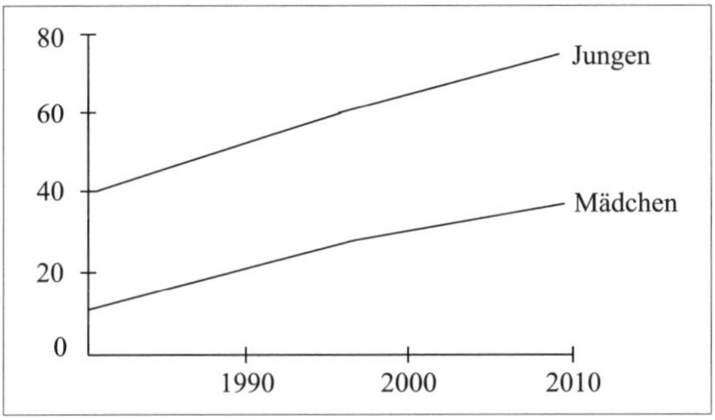

Verwendung / Einsatzbereich

- Veranschaulichung von Zahlen
- Abhängigkeiten zwischen Größen
- Entwicklungsverläufe
- Prozesse
- Vergleichende Darstellung

Kreisdiagramm
Bestand der Schulbibliothek (Bsp.)

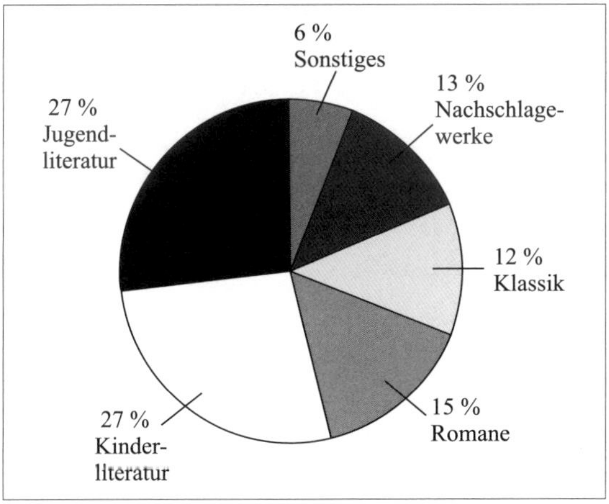

Verwendung / Einsatzbereich

- Einfache deutliche Aussage über Größenverhältnisse
- Gesamtüberblick
- Darstellung des Gesamten und seiner einzelnen Teile
- Momentaufnahme

Balkendiagramm
Umfrage: Freizeitinteressen (Bsp.)

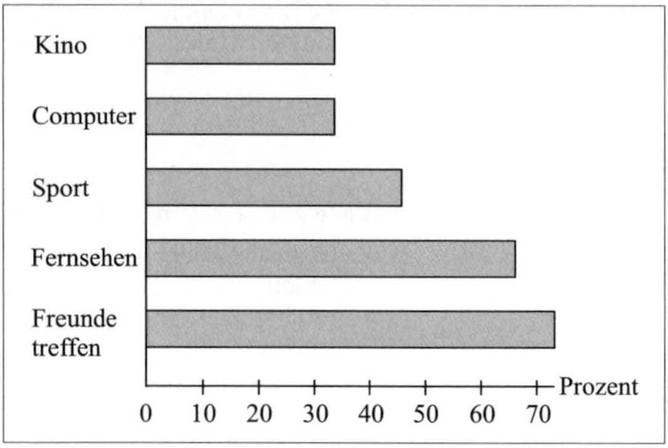

Verwendung / Einsatzbereich

- Große Anschaulichkeit
- Rangfolgenvergleich
- Zeitreihenvergleich
- Vergleich zweier oder mehrerer Größen

Säulendiagramm
Umfrage: Leseinteressen (Bsp.)

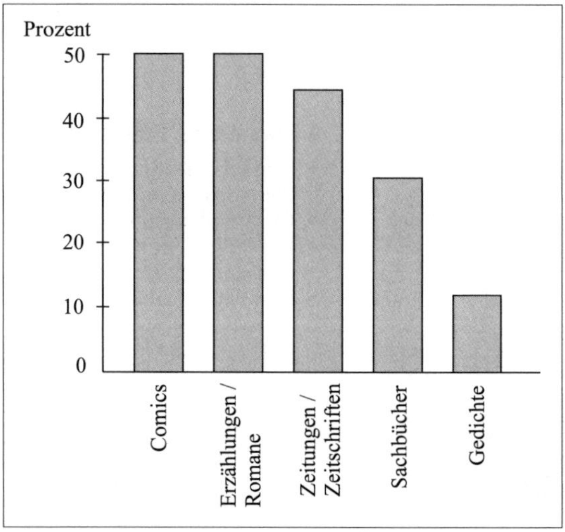

Verwendung / Einsatzbereich

- Momentaner Stand, kein Verlauf
- Gegenüberstellung von Werten, Größen

Organigramm (Blockdiagramm)
(Bsp.)

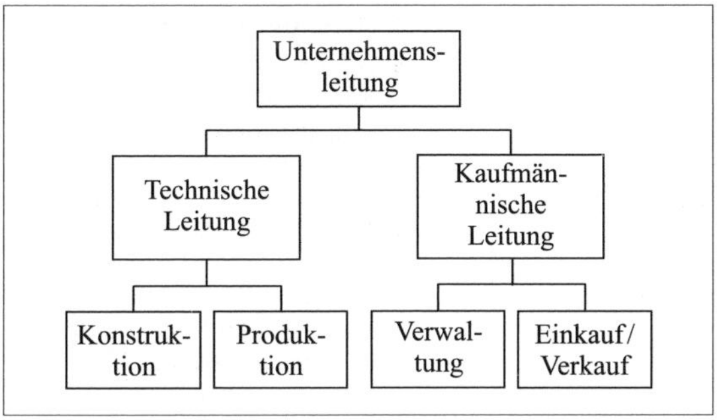

Verwendung/Einsatzbereich

- Verdeutlichen von Strukturen und Abhängigkeiten
- Linien kennzeichnen Beziehungen bzw. Verknüpfungen
- Abbildung von Hierarchien
- keine genormten Symbole, jedoch einfache und wiederholende Symbole (Quadrate, Kreise, Pfeile, Linien, Rechtecke)

Aufbaudiagramm
(Bsp.)

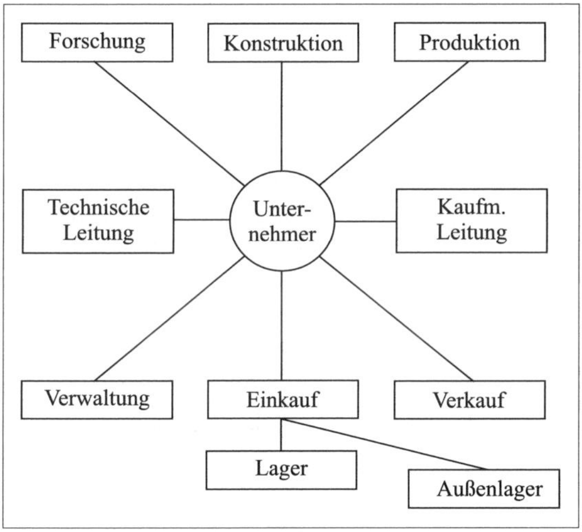

Verwendung/Einsatzbereich
(siehe oben: Organigramm)

Flussdiagramm
Projektarbeit (Bsp.)

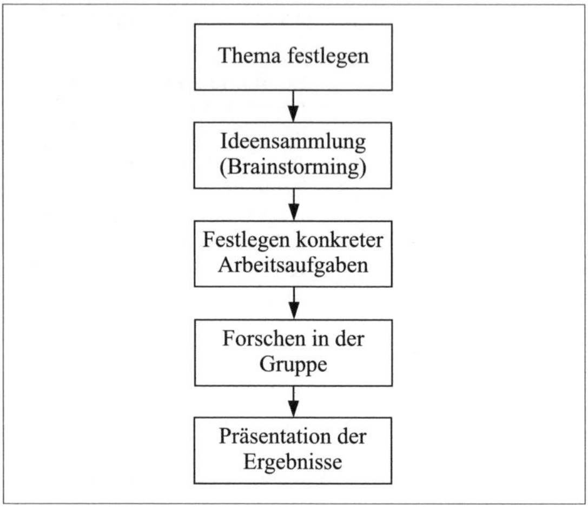

Verwendung / Einsatzbereich

- bildhafte Darstellung mit einheitlichen Symbolen von Prozessschritten, Verhaltensregeln
- Struktur eines Vorganges
- Flusslinien geben Richtung an, Linien mit Pfeilspitzen
- Vorzüge:
  Prozessablauf als „Ganzes“ abgebildet, leichter Vergleich mit tatsächlichem Verlauf

Zeitleiste (Bsp.)
Entwicklung des deutschen Comics (Bsp.)

Verwendung / Einsatzbereich

- lineare, überblicksmäßige Darstellung von chronologischen Abläufen
- Abfolge von Geschehnissen als nicht umkehrbare Aufeinanderfolge sowie Dauer von Veränderungen / Ereignissen in Natur u. Geschichte
- Form: senkrecht oder waagrecht; Verbindung von Jahreszahl / Zeitangabe mit Ereignis durch Punkte, Striche, Pfeile, Balken usw.

Tabellen
Auswertung verschiedener Texte (Bsp.)

Wirkung des Fernsehens

Vorteile	Nachteile
– aktuelle Informationen	– gesundheitliche Schäden
– …	– …
– …	– …

Verwendung/Einsatzbereich
- Messwerte und Zahlengrößen vergleichen
- Unterschiede/Gemeinsamkeiten beim Vergleichen von Texten/Gegenständen/Vorgängen
- Übersichten erstellen

Skizzen
Kabale und Liebe – Konflikt (I. Akt) (Bsp.)

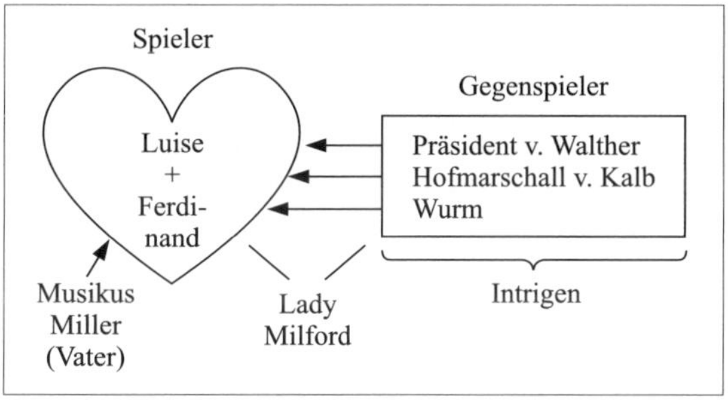

Verwendung/Einsatzbereich
- Verdeutlichen von Situationen, Größenverhältnissen
- vereinfachte Form einer Textübersicht/Textstruktur
- optisch-schematische Darstellung mit Linien, Pfeilen, Symbolen und mit Wörtern

Mind Map
(Bsp.)

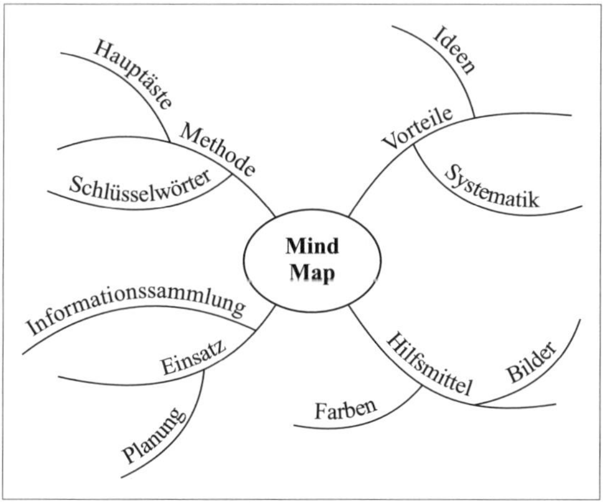

Verwendung/Einsatzbereich
- Gedankenkarte
- bildhafte Darstellung von Gedankengängen
- grafische Strukturierung von Sachverhalten, Ideen, Denkprozessen
- innere Ordnung: vom Abstrakten zum Konkreten, vom Allgemeinen zum Speziellen
- vielseitig verwendbar, kreative Form

Folgende Regeln solltest du beim **Mind Mapping** beachten:

- großflächig anlegen,
- kurze Formulierungen verwenden,
- Begriffe auf Linien in Block- oder Druckschrift schreiben,
- eingekreistes Thema (Kernproblem, Schlüsselbegriff) in die Mitte platzieren, Hauptäste vom Thema in beliebiger Reihenfolge nach außen zeichnen, Verzweigungen von den Hauptästen veranschaulichen weitere Differenzierungen.

Anwendung:

- bei der Analyse von Texten,
- am Anfang eines Strukturierungsprozesses (Ideensammlung, Vorbereitung),
- am Ende eines Strukturierungsprozesses,
- bei der Wissensaneignung,
- als Hilfe beim kreativen Lösen von Aufgaben,
- als Veranschaulichung von komplexen Sachverhalten.

3. Schreiben

Wenn du dich für eine solche Aufgabenstellung entscheidest, musst du den Nachweis erbringen, dass du ausgewählte Methoden der Informationserfassung beherrschst und die gewonnenen Informationen auch sachlich richtig und sprachlich zusammenhängend in einer geeigneten Form darstellen kannst (Textproduktion).

Einige der Textproduktionen setzen auch Kreativität beim Schreiben voraus. Das solltest du bei der Wahl der Aufgabe beachten.

Realschulabschluss Deutsch in Thüringen: Prüfungsaufgaben 2014
Aufgabe 1

Aufgabe:

1.1 Die europäische Friedensbewegung des 19. Jahrhunderts verdankt der Schriftstellerin Bertha von Suttner wesentliche Impulse.
Für ihr Engagement gegen den Krieg erhielt sie 1905 als erste Frau den Friedensnobelpreis.
Stellen Sie 15 der im Text enthaltenen biografischen Fakten in einer geeigneten Form dar.

1.2 „Die Menschheit muss dem Krieg ein Ende setzen, oder der Krieg setzt der Menschheit ein Ende." (John F. Kennedy[1])
www.zitate.net (16. 10. 2013)

Erörtern Sie das Zitat von John F. Kennedy.

1 John F. Kennedy (1917–1963): 35. Präsident der USA

Heike Lischewski: Bertha von Suttner

[...] 1843 in den österreichischen Hochadel hineingeboren, steht für die junge Gräfin eigentlich eine standesgemäße, vermögende Heirat auf dem Plan. Aber das klappt aus verschiedenen Gründen nicht. Mit 30 Jahren immer noch unverheiratet, entschließt sie sich, als Gouvernante eine Stellung anzunehmen. Hier profitiert sie das erste Mal von ihrer guten Ausbildung: Französisch, Italienisch und Englisch, moderne und klassische Literatur, Musik. Im Hause des Barons von Suttner verliebt sie sich in dessen jüngsten Sohn. Die Verbindung mit dem sieben Jahre jüngeren Arthur wird gesellschaftlich zunächst nicht akzeptiert, weshalb das Paar durchbrennt und einige Zeit im Kaukasus verbringt. Hier beginnt Bertha von Suttner zu schreiben: Feuilletontexte, Theaterstücke, Fortsetzungsgeschichten und Ähnliches. Sie interessiert sich zunehmend für Naturwissenschaften und Soziologie und entwickelt eine freiheitlich-liberale Weltanschauung, die sie mit verschiedenen Büchern in Umlauf bringt. In England, Frankreich, Italien, Dänemark, Deutschland, Ungarn, Norwegen und Schweden gründen sich zu dieser Zeit örtliche oder nationale Friedensgesellschaften. [...]

Durch den persönlichen Kontakt mit den Anfängen der organisierten Friedensbewegung in Europa wendet sie sich nach ihrer Rückkehr nach Österreich mehr und mehr dem Thema Krieg und Frieden zu. 1889 veröffentlicht sie den Roman „Die Waffen nieder!" – mit einer Auflage von 210 000 Stück und Übersetzungen in 27 Sprachen ein überaus großer Erfolg. Es handelt sich dabei um den tagebuchartigen, emotionalen Lebensbericht einer österreichischen Adligen vor dem historischen Hintergrund der Kriege, in die Deutschland sowie Österreich von 1859 bis 1870/71 verwickelt waren. [...]

Doch Bertha von Suttner will nicht nur politisch und ökonomisch gegen den Krieg argumentieren, sondern auch die Grausamkeit bewaffneter Auseinandersetzungen vor Augen führen. [...]

Überdies ist er ein Zeugnis davon, mit wie viel Herzblut und Engagement sich eine Frau in die Belange der Politik einmischt – und dies lange Zeit, bevor das Frauenstimmrecht Einzug in die europäischen Parlamente hält.

In den deutschsprachigen Ländern bringt „Die Waffen nieder!" die Friedensbewegung in Gang – unter tatkräftiger Mitarbeit der Autorin. Sie ruft 1891 zur Gründung der Österreichischen Friedensgesellschaft auf, deren Präsidentin sie bis zu ihrem Tod im Jahr 1914 bleibt. 1892 unterstützt sie Alfred Hermann Fried bei der Gründung der Deutschen Friedensgesellschaft und gibt mit ihm bis 1899 monatlich die Zeitschrift „Die Waffen nieder!“ heraus. Sie schreibt auch für andere europäische Zeitungen und nimmt an fast allen Weltfriedenskongressen teil. Dabei sind wiederum ihre Sprachkenntnisse überaus nützlich, aber auch ihre aristokratische Herkunft und ihr gesellschaftliches Auftreten. Hinzu kommen ein starkes Selbstbewusstsein und ein ausgeprägter Optimismus. So lässt sie es sich ebenfalls nicht nehmen, mit einem eigenen Salon[2] an den Haager Friedenskongressen teilzunehmen, wo die Anwesenheit von Frauen eigentlich nicht vorgesehen war. 1905 erhält Bertha von Suttner für ihr Lebenswerk als erste Frau den Friedensnobelpreis. […]

2 hier: Diskussionsrunde

Nach: Lischewski, Heike: Bertha von Suttner; http://bertha-von-suttner-stiftung.de/biografie.html.

Hinweis:

Beide Teilaufgaben 1.1 und 1.2 sind zu bearbeiten und gehen folgendermaßen in die Bewertung ein:

1.1: 25 %
1.2: 75 %

Lösung

Teilaufgabe 1.1

Hinweis: Lies zunächst den Text gründlich durch. Unterstreiche beim Lesen alles, was dir im Zusammenhang mit Bertha von Suttners Leben wichtig vorkommt. Wähle dann die wichtigsten fünfzehn biografischen Fakten aus und bringe sie in eine geeignete Form. Möglich wären: eine nummerierte Liste, eine Mind Map oder eine Zeitleiste. Zähle am Schluss noch einmal genau nach, ob du auch wirklich fünfzehn Fakten herausgeschrieben hast.

1. Bertha von Suttner wird im Jahr 1843 geboren.
2. Sie entstammt dem österreichischen Hochadel.
3. Sie erhält eine umfassende Bildung.
4. Mit 30 Jahren ist sie noch unverheiratet und nimmt deshalb eine Stellung als Gouvernante im Hause von Suttner an.
5. Sie verliebt sich in den jüngsten Sohn des Hauses (Arthur, sieben Jahre jünger als sie).
6. Die Verbindung wird nicht akzeptiert und das Paar flieht deshalb in den Kaukasus.
7. Dort beginnt Bertha von Suttner zu schreiben und entwickelt ihre freiheitlich-liberale Einstellung.
8. Sie wendet sich der Friedensbewegung zu.
9. Sie verfasst den erfolgreichen Roman „Die Waffen nieder!“ und prangert darin die Grausamkeit des Krieges an.
10. 1891 ruft sie zur Gründung der Österreichischen Friedensgesellschaft auf, deren Präsidentin sie wird.
11. 1892 unterstützt sie Alfred Hermann Fried bei der Gründung der Deutschen Friedensgesellschaft.

12. Von 1892 bis 1899 ist sie Mitherausgeberin der Monatsschrift „Die Waffen nieder!".
13. Sie schreibt für diverse europäische Zeitungen.
14. 1905 erhält sie als erste Frau für ihr Lebenswerk den Friedensnobelpreis.
15. Bertha von Suttner stirbt im Jahr 1914.

Teilaufgabe 1.2

Hinweis: Um eine Erörterung zu schreiben, musst du dich zunächst mit der angegebenen These auseinandersetzen, in diesem Fall mit dem Zitat Kennedys. Da darüber hinaus kein Text angegeben ist, handelt es sich um eine freie Erörterung. Umso wichtiger ist es, das Zitat richtig zu verstehen. Dazu musst du es zunächst mehrmals lesen. Überlege dann, was Kennedy damit sagen will. Dieser Arbeitsschritt ist äußerst wichtig! Kläre daher wichtige Schlüsselbegriffe. Versuche außerdem, das Zitat in eigene Worte zu fassen, und überlege, welche Problematik darin angesprochen wird. Da Kennedy eine These in den Raum stellt, der widersprochen werden kann, handelt es sich um eine kontroverse Erörterung, bei der deine Meinung gefragt ist. Überlege daher, ob du ihm zustimmen kannst oder nicht. Erstelle dann eine Stoffsammlung mit Argumenten für Pro und Kontra. Notiere dir auch ungeklärte Fragen, Überlegungen, Beispiele und Ähnliches. Es ist sinnvoll, diese Stichpunkte am Ende mit verschiedenen Farben zu kennzeichnen und dadurch zu sortieren. Das hilft dir später dabei, einen strukturierten Text zu verfassen. Denke auch daran, die Argumente beim Schreiben in die richtige Reihenfolge zu bringen: Zunächst nennst du die Argumente der Gegenseite, dann deine eigenen.

Analyse und Eingrenzen des Themas

Behauptung: Es darf keine Kriege mehr geben.

Begründung: Sonst wird die Menschheit zugrunde gehen.

Deutung 1: Eine Welt ohne Krieg ist realistisch, Waffen und Militär müssen abgeschafft werden, jede Form des Krieges ist zu verurteilen (auch Verteidigung, Schlichtung).

Deutung 2: Kriege gilt es zu verhindern und zu beenden, allerdings erfordert dies manchmal auch militärische Aktionen (Aufruf zur aktiven Beendigung der bestehenden Kriege).

inhaltliche Auffälligkeiten: appellativer Charakter, Eindringlichkeit, Pauschalität

sprachliche Besonderheiten: chiastische Struktur, Personifikation des Krieges

Schlüsselbegriffe:

Krieg → gewaltsame Auseinandersetzung; wird nicht näher beschrieben oder differenziert; keine Angaben über verschiedene Gründe für Kriegshandlungen, Ziele etc.

Menschheit → bei Kriegen sonst oft von Nationen die Rede, hier von der gesamten Weltbevölkerung; alle sitzen im selben Boot; Krieg geht alle an; jeder ist in der Verantwortung; alle profitieren davon, wenn es keine Kriege mehr gibt

ein Ende setzen → aktiv in bestehende Kriege eingreifen? grundsätzlich dafür sorgen, dass keine Kriege entstehen? bei bestehenden, eigenen Konflikten einlenken?

Stichpunktartige Stoffsammlung und Gliederung

Einleitung

Überlegungen zum Thema Krieg allgemein; Verweis auf aktuell bestehende Konflikte

Hauptteil

Deutung 1: es darf keinen Krieg mehr geben – auch nicht aus Verteidigungs- oder Schlichtungsgründen

Argumente Pro: Zerstörung und Leid, neue technische Möglichkeiten bedrohen die Existenz der Menschheit

Argumente Kontra: militärische Aktionen manchmal nötig (Verteidigung, Wiederherstellung des Friedens), Abschaffung von Waffen und Militär gefährlich für die Sicherheit

Deutung 2: Krieg wird verurteilt, aber nicht pauschal abgelehnt, sogar im Ernstfall gefordert

Argument Kontra: die Absicht, Kriege zu führen, um Frieden zu stiften, ist oft nur eine Ausrede

Argument Pro: manchmal ist militärisches Eingreifen notwendig

Schluss

Zusammenfassung, eigene Meinung

Aufsatzbeispiel

Einleitung

Es gibt wohl keinen Menschen auf der Welt, der Krieg grundsätzlich gutheißt. Und doch kommt die Menschheit, wie es scheint, nicht von ihm los. Zwar herrscht in Westeuropa seit 1945 ein bisher nie dagewesener Frieden, doch man muss nicht weit reisen, um auf den nächsten bewaffneten Konflikt zu treffen, ob in Syrien, in der Ukraine oder in Ägypten.

Hauptteil

Doch je größer die Möglichkeiten der Technik, umso größer ist die Gefahr, die von derartigen Konflikten ausgeht. Daher sagt Kennedy sinngemäß: Wenn es der Menschheit nicht gelingt, Frieden herzustellen, dann wird sie eines Tages durch den Krieg zugrunde gehen.

Es gibt zwei Möglichkeiten, diese Aussage zu verstehen. Erstens: Kennedy lehnt jede Form der gewaltsamen Auseinandersetzung ab und hält gleichzeitig eine Welt ohne Krieg für möglich und notwendig.

Dies ist vor dem zeitgeschichtlichen Hintergrund seines Wirkens gut verständlich: Seine Präsidentschaft fällt in die 1960er-Jahre, ein Jahrzehnt, in dem die Schrecken des Zweiten Weltkrieges noch sehr präsent waren: die unglaublichen Verwüstungen nicht nur der Städte, sondern auch der Natur, der Tod mehrerer Millionen Menschen, das Leid der Überlebenden. Nicht nur seine Altersgenossen – auch Kennedy selbst hatte beim Militär gedient und die Kampfhandlungen aus erster, zumindest aber aus zweiter Hand erlebt. Sicherlich ist der Willen zum Frieden dann besonders groß, wenn man aus eigener Erfahrung weiß, was Krieg – was ein Weltkrieg – bedeutet!

Doch nicht nur die Dimensionen dieses Krieges übertrafen die vorangegangenen. Vor allem die moderne Technik ermöglichte ein gänzlich neues Ausmaß der Zerstörung, beispielsweise durch den Abwurf der Atombomben über Japan. Angesichts dessen ist es nur verständlich, dass Kennedy vor den Folgen zukünftiger Kriege warnt, ja sogar den Untergang der Menschheit heraufbeschwört. Dem ist uneingeschränkt zuzustimmen, denn selbstverständlich sind die

Ausmaße kriegerischer Zerstörung heute so groß, dass eine Vernichtung der Menschheit, beispielsweise durch einen Atomkrieg oder biologische Kampfführung, zumindest nicht ausgeschlossen ist. Kennedy war sicherlich daran gelegen, Schreckensszenarien dieser Art zu verhindern. Zudem waren die 1960er-Jahre eine Zeit der aufkommenden studentischen Friedensbewegungen (Hippie-Zeitalter). Sicherlich hat dieser Zeitgeist auch auf Kennedy abgefärbt.

Versteht man Kennedys Zitat als Aufruf zum bedingungslosen Pazifismus, ist allerdings auch Kritik daran angebracht. Um beim Beispiel des Zweiten Weltkrieges zu bleiben: Es war zweifelsfrei nötig, dass sich die Alliierten gegen Hitler-Deutschland verbündeten und in den Krieg zogen. Wer hätte das nationalsozialistische Regime mit seiner Terrorherrschaft stoppen können, wenn nicht das alliierte Militär – mitsamt der dadurch notwendigen Gewalt? Wurde also in diesem Fall nicht durch den Krieg der Frieden wiederhergestellt?

Krieg ist also nicht in jedem Fall vermeidbar – sofern er zur Verteidigung oder zur Befreiung dient, ist er sogar manchmal geboten. Genau das ist der Punkt, an dem es schwierig wird. Wann ist ein Krieg gerechtfertigt, wann nicht? Wann muss man eingreifen, wann nicht? Diese wichtige Frage wird von Kennedys Zitat nicht berührt. Ist die oben angesprochene Deutung seines Zitates zutreffend, müsste er konsequenterweise auch dafür plädieren, das Militär abzuschaffen und sämtliche Waffen zu vernichten. Eine auf diese Weise friedliche Nation wird dann jedoch leicht zur Zielscheibe äußerer Aggressionen. Denn noch gibt es keine Weltregierung, die eine derartige Aktion für alle Nationen verbindlich vorschreiben könnte.

Die zweite Möglichkeit, seine Aussage zu verstehen, ist: Er verurteilt zwar den Krieg als solchen, jedoch nicht das gewaltsame Eingreifen in den Krieg zugunsten des Friedens. Diese Einschränkung kann freilich problematisch sein: Denn unter dem Vorwand, Frieden zu stiften, und also eigentlich etwas „Gutes“ zu tun, wurden schon viele Kriege geführt – zuletzt gegen den Irak.

Andererseits ist eine differenzierte Sicht auf das Thema nötig. Denn man kann kriegerische Konflikte zwar oft auf diplomatischem Wege beenden, doch manchmal reicht dies nicht aus – wie man am Beispiel des Zweiten Weltkriegs sehen kann. Hier wurde dem Krieg durch aktives Eingreifen ein Ende gesetzt. Insofern ruft Kennedy vielleicht sogar gerade dazu auf, das Ende von Kriegen notfalls auch mit Gewalt herbeizuführen, um „Schlimmeres“ zu verhindern. Das Zitat lässt beide Deutungen zu.

Schluss

Krieg gilt es zweifellos mit allen Mitteln zu verhindern, gerade angesichts der neuen technischen Möglichkeiten, die derartige Auseinandersetzungen zu einer Existenzbedrohung für die Menschheit machen. Krieg ist nie gut! Doch manchmal ist es nötig, sich in den Krieg einzumischen – diplomatisch und, wenn nicht anders möglich, auch militärisch – nämlich dann, wenn kein Eingreifen das noch größere Leid verursacht. Insofern schließe ich mich der zweiten Deutung des Zitates an.

Realschulabschluss Deutsch in Thüringen: Prüfungsaufgaben 2014
Aufgabe 2

Aufgabe:

Zwischenmenschliche Beziehungen sind von Höhen und Tiefen geprägt.
Schildern Sie eine oder mehrere Situationen, in denen Sie wie das lyrische Ich empfanden.

Hanna Hanisch: Meine zweimal geplatzte Haut

Ich könnte platzen.
Aus allen Nähten könnte ich platzen
vor Wut.
Meine Hände zittern.
Meine Stimme bebt.
Meine Haut tut mir weh von so viel Wut.
Ich fühle mich krank in meiner Haut,
weil du so bös zu mir warst.

Ich könnte platzen.
Aus allen Nähten könnte ich platzen
vor Lust.
Meine Hände winken.
Meine Stimme lacht.
Mein Bauch gluckert von so viel Lust.
Ich fühle mich wohl in meiner Haut,
weil du so lieb zu mir warst.

Hanisch, Hanna: Meine zweimal geplatzte Haut. In: Gelberg, Hans-Joachim: Überall und neben dir. Beltz & Gelberg. Weinheim/Basel 2011, S. 166.

Lösung

Hinweis: Hier musst du aus deinem persönlichen Erfahrungsschatz schöpfen. Das Thema lautet „Höhen und Tiefen" in zwischenmenschlichen Beziehungen, also zum Beispiel in Freundschaften. Außerdem sollst du dich dabei auf das Gedicht von Hanna Hanisch beziehen. Lies es dir also zunächst genau durch. Welche Emotionen werden darin beschrieben? Erinnere dich dann an eine Situation, in der es dir ähnlich ging wie dem lyrischen Ich. Du kannst über mehrere Situationen schreiben oder auch nur über eine bestimmte. Achte jedoch darauf, deine Gefühle möglichst genau und plastisch zu schildern, also mit vielen sprachlichen Mitteln (Metaphern, aussagekräftigen Adjektiven etc.). Da es hier um deine subjektiven Erfahrungen geht, schreibst du in der Ich-Form. Notiere dir zuvor deine Gedanken in Form einer gegliederten Stoffsammlung.

Analyse und Eingrenzen des Themas

Schlüsselbegriffe:

Zwischenmenschliche Beziehungen → Freundschaften, Liebesbeziehungen, familiäre Beziehungen, Beziehung zwischen zwei oder mehreren Personen

Höhen → gemeinsamer Spaß, Freude aneinander

Tiefen → Streit, Konflikte

Situationen → es geht nicht um längere Phasen, sondern um konkrete Erlebnisse und akute Gefühle

Beschriebene Gefühle:

Strophe 1: Wut, Erregung, Ärger über den anderen (er war „bös" V. 8) zum lyrischen Ich

Strophe 2: unvermittelter Gefühlswandel, Lust/Freude – erneute Beschreibung der teilweise ähnlichen körperlichen Reaktionen (Hände, Stimme, Haut) (er war „lieb" V. 16)

Aufsatzbeispiel

Einleitung

Als ich das Gedicht von Hanna Hanisch gelesen habe, dachte ich sofort: So hab ich mich auch schon oft gefühlt! Besonders zwei Ereignisse sind mir in Erinnerung geblieben.

Hauptteil

Das erste ist noch gar nicht so lange her: Ich stand vor dem Kino. Tim und ich hatten uns für sieben dort verabredet, da der Film um acht beginnen sollte, und wir noch Popcorn kaufen wollten. Die Karten hielt ich bereits in der Hand. Wir waren erst ein paar Tage zusammen, und mein Herz klopfte laut gegen meine Rippen. Ich war so aufgeregt! Zahlreiche Paare liefen an mir vorbei, Arm in Arm, mit verliebten Blicken. Ich schielte in die Menge, doch Tim war nicht zu sehen.

Ich wollte hier nicht so alleine herumstehen. Das war unangenehm! Ganz ruhig, dachte ich mir, es ist gerade erst fünf nach sieben. Kein Grund, sich aufzuregen. Ich zog mein Handy aus der Tasche und blickte auf das Display. Keine neuen Nachrichten. Sollte ich ihn vielleicht anrufen? Nein, wie peinlich war das denn! Er kam bestimmt gleich.

Doch die Minuten verstrichen, und von Tim keine Spur. Ich begann innerlich zu fluchen. Hatte er mich etwa versetzt? Ich bemerkte, wie sich meine Gesichtsmuskeln verkrampften, und begann nervös auf und ab zu laufen. Das konnte doch nicht wahr sein! Ich spürte, wie die Haut in meinem Gesicht zu brennen begann – ganz so, wie im Gedicht von Hanna Hanisch. Es war ein Gefühl, als würde heiße Lava durch meinen ganzen Körper rinnen. Sollte er jetzt um die Ecke kommen, würde ich ihm gehörig die Meinung sagen. „Ich könnte platzen" (V. 1), ja, genau so fühlte ich mich! Mich hier einfach so stehen zu lassen, ohne Bescheid zu geben – ich hatte doch wirklich Besseres zu tun! Und ich dumme Kuh hatte gedacht, er würde mich mögen. Wie man sich doch täuschen konnte!

Ich wollte gerade gehen, einfach irgendwohin, nur, um nicht alleine hier warten zu müssen, da tippte mir jemand von hinten auf die Schulter. Ich fuhr herum – und hatte eine Wand roter Rosen im Gesicht. Dahinter grinsten mich zwei leuchtend grüne Augen an. Tim! Mein Magen fühlte sich seltsam an – so ähnlich wie im Flugzeug, wenn es von der Startbahn abhebt. Alles fiel von mir ab: die Wut, der Ärger, der Zweifel. Als wäre das alles nie dagewesen!

„Tut mir echt leid“, sagte er freudestrahlend, „aber ich wollte dich unbedingt damit überraschen, und im Blumenladen war eine lange Schlange.“ In mir dehnte sich das Glück aus wie ein großer Luftballon. Noch nie hatte mir jemand rote Rosen geschenkt! Wie romantisch!

Das andere Ereignis fand letztes Jahr statt. Damals fiel mein Geburtstag in die Osterferien. Eigentlich fand ich es ja ganz schön, an diesem Tag nicht in die Schule gehen zu müssen, sondern tun zu dürfen, wonach mir der Sinn stand. Doch gleichzeitig war ich auch ein bisschen traurig – denn wenn man an einem Schultag Geburtstag hatte, kamen alle auf einen zu, um zu gratulieren, und manchmal sang einem sogar die ganze Klasse ein Ständchen.

Der Tag selbst verlief eigentlich soweit ganz in Ordnung. Es gab Kuchen zum Frühstück und einen Tisch voller Geschenke. Doch als es Mittag wurde, hatte sich noch keiner meiner Freunde gemeldet, um mir zu gratulieren. Das war seltsam. Ich wusste zwar, dass sie alle in den Urlaub gefahren waren, doch sie hatten mir versprochen, mich trotzdem anzurufen oder zumindest eine SMS zu schreiben. Mit jeder Stunde sank meine Laune mehr und mehr in den Keller. Ständig schielte ich nach meinem Handy oder lauschte auf das Telefon. Als nachmittags meine Großeltern zu Besuch kamen, hörte ich ihnen gar nicht richtig zu. Ich hasse es so sehr, auf Nachrichten zu warten. Es ist so demütigend!

Als es Abend wurde, hatte ich einen riesigen Kloß im Hals. Ich wollte nur noch heulen und gegen Türen treten. Ein toller Geburtstag war das! Wie konnten sie nur so unzuverlässig sein. Ich schien ihnen ja nicht so viel zu bedeuten. Ich war wirklich wütend. Es war ein richtig körperliches Gefühl – als würde ich gleich platzen!

Als meine Mutter meinte, sie hätte eine Überraschung für mich, konnte ich nur noch gequält lächeln. Sie führte mich einmal ums Haus zu unserer Garage, und ich dachte noch, wir würden vielleicht in irgendein Restaurant zum Essen fahren. Da öffnete sich von innen das Garagentor, und wer stand da? Alle meine Freunde! Fast die ganze Klasse hatte sich bunte Hütchen übergestülpt und trötete mir entgegen. Eine Überraschungsparty! Und sogar mit Konfetti! Ich spürte, wie die Freude meinen ganzen Körper durchströmte – es fühlte sich an, als würde ich mitten auf der Garageneinfahrt vor Glück zerfließen. Auch meine Hände winkten und meine Stimme lachte (V. 12 f.). Es war wie in einem Film! Wie konnte ich nur denken, sie würden mich vergessen!

Schluss

Erstaunlich, wie nah Gefühle manchmal beieinanderliegen. Ganz so, wie in dem Gedicht von Hanna Hanisch: Zuerst ist man ganz und gar wütend, dann ganz und gar glücklich – von einer Sekunde auf die andere.

Aufgabe:

Versetzen Sie sich in eine der Hauptpersonen.
Verfassen Sie einen inneren Monolog aus der Sicht des Bestohlenen oder der alten Frau.

Anna Drawe: Im Warenhaus

Betty Warner war eine gute Seele, aber sie hatte Hunger, und die Brieftasche, die aus der Hosentasche des Mannes hervorlugte, der im großen Warenhaus vor ihr herging, reizte ihre Begierde. Ihr war auch sehr kalt, ihre Kleider waren nur dünn, einen Mantel besaß sie nicht mehr. Zudem war sie eben an vielen Stellen gewesen, wo sie sich vergeblich um Arbeit bemüht hatte.

Sie war nicht ins Warenhaus gekommen, um Einkäufe zu machen, sondern nur, um sich zu wärmen, denn sie fror bis ins Innerste. Sie bemühte sich, nicht auf die Brieftasche zu schauen, aber die blickte so verführerisch zwischen den Rockschößen des Mannes hervor, und sie sah es dem Herrn an, dass er schon einmal eine Brieftasche verlieren konnte. Denn das, was allein sein Anzug kostete, hätte ihr monatelang zum Lebensunterhalt genügt.

Sie ging dicht hinter der Brieftasche und schaute die Leute ringsum an: eine freundlich aussehende, kleine, alte Frau in Schwarz, zwei junge Mädels, die lebhaft miteinander plauderten. Wenn nicht ein Augenblick gekommen wäre, in dem die kleine, alte Frau nach einem Taschentuch herumsuchte und die Mädels verschwunden wären, so hätte Betty die Brieftasche nicht genommen. In diesem Augenblick fiel jede Scheu und Hemmung von ihr ab. Sie nahm die Brieftasche mit einer hastigen Bewegung und ließ sie in ihrer Handtasche verschwinden.

Dieser fürchterliche Augenblick war nun vorüber, und sie war wieder das nette, rosige junge Mädchen, das in seinem ganzen Leben kaum etwas wirklich Schlechtes begangen hatte. Sie blieb stehen und tat so, als ob sie sich seidene Strümpfe anschaute. Am selben Ladentisch stand die kleine, alte Frau. War sie Betty absichtlich gefolgt?

„Sie sehen müde aus", sprach die kleine, alte Frau, „warum gehen Sie nicht in den Damenwarteraum und ruhen sich aus?" – „Ich kann nicht, ich … muss gehen", stammelte das Mädchen. In der warmen Luft wurde ihr, die schon lange nichts mehr gegessen hatte, schwindelig, sie taumelte und ließ dabei ihr Handtäschchen fallen.

Die kleine, alte Frau hob es auf und reichte es ihr. „Trotzdem sollten Sie sich erst ein wenig ausruhen."

Aber Betty hörte sie gar nicht. Sie hielt sich am Ladentisch, sie zitterte vor Angst. Über den Köpfen der Menge hin, die durch die Gänge des Warenhauses wogten, hatte sie das besorgte Gesicht des Besitzers der Brieftasche wahrgenommen, und neben ihm schimmerte eine Schutzmannsuniform[1]. Die Leute im Warenhaus erschienen Betty alle wie sehr entfernte, kleine schwarze Punkte, so aufgeregt war sie.

„Gehen Sie nicht weg von mir", bat Betty, „gehen Sie nicht fort!" Die kleine, alte Frau gab keine Antwort. Sie sah den Schutzmann an. Denn er berührte eben Betty an der Schulter. „Dieser Herr", sagte er grob, „hat seine Brieftasche verloren."

Das Mädchen stammelte ein paar Worte, die ihr selbst fremd klangen. Dem Besitzer der Brieftasche schien sie leidzutun. Er begann: „Ich sage ja nicht, dass Sie die Brieftasche genommen haben, aber Sie waren ganz dicht hinter mir, als es geschah. Sie ging zuerst vor mir", sagte er zum Schutzmann, „dann blieb sie zurück und eine Sekunde später war die Tasche fort."

Betty glaubte, im Erdboden zu versinken. Sie starrte besinnungslos vor sich hin, während der Schutzmann die Handtasche öffnete. Sie starrte noch immer, als er sie wieder auf den Ladentisch warf und zu dem Herrn sagte: „Das junge Mädchen hat sie nicht!“
Sie sah die beiden Männer fortgehen, aber ihre vor Angst stumpfen Sinne fassten es nicht.
„Ich habe natürlich die Brieftasche herausgenommen“, sagte die kleine, alte Frau, indem sie das Mädchen zum Ausgang führte. „Der Schutzmann wird die Adresse des Herrn haben, und ich will dafür sorgen, dass er die Tasche zurückerhält. Sind Sie hungrig?“
„Ja, sehr.“
„Sie mussten Ihren Mantel verkaufen aus Not, nicht wahr? Sie scheinen stellenlos zu sein und ohne Geld?“
„Ja.“
„Hm – das hab' ich mir doch gedacht.“
„Warum – warum haben Sie das für mich getan?“
„Weil ich solche Fälle kenne. Es war das erste Mal, dass Sie so etwas machten?“
„Ja.“
„Versprechen Sie mir, es niemals wieder zu tun?“
„Ach ja, nie … nie wieder!“
„Sehen Sie“, sagte die alte Frau, „darum habe ich's getan. Und jetzt, Kind, wollen wir etwas essen gehen.“
„Wer … wer sind Sie?“, fragte das Mädchen.
Die kleine, alte Frau lächelte: „Ich bin nur die Warenhausdetektivin“, sagte sie.

1 Schutzmann: alte Bezeichnung für Polizist

Drawe, Anna: Im Warenhaus. In: Vorlesebuch. Religion I. Vandenhoeck & Ruprecht, Göttingen 1990, S. 236 ff.

Lösung

Hinweis: Um dich in eine der beiden angegebenen Figuren versetzen zu können, musst du den Text erst einmal gründlich lesen. Lies ihn dann ein zweites Mal, und markiere mit zwei Farben jeweils das, was du über diese Figuren erfährst. Was können sie sehen? Wie verhalten sie sich? Wie werden sie beschrieben? Dann musst du dich für eine der beiden entscheiden und aus deren Perspektive einen inneren Monolog verfassen. Achte auch darauf, dich sprachlich in die gewählte Figur einzufühlen. Eine alte Frau verwendet zum Beispiel keine Jugendsprache. Außerdem musst du abschätzen, in welcher Zeit die Geschichte spielt, und deinen Monolog sprachlich und inhaltlich daran anpassen.

Analyse und Eingrenzen des Themas

Innerer Monolog: Gedanken einer Person, die unausgesprochen bleiben; es geht nicht um die äußeren Dinge, sondern darum, wie die betreffende Person diese wahrnimmt; Ich-Perspektive; keine Anführungsstriche; Präsens; keine Einleitung, kein Schluss; typisch sind elliptische Sätze und Gedankensprünge

Bestohlener: bekommt vom Diebstahl selbst nichts mit; ihm ist die Sache unangenehm; er will jedoch seine Geldbörse zurückhaben; ist reich; ist eher älter (da reich und weil er Anzug trägt); er hat Mitleid mit der Diebin

Alte Frau: Warenhausdetektivin; klein; hilfsbereit; wachsam; gutmütig; mutig; Sinn für Gerechtigkeit; einfühlsam; lebensfroh; trägt schwarz (Witwe?)

Zeit: vermutlich eher die Vergangenheit („Schutzmann" Z. 48, „Rockschöße" Z. 8, „Warenhaus" Z. 6 etc.), vielleicht frühes 20. Jahrhundert

Aufsatzbeispiel

So viele! An ihren roten Wangen kann ich sehen, dass ihnen heiß ist. Die Luft hier drin ist aber auch wirklich stickig. Ich bin schläfrig … Konzentrier dich! Wer wird es wohl heute sein? Wer verhält sich bewusst unauffällig? Wer wirkt nervös? Wer hat vor, etwas zu stehlen? Hoffentlich sehe ich es zuerst, denn der Schutzmann versteht keinen Spaß. Ich muss gut aufpassen.

Zwei junge Mädchen, die kichern. Worüber wohl? Ich war genauso, als ich in ihrem Alter war. Das ist schon so lange her! Sie tragen teure Kleidung und Schuhe, das sehe ich doch sofort, schließlich mache ich das hier schon so viele Jahre. Ich glaube nicht, dass sie etwas klauen, das haben sie nicht nötig, und sie wirken außerdem viel zu sehr mit sich beschäftigt.

Meine Knie schmerzen. Das tun sie in letzter Zeit häufiger. Doch warum sollte ich zum Arzt gehen – es ist wohl einfach das Alter. Wie lange ich meine Arbeit hier wohl noch verrichten kann?

Halt: Was ist das? Da, hinter diesem Herrn in dem feinen Anzug, geht eine junge Frau. Nein, das ist ja fast noch ein Kind! Was macht sie da nur, so dicht an seiner Hosentasche? Sie hat den suchenden, zweifelnden Blick eines Menschen, der innerlich mit sich ringt. Jetzt blickt sie in meine Richtung! Schnell, ich muss irgendetwas machen. Wahrscheinlich denkt sie, dass ich nichts bemerke, weil ich in meiner Handtasche nach einem Stofftuch krame. Ich weiß: Sie wird sich jetzt die Brieftasche nehmen. Ich darf sie nicht aus den Augen verlieren. Nun hat sie die Richtung geändert. Ich hatte recht! Ich muss ihr nach. Sie sieht wirklich sehr erschöpft aus – wie lange hat das arme Ding wohl nichts mehr gegessen?

So, jetzt muss ich ganz behutsam sein. Noch zwei Meter, dann erreiche ich den Ladentisch, an dem sie steht. Sie zittert ja! Jetzt hat sie mich bemerkt, und ich sehe, wie ihre Finger die Tischkante umklammern. Sie sieht so müde aus! Ich spreche sie an, doch sie stammelt nur unverständliche Worte. Vor Aufregung lässt sie ihre kleine, verschlissene Handtasche zu Boden fallen. Eine gute Gelegenheit, um die Geldbörse darin unauffällig in meinen Rocksaum zu stecken. Über ihr Gesicht huscht ein Ausdruck der Angst, als ich ihr das Täschchen zurückgebe. Sie weiß, was ich weiß, und tut mir leid!

Sie bittet mich gerade, sie nicht allein zu lassen, da erscheint der Schutzmann hinter ihr. Dieser Wichtigtuer! Doch Gott sei Dank kann dem Mädchen nun nichts mehr passieren. Auch der feine Herr ist nun dazugekommen. Er scheint ihr nichts Böses zu wollen – ich glaube, er hat Mitleid mit der Kleinen.

Ja, untersucht die Handtasche nur – ihr werdet eh nichts darin finden! Und tatsächlich, der Schutzmann hat sie schon in der Hand. Auf diesen Gesichtsausdruck habe ich mich gefreut. Es ist die Enttäuschung darüber, dass er niemanden verhaften darf. Das geschieht ihm recht.

So, schnell weg von hier. Ich nehme das Mädchen beim Arm und führe sie in Richtung Ausgang. Ich weiß, wie ihr zumute ist. Jetzt muss ich ihr alles erklären. Sie wirkt überrascht und erleichtert. Schön! Ich habe erreicht, was ich wollte: Sie wird es nie wieder tun. Jetzt kauf ich ihr was zu essen. Das wird ihr guttun. Und ich hab auch ziemlich Hunger.

Aufgabe:
Interpretieren Sie das Gedicht.

Günter Kunert (geb. 1929): Für mehr als mich

Ich bin ein Sucher
Eines Weges.
Zu allem was mehr ist
Als
Stoffwechsel
Blutkreislauf
Nahrungsaufnahme
Zellenzerfall.

Ich bin ein Sucher
Eines Weges
Der breiter ist
Als ich.

Nicht zu schmal.
Kein Ein-Mann-Weg.
Aber auch keine
Staubige, tausendmal
Überlaufene Bahn.

Ich bin ein Sucher
Eines Weges.
Sucher eines Weges
Für mehr
Als mich.

Kunert, Günter: Für mehr als mich. In: Kunert, Günter: Erinnerung an einen Planeten: Gedichte aus 15 Jahren. Hanser Verlag, München 1963, S. 15.

Lösung

Hinweis: Lies das Gedicht zunächst gründlich und möglichst mehrmals durch. Notiere dir am Rand Auffälligkeiten, Fragen oder deine persönlichen Kommentare und unterstreiche wichtige Wörter. Sieh dir an, worum es in den einzelnen Strophen geht und wie sich diese inhaltlich voneinander unterscheiden. Versuche anschließend eine erste Deutung: Was ist das Thema des Gedichts? Danach beschäftigst du dich genauer mit der äußeren Form: Strophen, Verse, Reimschema etc. Untersuche auch die sprachlichen Auffälligkeiten und markiere beides mit zwei unterschiedlichen Farben. Am besten verfasst du eine stichwortartige Übersicht zu Inhalt, Form und Sprache, um darauf aufbauend deinen Aufsatz schreiben zu können. Denke daran, das Werk auch zeitlich einzuordnen.

Stichpunktartige Stoffsammlung und Gliederung

Einleitung

- Angaben zu Autor, Titel des Gedichts und Zeit der Abfassung
- erster Leseeindruck
- Überlegungen zum Titel

Hauptteil

1. Sinneinheit (V. 1–8)

Inhalt

Suche nach dem Sinn, dem Metaphysischen, dem Göttlichen (etwas, das „mehr" ist als die reine Biologie)

Form

- kein Reim, kein Metrum, freier Rhythmus
- 8 Verse
- Enjambement (Zeilensprung): setzt sich im gesamten Gedicht fort
- besteht aus einem einzelnen Satz, der allerdings durch einen Punkt unterbrochen ist, obwohl an dieser Stelle unpassend (erzeugt Denkpause)
- lyrisches Subjekt
- Großbuchstaben am Zeilenanfang

Sprache und ihre Wirkung

- Präsens (im gesamten Gedicht) → verdeutlicht Gegenwärtigkeit und Zeitlosigkeit der Thematik
- V. 1: „Sucher" → Charaktereigenschaft des lyrischen Ich (die Suche macht ihn aus), rastlos, Pilger
- V. 2: „ein Weg" → Symbol für Reise, Veränderung, Dauer, Suche, Ungewissheit; es ist nicht „der" Weg (es gibt mehr als einen)
- V. 3/4: „mehr als" → größer, bedeutender, über etwas hinausgehend
- V. 5–8: Begriffe aus der Biologie → Beschreibung der stofflichen Welt, der rein naturwissenschaftlichen Erklärung des Lebens; das lyrische Ich erweist sich als Fachmann, als Kenner der Biologie, evtl. als jemand, der von der Wissenschaft enttäuscht ist; Zellenzerfall klingt trostlos, endgültig, sinnlos

2. Sinneinheit (V. 9–17)

Inhalt

Suche nach Gemeinschaft auf dem Weg (nicht zu viel, nicht zu wenig)

Form

- 2 Strophen, 9 Verse

Sprache und ihre Wirkung

- V. 9/10: Sucher, Weg → Wiederholung von V. 1/2, wird zu einer Art Refrain des Gedichts
- V. 11/12: Breite → Beschreibung des Weges; es soll noch Platz sein neben dem lyrischen Ich, vielleicht bereits ausgetreten
- V. 13/14: nicht zu schmal, kein Ein-Mann-Weg → lyrisches Ich will kein Einzelkämpfer sein, will es nicht zu schwer haben, will nicht allein sein
- V. 15–17: keine staubige, tausendmal überlaufene Bahn → der Weg soll nicht beschwerlich sein, nicht zu ausgetreten, nicht zu überlaufen; das lyrische Ich will nicht mit dem Strom schwimmen

3. Sinneinheit (V. 18–22)

Inhalt

gemeinsame Suche nach dem Sinn

Form

- 1 Strophe, 5 Verse

Sprache und ihre Wirkung

- V. 18/19: Sucher, Weg → Wiederholung von V. 1/2 bzw. 9/10, Refrain
- V. 20–22: Sucher eines Weges für mehr als mich → nochmalige, verkürzte Wiederholung des Refrains (Klimax); das lyrische Ich sucht einen Weg, der nicht nur zu einem Ziel führt, das „mehr" ist als die Biologie, sondern der Weg selbst soll auch für „mehr" als das lyrische Ich gedacht sein; das lyrische Ich will auf diesem Weg Gemeinschaft haben

Schluss

- Zusammenfassung der Ergebnisse
- persönliche Einschätzung
- Übertragung in die persönliche oder allgemeine heutige Lebenssituation

Aufsatzbeispiel

Einleitung

Das vorliegende Gedicht von Günter Kunert (geb. 1929) trägt den Titel „Für mehr als mich“. Es entstammt dem Band „Erinnerungen an einen Planeten“, der 1963 erschienen ist. Im Gedicht geht es um die Suche des lyrischen Ich nach dem Sinn des Lebens. Den Weg dorthin will es nicht alleine gehen.

Hauptteil

Das Gedicht besteht aus vier Strophen, die sich in drei Sinnabschnitte gliedern lassen. Sie alle sind im Präsens verfasst, was die Gegenwärtigkeit und Zeitlosigkeit der Thematik verdeutlicht. Reim oder Metrum sind nicht vorhanden – ein typisches Kennzeichen moderner Lyrik.

Auffällig ist, dass die Sätze über die Verse hinweg fließen (Enjambement), und dass jeder Vers mit einem Großbuchstaben beginnt. Dadurch entstehen viele kleine Pausen, was den Eindruck erweckt, am stockenden Gedankenfluss des lyrischen Ich teilzuhaben. Außerdem werden einige Sätze an unpassender Stelle von Punkten unterbrochen. Auch hier entsteht eine Denkpause, die der folgenden Aussage größeres Gewicht verleiht (vgl. V. 2 f.). Insgesamt bekommt das Gedicht durch diese Stilmittel einen langsamen, nachdenklichen Charakter – so als würde das lyrische Ich nicht nur eine Suche beschreiben, sondern auch während der Beschreibung nach den passenden Worten suchen.

Der Sinnabschnitt 1 umfasst die erste Strophe (V. 1–8). Gleich zu Beginn stellt sich das lyrische Ich als „Sucher“ (V. 1) vor. Es ist also nicht nur temporär auf der Suche, sondern das Suchen macht seinen Charakter aus. Es ist rastlos, immer unterwegs, denn es verfolgt zwei Ziele: Das erste ist, einen Weg zu finden (vgl. V. 2), den das lyrische Ich allerdings noch nicht kennt (daher „ein“ Weg). Der Weg ist ein typisches Symbol für die Suche an sich, das Unterwegssein, die Ungewissheit oder auch die Veränderung. Er soll das lyrische Ich jedoch zu einem konkreten Ziel bringen, dem zweiten Ziel seiner Suche, die mit dem Weg beginnt: zu dem, was bedeutender, größer ist, als die stoffliche Welt. Das lyrische Ich sehnt sich nach etwas, das über die Erklärungen der Naturwissenschaften hinausgeht. Gedacht ist hier vermutlich an einen übergeordneten Sinn, an das Metaphysische, an Gott. Die reine, stoffliche Wirklichkeit, wie die Naturwissenschaften sie beschreiben, erlebt das lyrische Ich als trostlos; denn in der Fachsprache der Biologie klingt das Große Drama des Lebens, das Werden und Vergehen, völlig nüchtern und steril (Nahrungsaufnahme, Nährstoffe gelangen in den Blutkreislauf, werden vom Lebewesen verstoffwechselt und zerfallen schließlich, vgl. V. 5–8). Diese Sichtweise auf das Leben genügt dem lyrischen Ich nicht. Es will erkennen, welche Wirklichkeit sich hinter der rein biologischen verbirgt.

Nun beginnt der zweite Sinnabschnitt: Er besteht aus zwei Strophen à vier bzw. fünf Versen. In den Versen 9/10 wird zunächst der Refrain des Gedichts (vgl. V. 1/2) wiederholt. Dadurch wird die Suche nach dem Weg betont. Anschließend wird der Weg selbst genauer beschrieben. Er soll „breiter“ (V. 11) sein als das lyrische Ich. Es soll also noch Platz sein neben dem Sucher, Platz für eine oder mehrere andere Personen. Darauf deuten auch die Verse 13/14 hin: Der Weg soll nicht „zu schmal“ (V. 13), kein „Ein-Mann-Weg“ (V. 14) sein. Das lyrische Ich will ihn nicht als Einzelkämpfer begehen, will es nicht zu schwer haben, will nicht allein sein. Es braucht Unterstützung an seiner Seite. Der Weg soll jedoch auch nicht zu ausgetreten sein, zu staubig (vgl. V. 16) und keine „tausendmal/ Überlaufene Bahn“ (V. 16 f.). Das lyrische Ich will nicht mit dem Strom schwimmen oder den Weg des geringsten Widerstandes gehen. Es ist also der „Mittelweg“, den es sucht: nicht zu leicht, nicht zu schwer, nicht allein, nicht in der Masse. Es soll ein persönlicher, individuell passender Weg sein, der das lyrische Ich zum Ziel, zum Sinn bzw. zu Gott führt, doch es verlässt sich auch auf andere, die den Weg vor ihm gegangen sind bzw. ihn an seiner Seite gehen sollen.

Der dritte Sinnabschnitt umfasst die letzte Strophe (V. 18–22). Er bildet eine Klammer zwischen der Suche nach dem Sinn (nach dem „Mehr“) und der Suche nach Gemeinschaft auf dem Weg dorthin. Erneut wird der Refrain aufgegriffen (V. 18/19). Vers 20 steigert (Klimax) die Hauptaussage noch einmal durch die verkürzte Wiederholung des Refrains.

Schluss

Mit seiner Gesamtaussage passt das vorliegende Gedicht besonders gut zum Lebensgefühl des 20. Jahrhunderts – einem Jahrhundert, in dem die Naturwissenschaften andere Sichtweisen auf die Welt mehr und mehr verdrängten. Dieser Trend, der sich auch heute fortsetzt, lässt viele Menschen mit einer Empfindung von Sinnlosigkeit zurück, was wiederum eine große Sehnsucht nach dem auslöst, was die Welt im Innersten zusammenhält. Natürlich will man mit dieser Sehnsucht nicht allein sein, will Mitstreiter haben auf dem Weg zum Sinn des Lebens. Das lyrische Ich im Gedicht „Für mehr als mich“ ist sich jedoch stets der Tatsache bewusst, dass Sinn und Partnerschaft schwer zu finden sind. Vielmehr ist die Suche danach stets eine Gratwanderung zwischen dem „breiten Weg“ und dem „steinigen Pfad“.

Realschulabschluss Deutsch in Thüringen: Prüfungsaufgaben 2015
Aufgabe 1

Aufgabe:

1.1 Entnehmen Sie den beigefügten Materialien insgesamt zehn Aussagen zur Thematik.
Stellen Sie diese in einer geordneten Form dar.
Ergänzen Sie Ihre Darstellung durch vier eigene Angaben.

1.2 „Stärkt Sport die Gesundheit oder bringt er uns in Gefahr?"
Erörtern Sie diese Frage. Verwenden Sie dabei Ihre Ergebnisse aus Aufgabe 1.1.

Materialien zu 1.1:

Wer dreimal pro Woche joggt, gewinnt Lebenszeit. Regelmäßige Aktivität macht Muskeln, Herz und Hirn fit – und kann sogar vor Krebs schützen. Sport wirkt besser als jede Medizin.

[…]

Erste Ergebnisse einer aktuellen Langzeitstudie zeigen, dass leichtes Joggen, mit 60 bis 150 Minuten pro Woche, das Leben von Männern um 6,2 und von Frauen um 5,6 Jahre verlängert. […]

Monika Preuk. http://www.focus.de/gesundheit/gesundleben/fitness/news/lebenserwartung-sport-verlaengert-das-leben-um-sechs-jahre_aid_750707.html. FOCUS

Risikosportarten
Snowboarden
Skateboarden
Base-Jumping
Mountainbike fahren
Motocross
Windsurfen
Bungee-Jumping
Fallschirmspringen
Rafting

Piermario Morosini: Italienischer Fußballer stirbt nach Herzinfarkt

[…] Während eines Zweitligaspiels in Italien hat am Samstag der italienische Fußballer Piermario Morosini einen Herzinfarkt erlitten und ist gestorben. Wie italienische Medien unter Berufung auf das Krankenhaus berichteten, konnte das Leben des 25-Jährigen nicht mehr gerettet werden.

[…]

leh/dpa/sid. http://www.spiegel.de/sport/fussball/fussballer-piermario-morosini-stirbt-nach-herzinfarkt-a-827582.html. DT PR Agentur Hamburg

Für Turner Ronny Ziesmer haben sich die schlimmsten Befürchtungen bewahrheitet. Drei Tage nach dem schweren Trainingsunfall des Cottbusers teilten die behandelnden Ärzte im Unfallkrankenhaus Berlin am Donnerstag mit, dass der deutsche Mehrkampfmeister aller Voraussicht nach dauerhaft gelähmt bleiben wird. […]

Christian Kamp/dpa. Auf: http://www.stern.de/sport/sportwelt/trainingsunfall-olympia-turner-ziesmer-bleibt-gelaehmt-3080034.html. DT PR Agentur Hamburg

[…] Eine besonders wichtige Zielgruppe seien Kinder und Jugendliche, hier erfülle der Sport eine wichtige soziale und präventive Funktion.

Überdies könne man nur im Breitensport frühzeitig Talente entdecken, die dann durch gezielte Förderung an den Spitzensport herangeführt würden. […]

www.wochenspiegel-web.de

[…] Bewegung macht lebensfroh – nicht nur weil sie die Gesundheit und die Laune pusht. Sie fördert auch das Zwischenmenschliche: 31 Prozent der Deutschen lachen häufig oder sehr häufig mit ihren Sport- und Freizeitpartnern. Sport tröstet aber auch, wenn Liebeskummer drückt: Doppelt so viele Männer (elf Prozent) wie Frauen (fünf Prozent) powern sich dann beim exzessiven Training aus. […]

Coca Cola Happiness Institut. Auf: http://www.coca-cola-deutschland.de/media-newsroom/pressemitteilungen/happiness-studie-sport-kickt-die-lebensfreude. Coca Cola Happiness Institut.

Die gefährlichsten Sportarten: Ballspiele sind risikoreich

[…] Sollten Sie […] nach einer Alternative zum Fußball suchen, möchten wir Sie darauf hinweisen, dass Sportarten, bei denen mehrere Menschen hinter einem Ball her sind, generell vergleichsweise risikoreich sind. Beim Basketball und Handball liegt das Verletzungsrisiko fast genauso hoch wie beim Fußball: Auf 100 Aktive kommen 14 Verletzte. In absoluten Zahlen liegen Hand-/Volley-/Basketball mit insgesamt 179.000 Verletzungen pro Jahr (entspricht 12 % aller Sportverletzungen) auf Platz zwei hinter dem Fußball. Gefolgt von Inline-Skaten/Skateboard/Kickboard (111.000; 8 %), Reiten (93.000; 6 %) Skisport (90.000; 6 %), Tennis/Squash/Badminton (87.000; 6 %), Jogging (64.000; 6 %) und Rad fahren (60.000; 6 %). Generell scheinen es Männer im Sport deutlich härter anzugehen als Frauen: Das Verletzungsrisiko ist für Männer (in Sportarten, die von beiden Geschlechtern ungefähr in gleichem Umfang betrieben werden) beinahe doppelt so hoch wie für Frauen. […]

http://www.derberater.de/sport-fitness/sportarten/weitere-sportarten/verletzungsrisiko-das-sind-die-gefahrlichsten-sportarten.htm. Autor: Alexander Neumann. Playboy Deutschland Publishing GmbH

Hinweis:

Beide Teilaufgaben 1.1 und 1.2 sind zu bearbeiten und gehen folgendermaßen in die Bewertung ein:

1.1: 25 %
1.2: 75 %

Lösung

Teilaufgabe 1.1

Hinweis: Die Aufgabe verlangt von dir, zehn Aussagen zur Wirkung von Sport aus den Materialien zu entnehmen und zusätzlich vier eigene Angaben zu formulieren. Diese sollen anschließend in einer geeigneten Form schriftlich dargestellt werden.
Zunächst musst du die Textauszüge daher gründlich lesen. Unterstreiche oder markiere beim Lesen wichtige Begriffe und Aussagen, um dir einen Überblick zu verschaffen. Als Darstellungsform bietet sich eine tabellarische Übersicht an, in der die Aussagen als Vor- und Nachteile des Sports gegenübergestellt werden. Damit bereitest du bereits die Pro-Kontra-Erörterung in Aufgabe 1.2 vor. Zähle am Schluss noch einmal nach, ob du auch wirklich vierzehn Aussagen aufgelistet hast. Im Lösungsvorschlag sind die hinzugefügten Argumente kursiv hervorgehoben.

SPORT	
positive Wirkungen	**negative Wirkungen**
– Regelmäßiges Sporttreiben verbessert die Fitness und hilft, Krankheiten vorzubeugen.	– Sportarten wie Skateboarden, Base-Jumping und Rafting gelten als Risikosportarten.
– 60 bis 150 Minuten leichtes Joggen pro Woche verlängern die Lebenserwartung um ca. sechs Jahre.	– Beim Ballsport besteht erhöhte Verletzungsgefahr.
– Freizeit- und Sportaktivitäten fördern zwischenmenschliche Beziehungen.	– Das Verletzungsrisiko für Männer ist etwa doppelt so hoch wie für Frauen.
– Für Kinder und Jugendliche erfüllt Sport eine wichtige soziale und präventive Funktion.	– Mehrkampfmeister Ronny Ziesmer ist durch einen schweren Trainingsunfall gelähmt.
– Durch gezielte Förderung können junge Talente an den Spitzensport herangeführt werden.	– Der junge Fußballer Piermario Morosini hat während eines Spiels einen tödlichen Herzinfarkt erlitten.
– *Sport ist ein guter Ausgleich zu den sitzenden Tätigkeiten in der Schule oder bei der Arbeit.*	– *Falsch ausgeführter Sport (z. B. Joggen) kann Knochen und Gelenke schädigen.*
– *Erfolgserlebnisse beim Sport machen stolz und glücklich.*	– *Sport wie das Bodybuilding kann zur Sucht werden.*

Teilaufgabe 1.2

Hinweis: Die zweite Aufgabe verlangt von dir eine Pro-Kontra-Erörterung der Frage „Stärkt Sport die Gesundheit oder bringt er uns in Gefahr?“. Du sollst hierfür deine Ergebnisse aus Aufgabe 1.1 nutzen. Aufbauend auf deiner Darstellung kannst du also eine stichwortartige Stoffsammlung anlegen, in der die angeführten Argumente in ihrer Bedeutung gewichtet und gegebenenfalls um weitere Beispiele ergänzt werden. Überlege, welche Begründungen deines Erachtens überzeugender sind: jene, die für die positive Wirkung von Sport auf die Gesundheit sprechen, oder jene, die die Gesundheitsrisiken unterstreichen.

Gliedere deinen Aufsatz in Einleitung, Hauptteil und Schluss. Eine Möglichkeit ist es, im Hauptteil zunächst alle Argumente, die nicht deiner eigenen Position entsprechen, darzulegen und anschließend die Punkte, die du selbst vertrittst. Du kannst die Pro- und Kontra-Argumente aber auch abwechselnd anführen. Weitere Hinweise zum Vorgehen findest du in Kapitel A dieses Buches. Wichtig ist, dass am Ende deine eigene Position deutlich hervortritt, indem du z. B. das stärkste Argument besonders ausführlich und anschaulich präsentierst. In einem Fazit nimmst du nochmals Bezug auf die Fragestellung und unterstreichst deine Sicht der Dinge.

Analyse der Aufgabenstellung

- kontroverse Erörterung: Was überwiegt beim Sport – Gesundheitsförderung oder -gefährdung?

Stichpunktartige Gliederung

Einleitung

- Hinführen zum Thema: vielfältige Begeisterung für Sport
- Aufzeigen der gegensätzlichen Standpunkte, die zu erörtern sind

Hauptteil

Pro-Kontra-Argumentation:
- gegnerische Position: Argumente nach abfallender Wichtigkeit ordnen
  1. Sportunfälle mit schweren Folgeschäden
  2. Risikosportarten und Verletzungsgefahr bei klassischen Sportarten
- eigene Position: Argumente nach steigender Wichtigkeit ordnen
  5. Seltenheit der Unfälle
  4. keine lebensbedrohlichen Risiken beim Sport eines Durchschnittsbürgers
  3. Freude als positive Wirkung von Sport
  2. soziale Funktion von Sport, v. a. in Kindheit und Jugend
  1. Fitness, Vorbeugung von Krankheiten, Verlängerung der Lebenszeit als positive Auswirkungen von regelmäßigem und vernünftig betriebenem Sport

Schluss

- Fazit: Wie positioniere ich mich abschließend zur Ausgangsfrage? – Sport stärkt unsere Gesundheit.

Aufsatzbeispiel

Einleitung

Die Mehrheit der Deutschen treibt in ihrer Freizeit Sport, um sich fit zu halten oder einfach nur abzuschalten – sei es in der Volleyball-Schulmannschaft, im Aerobic-Kurs nach der Arbeit oder beim Kicken mit Freunden am Wochenende. Joggen und Fahrradfahren werden bei Jung und Alt immer beliebter. Und bei Weltmeisterschaften lösen die Spitzenergebnisse deutscher Leistungssportler Jubel und Begeisterung aus. Doch birgt der Sport auch Risiken, die seine positive Wirkung auf Körper und Geist überschatten? Anders gefragt: Stärkt Sport die Gesundheit oder bringt er uns doch eher in Gefahr?

Hauptteil

In den Magazinen „Spiegel" und „Stern" las man vor Kurzem wieder zwei Schreckensmeldungen: Der erst 25-jährige italienische Fußballspieler Piermario Morosini erlitt während eines

Zweitligaspiels einen tödlichen Herzinfarkt und der deutsche Mehrkampfmeister Ronny Ziesmer ist nach einem schweren Trainingsunfall nun dauerhaft gelähmt. Solche Fälle zeigen, wie gefährlich gerade Leistungssport für die Gesundheit des Menschen sein kann. Unfälle mit schweren Folgeschäden oder sogar Tod durch Überlastung stehen der landläufigen Meinung entgegen, Sport halte fit und gesund. Hier nämlich macht Sport krank und ist eine Gefahr.

Auch dort, wo Sport nur Hobby ist, birgt er Gefahren. Die Liste beliebter Freizeitaktivitäten, die als Risikosportarten eingestuft werden, ist lang: Neben offensichtlichen Fällen wie Fallschirmspringen sind auch scheinbar harmlose Jugend- und Familiensportarten wie Snowboarden und Skateboarden mit großen Unfallrisiken verbunden. Alarmierend sind zudem Erhebungen zu den Verletzungsgefahren bei Ballsportarten. So ereignen sich 12 % aller Sportverletzungen beim Hand-, Volley- oder Basketball. Mit 14 % führt das allseits beliebte Fußballspielen die Rangliste an. Und selbst auf das Radfahren und Joggen entfallen jeweils 6 % aller Sportverletzungen. Männer nehmen dabei doppelt so häufig wie Frauen Schaden beim Sport, da sie ihn zu heftig und unvorsichtig betreiben. Angesichts solcher Zahlen kann man wohl kaum leugnen, dass Sport uns in Gefahr bringt.

Allerdings ist das nur die halbe Wahrheit. Zum einen lassen sich Extremfälle wie die von Morosini und Ziesmer nicht verallgemeinern. Denn nur ein kleiner Teil der Menschen übt überhaupt Leistungssport aus, die überwiegende Zahl hingegen betreibt Sport gelegentlich oder regelmäßig in der Freizeit. Leistungssportler kennen zudem die Risiken ihres Berufs und wissen auch, dass tödliche Unfälle zum Glück eine Seltenheit sind. Als tragische Medienberichte bleiben sie uns allerdings stärker in Erinnerung als die „normalen" positiven Nachrichten aus der Welt des Profisports.

Zum anderen setzt sich der sporttreibende Durchschnittsbürger in der Regel keinen lebensgefährlichen Bedrohungen aus. Den größten Anteil der Verletzungen beim Ballsport dürften Verstauchungen und Zerrungen sowie der eine oder andere Knochenbruch ausmachen. Solche Unfälle sind natürlich schmerzhaft, darüber hinaus aber vor allem ärgerlich. Denn für den Betroffenen bedeuten sie, pausieren zu müssen. Dies wird subjektiv meist viel schlimmer empfunden als der eigentliche körperliche Schaden. Besonders unerfreulich ist es, wenn Männer eine solche Verletzung durch zu hartes Vorgehen oder ungenügendes Aufwärmen selbst verschuldet haben. Doch spricht all dies nicht gegen die grundlegend positiven Auswirkungen von Sport auf die Gesundheit. Es zeigt vielmehr, dass Menschen Sport häufig mit solcher Begeisterung ausüben, dass sie auch mal unvorsichtig werden und Risiken in Kauf nehmen. Und anders als ein Versicherungsmakler wird ein jugendlicher Skateboarder seine Freizeitaktivität kaum als „Risikosportart" einordnen. Zum Fahrspaß gehören hier blaue Flecken einfach dazu.

Ob mit oder ohne Nervenkitzel: Bewegung und Sport bereiten vielen Menschen einfach große Freude. Sport ist dabei ein willkommener Ausgleich zum Sitzen und zum Stress in der Schule oder im Berufsleben. Beim Joggen im Park kann man den „Kopf abschalten", die frische Luft genießen und sich körperlich ertüchtigen, was wiederum stolz macht. So hilft Sport häufig auch, Frust und Aggressionen abzubauen: 11 % der Männer und 5 % der Frauen zum Beispiel verarbeiten Liebeskummer, indem sie sich beim Training einmal richtig auspowern. Sport verbindet die Menschen zudem, beispielsweise wenn Sporttreibende häufig gemeinsam mit ihren Freizeitpartnern lachen.

Hinzu kommt, dass Sport schon in jungen Jahren eine wichtige soziale Funktion erfüllt. Im Jugend-Fußballverein etwa kommen Kinder ganz unterschiedlicher Herkunft zusammen und arbeiten mit Freude als Team gemeinsam für ihre Sache. Der regelmäßige Sportunterricht in der Schule ist zudem wichtig für eine gesunde Körperentwicklung. Hier werden Motorik und Kondition geübt. Darüber hinaus können besonders talentierte Kinder und Jugendliche durch gezielte Förderprogramme frühzeitig an den Spitzensport herangeführt werden, wenn sie das möchten.

Sportgegner kommen schließlich an dem Umstand nicht vorbei, dass das regelmäßige Sporttreiben nachweislich Muskeln, Herz und Hirn des Menschen stärkt. Er ist damit eigentlich unerlässlich für die menschliche Gesundheit. Dabei verbessert man durch Radfahren, Joggen oder Schwimmen nicht nur seine momentane körperliche Fitness, sondern rüstet sich auch für das Alter und gewinnt Lebenszeit. So zeigen erste Ergebnisse einer Langzeitstudie, dass 60 bis 150 Minuten leichtes Joggen in der Woche das Leben von Männern und Frauen um ca. sechs Jahre verlängert. Zusammen mit einer ausgewogenen Ernährung beugt Sport Krankheiten wie Diabetes und Übergewicht vor. Sogar bei der Krebsprävention ist Sport wichtig und schlägt die herkömmliche Medizin. Allgemein greifen dabei sicher körperliche Fitness, Spaß und Ausgeglichenheit ineinander. Sport gehört für viele Menschen deshalb einfach zu einem erfüllten Leben und Alltag dazu. Und es würde den Leistungssport wohl gar nicht erst geben, wenn dieser einseitig mit enormen Gefahren für die Sportler verbunden wäre.

Schluss

In diesem Sinne bin ich der Überzeugung, dass Sport zuallererst unsere Gesundheit stärkt, da wir beim Sport unseren Körper und Geist fordern, fördern und pflegen. Natürlich muss man, wie bei anderen Dingen auch, auf ein richtiges Maß achten. Wer Sport aber nicht allzu leichtsinnig betreibt und über kleinere Blessuren hinwegsehen kann, der spürt recht bald dessen positive und belebende Wirkung.

Aufgabe:

Lassen Sie sich von den Erfahrungen des jungen Krebses anregen.
Schildern Sie Ihre Gedanken und Gefühle zu der im Text angesprochenen Problematik.

Gianni Rodari (1920–1980): Die Geschichte vom jungen Krebs

Ein junger Krebs dachte bei sich: ‚Warum gehen alle Krebse in meiner Familie immer rückwärts? *Ich* will vorwärts gehen lernen, so wie die Frösche, und mein Krebsschwanz soll mir abfallen, wenn ich es nicht fertigbringe.‘

Und heimlich begann er, zwischen den großen Steinen seines heimatlichen Bächleins zu üben. In den ersten Tagen kostete ihn dieses Unternehmen ungeheure Kräfte. Überall stieß er sich und quetschte sich seinen Krebspanzer, unaufhörlich verfing sich ein Bein im anderen. Aber von Mal zu Mal ging es ein bißchen besser, denn: alles kann man lernen, wenn man will.

Als er seiner Sache sicher war, stellte er sich vor seine Familie und sagte: „Jetzt schaut mir einmal zu!“

Und machte einen ganz prächtigen kleinen Lauf vorwärts.

„Sohn“, brach da seine Mutter in Tränen aus, „bist du denn ganz verdreht? Komm doch zu dir – gehe so, wie es dich dein Vater und deine Mutter gelehrt haben. Gehe wie deine Brüder, die dich alle lieben.“

Seine Brüder jedoch lachten ihn nur aus. Der Vater schaute ihn eine gute Weile streng an und sagte dann: „Schluß damit. Wenn du bei uns bleiben willst, gehe wie alle Krebse. Rückwärts! Wenn du aber nach deinem eigenen Kopf leben willst – der Bach ist groß – geh fort und komm nie mehr zu uns zurück!“

Der brave junge Krebs hatte die Seinen zwar zärtlich lieb, war aber so sicher, er handle richtig, daß ihm nicht die mindesten Zweifel kamen. Er umarmte seine Mutter, sagte „Lebewohl“ zu seinem Vater und zu seinen Brüdern und machte sich auf in die Welt.

Als er an einem Grüppchen Kröten vorüberkam, erregte er großes Aufsehen. Sie hockten unter den Blättern einer Wasserlilie, um als gute Gevatterinnen ihren Schwatz zu halten.

„Jetzt geht die Welt verkehrt herum“, sagte eine dicke Kröte, „schaut euch nur diesen junge Krebs an! Da müßt ihr mir recht geben!“

„Ja, Respekt gibt es überhaupt nicht mehr“, sagte eine andere.

„Pfui, pfui“, sagte eine dritte.

Doch der junge Krebs ließ sich nicht anfechten und ging aufrecht seine Straße weiter, man muß es wirklich sagen.

Plötzlich hörte er, wie ihn ein alter Krebs, an dem er vorüberging, rief. Der sah ganz melancholisch aus und hockte allein auf einem Stein.

„Guten Tag“, sagte der junge Krebs.

Der Alte betrachtete ihn lange, schließlich sagte er: „Was glaubst du, was du da Großartiges anstellst?! Als ich noch jung war, wollte ich auch den Krebsen das Vorwärtsgehen beibringen. Sieh mal, was mir das eingebracht hat! – Ich muß ganz allein leben, und die Leute würden sich lieber die Zunge abbeißen, als ein Wort an mich richten. – Hör auf mich, so lange es noch Zeit ist! Bescheide dich, lebe wie die anderen! Eines Tages wirst du mir für meinen Rat dankbar sein!“

Der junge Krebs wußte nicht, was er antworten sollte und blieb stumm. Aber im Innern dachte er: „Ich habe doch recht! Ich habe recht!“

Und nachdem er den Alten höflich gegrüßt hatte, setzte er stolz seinen Weg fort.

Ob er weit kommt? Ob er sein Glück macht? Ob er alle schiefen Dinge dieser Welt gerade richtet?
Wir wissen es nicht, weil er noch mit dem gleichen Mut und der gleichen Entschiedenheit dahinmarschiert wie am ersten Tag. Wir können ihm nur von ganzem Herzen „Gute Reise“ wünschen.

Rodario, Gianni: Die Geschichte vom jungen Krebs. In: Rodario, Gianni: Gutenachtgeschichten am Telefon. Thienemann, Stuttgart 1964, S. 48–50. Aus dem Italienischen von Wright Ruth.

Lösung

Hinweis: Die Aufgabenstellung verlangt, dass du dich vom Text anregen lässt, dich mit seiner Thematik auseinandersetzt und eigene Gedanken, Gefühle und Erfahrungen dazu schilderst. Zunächst musst du also den Text gründlich lesen und verstehen, worum es geht. Dabei kannst du dir am Rand Notizen machen, wenn dir bestimmte Stellen besonders auffallen und du etwas zu ihnen schreiben möchtest. Es ist außerdem hilfreich, wenn du eine Stoffsammlung anlegst. Nach einer Einleitung, in der du das Thema vorstellst, kannst du den Text kurz zusammenfassen. So zeigst du, dass du ihn kennst und verstehst. Zudem solltest du im Hauptteil deiner Schilderung erklären, welche Textstellen bestimmte Gefühle und Gedanken bei dir hervorgerufen haben. Deine eigenen Erfahrungen, Gedanken und Gefühle sollen aber im Mittelpunkt stehen und anschaulich dargestellt werden. Überlege dir eine geeignete Überschrift achte darauf, dass dein Gedankengang nachvollziehbar ist. Du kannst im Präsens oder Präteritum schreiben. Weitere Hinweise und Tipps zur Aufsatzart der Schilderung findest du in Kapitel C dieses Buches. Die folgende Lösung ist als Vorschlag zu betrachten. Da eine Schilderung immer persönlich und subjektiv ist, kann sie unterschiedlich gestaltet werden.

Analyse der Aufgabenstellung

1. Erfassen des Themas: Eigene Wege gehen, egal, was andere sagen
2. Von der Geschichte anregen lassen: Das Handeln des jungen Krebses im Vergleich zu meinen Erfahrungen
3. Schlussfolgerung: Wie bewertet der Autor das Verhalten des Krebses? Was ist meine Meinung?

Stichpunktartige Gliederung

Einleitung

- Hinführung zum Thema des Textes: bevorstehende Entscheidung über berufliche Zukunft; Geschichte motiviert, die Entscheidung selbstständig zu fällen

Hauptteil

- knappe Inhaltsangabe zur Geschichte
- Welche Gefühle und Gedanken rufen bestimmte Textstellen bei mir hervor?
  - Bewunderung für Reflexionsvermögen, Mut und Willenskraft des Krebses
  - Traurigkeit über die Verständnislosigkeit seines Umfeldes
  - nachdenkliche Frage: Sollte der Krebs die Ratschläge der Erfahrenen ernster nehmen?
- Welche persönlichen Erfahrungen habe ich gemacht? Welche Assoziationen habe ich, wenn ich die Geschichte auf meine Situation beziehe?
  - mich von anderen Menschen von meinem Vorhaben abbringen lassen, turnen zu lernen → Beispiel am Selbstbewusstsein und Durchhaltevermögen des Krebses nehmen

- Wunsch, einen ganz eigenen Weg zu gehen (Leben im Baumhaus) – wie der Krebs
- Hinterfragen der Sonderweg-Idee: Einsamkeit als mögliche Folge
- Mittelweg: andere anhören, Meinungen kritisch reflektieren und dann eigene Entscheidungen treffen, die mich nicht einsam werden lassen

Schluss

- Wie bewertet der Autor das Verhalten des Krebses und was ist meine Meinung?
  - keine Bewertung durch den Autor (Zustimmung meinerseits)
  - Möglichkeit, immer wieder neue Wege einzuschlagen
- Bogen schließen zur Einleitung: selbstbewusst und mutig über berufliche Zukunft entscheiden, ohne überheblich zu werden

Aufsatzbeispiel

Neue Wege

Einleitung

Mein Realschulabschluss rückt näher und eine große Frage steht im Raum: Wie geht es weiter? Meine Eltern und meine Klassenkameraden reden so viel darüber, dass ich manchmal gar nicht mehr richtig weiß, was ich will. Deshalb hat mich „Die Geschichte vom jungen Krebs" besonders angesprochen. Sie wirft genau diese Frage auf: Was will ich und inwieweit lasse ich mich in meinen Entscheidungen von anderen beeinflussen?

Hauptteil

Die Erzählung von Gianni Rodari erschien 1964 in seinem Buch „Gutenachtgeschichten am Telefon". Sie handelt von einem jungen Krebs, der nicht wie alle anderen Krebse rückwärts-, sondern vorwärtsgehen möchte. Er übt diszipliniert und erreicht sein Ziel. Seine Familie ist aber entsetzt darüber, dass er nicht wie sie sein möchte. Der Vater stellt ihn vor die Wahl, entweder rückwärtszugehen wie alle Krebse oder die Familie zu verlassen. Der junge Krebs liebt seine Familie, ist aber so sehr von seiner Entscheidung überzeugt, dass er fortwandert. Unterwegs stößt er wegen seiner Gangart auch bei Kröten auf Ablehnung. Außerdem begegnet er einem alten Krebs, der ihn ermahnt, nicht weiter vorwärtszugehen. Er erzählt, er habe das auch versucht und sei deshalb nun einsam. Der junge Krebs hört ihm zu, bleibt aber bei seinem Entschluss, weiterhin vorwärtszugehen.

Schon die ersten Zeilen der Geschichte beeindrucken mich: Der Krebs beobachtet seine Umwelt, hinterfragt sie und zieht eine persönliche Schlussfolgerung: „*Ich* will vorwärts gehen lernen […]." (Z. 2) Das Personalpronomen „ich" ist kursiv hervorgehoben, wodurch unterstrichen wird, dass der Krebs sich von den anderen unterscheiden möchte. Dass das Tier nicht einfach unüberlegt der Masse folgt, sondern kritisch nachdenkt und den Mut hat, einen ganz anderen Weg einzuschlagen, imponiert mir. Außerdem bewundere ich seine Willenskraft, mit der es versucht, sein Ziel zu erreichen. Der Erzähler sagt dazu: „[A]lles kann man lernen, wenn man will." (Z. 7 f.) Er beschreibt anschaulich, wie viel Anstrengung es den Krebs kostet, sein Ziel zu verfolgen (vgl. Z. 4–7). Der Krebs fasst nicht leichtfertig einen Entschluss, den er schnell wieder fallen lässt, wenn es zu anstrengend wird. Er gibt nicht auf, arbeitet hart und hat einen starken Willen. So möchte ich auch gerne sein.

Der nächste Absatz macht mich zunächst traurig. Es tut mir leid, dass die Familie so wenig Verständnis für den jungen Krebs hat. Warum freuen sie sich nicht mit ihm? Sie könnten ihm wenigstens vorsichtig erklären, warum sie es nicht gut finden, wenn er rückwärtsgeht. Dass der Vater ihn wegschicken will, wenn er nicht „wie alle Krebse" (Z. 16) geht, sondern nach seinem „eigenen Kopf leben" (Z. 17) möchte, erscheint mir hart und lieblos. Ich hätte mich davon vielleicht einschüchtern lassen und mich dafür entschieden, bei der Familie zu bleiben. Umso mehr staune ich deshalb darüber, dass der junge Krebs unbeirrt seinen Sonderweg verfolgt. Das finde ich sehr mutig und selbstbewusst. Auch durch die Kritik der Kröten lässt er sich nicht beirren. Selbst der Erzähler kommentiert dies staunend: „Doch der junge Krebs ließ sich nicht anfechten und ging aufrecht seine Straße weiter, man muß es wirklich sagen." (Z. 28 f.)

Das Ende der Geschichte stimmt mich nachdenklich. Der alte Krebs hat mit seinem Sonderweg schlechte Erfahrungen gemacht. Er meint: „Was glaubst du, was du da Großartiges anstellst?! [...] Bescheide dich, lebe wie die anderen!" (Z. 33–37) Ist der junge Krebs vielleicht nicht für seinen Mut zu bewundern, sondern für seinen Hochmut zu tadeln? Sollte er dem Rat der Erfahrenen folgen und sich selbst nicht so wichtig nehmen? In der Geschichte setzt der junge Krebs aber „stolz" (Z. 41) seinen Weg fort.

Ich bin also hin- und hergerissen. Auf der einen Seite bewundere ich den jungen Krebs. Manchmal wäre ich gerne so selbstbewusst, mutig und willensstark wie er. Ich lasse mich oft von anderen verunsichern. Letztes Jahr wollte ich zum Beispiel an der Turn-AG an unserer Schule teilnehmen. Ein paar Mal war ich beim Training. Es war nicht leicht für mich, denn ich war nicht so geübt wie die anderen. Mein Rad war krumm, den Spagat schaffte ich nicht. In der vierten Stunde habe ich gesehen, dass ein paar Kinder gelacht haben, als ich auf dem Balken mein Gleichgewicht nicht halten konnte. Da wäre ich am liebsten im Erdboden versunken. Ich habe mich sehr geschämt. Es war mir so peinlich! Zuhause habe ich meinem Vater erzählt, dass bei den anderen Kindern alle Übungen viel besser aussehen. Er hat gesagt, dass ich „kein gelenkiger Typ" bin und dass „Turnen nicht das Richtige" für mich ist. Ich habe ihm das sofort geglaubt und war sehr bedrückt. Daraufhin bin ich nicht mehr zum Training gegangen. Jetzt frage ich mich, ob ich nicht mutiger und selbstbewusster hätte sein können, so wie der Krebs. Ich hätte einfach üben, üben, üben können, egal, was die anderen denken. Außerdem wäre es klug gewesen, das Lachen der Kinder und die Worte meines Vaters zu hinterfragen. Ich war schließlich Anfänger!

Manchmal will ich auch ganz anders sein, als es von mir erwartet wird, so wie der Krebs. Dann stelle ich mir zum Beispiel vor, dass ich nicht zur Schule gehe und auch nicht nach Hause, sondern in einem Baumhaus lebe, Tiere beobachte und Lagerfeuer mache. Doch dann frage ich mich auf der anderen Seite, ob es der junge Krebs nicht übertreibt und ob mein Traum nicht unrealistisch ist. Wenn man einen ganz anderen Weg geht als alle anderen Menschen, dann kann ich mir schon vorstellen, dass man irgendwann vielleicht keine Freunde mehr hat. In meinem Baumhaus bliebe ich wohl einsam. Das möchte ich auch nicht.

Vielleicht gibt es einen Mittelweg? Ich finde es wichtig, die Meinung der anderen anzuhören und ernst zu nehmen. Ich möchte sie aber auch kritisch hinterfragen und gegebenenfalls eigene Ziele verfolgen, auch wenn das Umfeld nicht damit einverstanden ist. Außerdem werde ich versuchen, eigene Träume und den Wunsch nach Selbstverwirklichung mit der Lebensrealität zu vereinbaren. Ich könnte im Kreise meiner Familie und Freunde leben und nur ab und zu in mein Baumhaus klettern.

Schluss

Der Erzähler stellt am Ende der Geschichte rhetorische Fragen dazu, wie das Leben des jungen Krebses wohl weitergehen könnte (vgl. Z. 42 f.). Er lässt die Antwort aber offen und bewertet das Verhalten des Krebses nicht. Es spricht mich an, dass er dem Leser keine eindeutige Lösung anbietet. Ich denke auch, dass man den Weg eines Menschen nicht voreilig beurteilen sollte, denn niemand weiß, was für denjenigen tatsächlich das Beste ist. Es ist außerdem nie zu spät, seine Richtung zu ändern. Dieser Gedanke hilft mir sehr: Ich kann eine Entscheidung treffen, ohne für immer festgelegt zu sein. Auch später kann man wieder neue Wege gehen. Ich selbst möchte nicht überheblich werden, mir aber doch eine Scheibe Mut vom Krebs abschneiden. Ich möchte nach dem Schulabschluss nicht nur das tun, was alle machen oder was meine Eltern vorschlagen. Ich werde mir gut überlegen, was ich will, eigene Entscheidungen treffen und meinen Weg gehen.

Aufgabe:

Erörtern Sie das Zitat. Erläutern Sie dabei auch Ihre eigenen beruflichen Pläne.

„Wähle einen Beruf, den du liebst, und du brauchst keinen Tag in deinem Leben mehr zu arbeiten.“
Konfuzius (551 v. Chr. – 480 v. Chr.)

www.aphorismen.de (30. 10. 2014)

Lösung

Hinweis: Die Aufgabenstellung verlangt eine freie Erörterung des vorgegebenen Zitats von Konfuzius. In dieser Erörterung sollst du außerdem deine beruflichen Pläne erklären. Setze dich also zunächst ausführlich mit dem Zitat auseinander und erschließe seine Bedeutung. Überlege, wie die Begriffe „Beruf“ und „arbeiten“ hier zu verstehen sind. Anschließend musst du entscheiden, ob eine lineare oder eine dialektische Erörterung zu schreiben ist, denn die Aufgabenstellung macht hierzu keine Angaben. Dabei hilft es dir, wenn du dich fragst: Ist das Zitat allgemein gültig und schwer zu widerlegen, oder ist es eher kontrovers und sollte diskutiert werden? Ist es sinnvoll, die Aussage ausführlich zu untermauern, mögliche Folgen und Auswirkungen darzulegen, oder sollte sie eher kritisch von verschiedenen Standpunkten beleuchtet werden? In dem folgenden Lösungsvorschlag wird dem Zitat zugestimmt und eine lineare Erörterung vorgestellt. Wenn du dir eine stichpunktartige Stoffsammlung von Argumenten, Begründungen und Beispielen anlegst, kannst du deinen Aufsatz strukturiert planen und dir das Schreiben erleichtern. Beziehe hier deine eigenen beruflichen Pläne ein. Erstelle dann eine Gliederung für deinen Aufsatz. Weitere Hinweise zu dieser Aufgabenart findest du in Kapitel A dieses Buches.

Analyse und Eingrenzung des Themas

1. Begriffsklärung und Bedeutung des Zitats erschließen
- Beruf: Tätigkeit, um Geld zu verdienen; kostet Zeit und Kraft; wird i. d. R. dauerhaft ausgeübt; im Idealfall entspricht er den eigenen Neigungen
- Arbeit: oft assoziiert mit Mühe, Anstrengung, Überwindung, Pflicht; auch synonym zum Beruf
- einen Beruf lieben = gerne arbeiten: Freude empfinden; innere Motivation; Freiwilligkeit; Leidenschaft; Sinn
- wenn man seine Arbeit liebt, dann ist sie keine Last, sondern bereitet Freude; man geht ihr auch langfristig motiviert nach

2. Eigene Berufspläne einbeziehen
- Ausbildung zum Automechaniker / Abitur und Studium, um Ingenieur zu werden
- davor Praktika in beiden Bereichen

Stichpunktartige Gliederung

Einleitung

Hinführung zum Thema (Berufswahl nach Realschulabschluss) und Erklärung des Zitats

Hauptteil

die Gültigkeit des Zitats mit Argumenten und Beispielen aus verschiedenen Bereichen aufzeigen; nach aufsteigender Wichtigkeit geordnet; eigene berufliche Pläne erläutern
- Praktikum im Krankenhaus: unangenehme Tätigkeiten → keine Freude an der Arbeit
- im Beruf unzufriedene und zufriedene Erwachsene (positives Beispiel meines Bruders; Relativierung: anstrengende Tage auch bei grundlegender Zufriedenheit vorhanden)
- meine Begeisterung für technisches Tüfteln → Berufspläne (Automechaniker/Ingenieur)

Schluss

den eigenen Standpunkt darlegen und den Bogen zur Einleitung schließen: Zustimmung zum Zitat

Aufsatzbeispiel

Einleitung

„Wähle einen Beruf, den du liebst, und du brauchst keinen Tag in deinem Leben mehr zu arbeiten." Die Worte, die Konfuzius vor langer Zeit geäußert hat, sind für mich gerade hochaktuell. Sie stimmen mich nachdenklich in Bezug auf die bevorstehende Berufswahl. Ich muss mir überlegen, welche berufliche Tätigkeit ich erlernen und dauerhaft ausüben möchte. Was heißt das also, einen Beruf haben und arbeiten? Einen Beruf ergreift man, um Geld zu verdienen. Er kostet viel Zeit und Kraft. Wenn ich an das Arbeiten denke, dann befürchte ich, dass es anstrengend wird und ich mich dazu überwinden muss. Wenn ich aber die Worte Konfuzius' zu verstehen versuche, dann überlege ich mir, was es heißt, seinen Beruf, also seine Arbeit zu lieben. Ich arbeite dann mit Freude und Begeisterung. Ich tue dies freiwillig und aus einem inneren Antrieb heraus. Außerdem bin davon überzeugt, dass das, was ich tue, sinnvoll ist. Laut Konfuzius entspringt daraus eine langfristige Motivation zum Arbeiten. Keinen Tag mehr zu arbeiten, bedeutet nicht, auf der faulen Haut zu liegen, sondern mit einer positiven, eben nicht angestrengten Haltung tätig zu sein. Beruf ist also im Idealfall Berufung.

Hauptteil

Dass das Arbeiten keine Freude bereitet und anstrengend ist, wenn man die Tätigkeiten, die zu erledigen sind, gar nicht mag, kann ich aus eigener Erfahrung bestätigen. Wir mussten in diesem Schuljahr alle ein Praktikum in einer sozialen Einrichtung machen. Ich habe mich für das Krankenhaus entschieden, ohne wirklich zu wissen, welche Aufgaben dort auf mich zukommen. Nach ein paar Tagen, in denen ich die Krankenschwestern bei ihren Tätigkeiten unterstützen durfte, wäre ich am liebsten nicht mehr in die Klinik gegangen. Auf der Station lagen viele ältere Menschen. Ich musste also nicht nur Betten, sondern auch Windeln wechseln, das Essen nicht nur austeilen, sondern einige Patienten auch noch füttern. Viele haben so undeutlich gesprochen, dass ich nicht verstand, was sie von mir wollten. Wenn Wunden versorgt wurden, konnte ich sie mir kaum ansehen. Ich hatte den Eindruck, nicht mit den Patienten umgehen zu können und fehl am Platz zu sein, weil ich mich oft ekelte. Ich musste mich sehr überwinden, das Praktikum vollständig zu absolvieren, und mein Empfinden hat sich auch in der folgenden Zeit nicht geändert. Den Beruf eines Krankenpflegers könnte ich nicht lieben und diese Arbeit würde mir sehr schwerfallen.

Dass Arbeit lästig sein kann, habe ich auch auf andere Weise erfahren: „Ich habe gar keine Lust, ins Büro zu gehen.“ „Ich brauche dringend Urlaub, die Arbeit macht mich fertig.“ Immer wieder höre ich solche Sätze von Erwachsenen morgens oder abends in der Straßenbahn. Dieses häufige Klagen über zu mühselige und zu langweilige Tätigkeiten ist glücklicherweise nur eine Seite der Medaille und bedeutet für mich, dass diesen Menschen die Leidenschaft für das, was sie tun, fehlt. Bei meinem großen Bruder kann ich die gegensätzliche Beobachtung machen. Er arbeitet als Grundschullehrer und erzählt oft begeistert von den Kindern. Man kann förmlich spüren, dass ihm das Unterrichten Spaß macht und er sich auf die Schule freut. Ich weiß, dass er gut mit Kindern umgehen kann, dass er sie gewissermaßen liebt, als wären es seine eigenen. Er klagt nicht, dass ihm der Berufsalltag zu mühsam ist. Selbstverständlich hat auch er anstrengende Tage; manchmal empfindet er seinen Beruf doch als Arbeit. Diese Tage bleiben aber selten und ändern nichts an seiner positiven Grundeinstellung seinem Beruf gegenüber. Er ist überzeugt davon, dass seine Arbeit wichtig und sinnvoll ist. Diese Überzeugung führt dazu, dass ihm die Arbeit in der Regel leichtfällt, und er langfristig motiviert ist; aus ihr gewinnt er außerdem Durchhaltevermögen für die Tage, die nicht so leicht zu bewältigen sind. Mir hilft es, das zu sehen. Die Freude meines Bruders an seinem Beruf treibt mich an, meine eigene Berufung zu finden, um nicht so unglücklich zu klingen wie manche Erwachsene in der Straßenbahn. Gleichzeitig hilft mir die Beobachtung, realistisch zu bleiben und mir zu sagen, dass es auch in einem Beruf, den man liebt, anstrengende Tage geben kann.

Im Bereich meiner Hobbys weiß ich, was ich gut kann und mit Freude tue. Ich repariere sehr gerne Geräte, die nicht mehr funktionieren. Egal, ob das ein Toaster, eine Stereoanlage oder ein Computer ist: Ich zerlege die Dinge gerne in ihre Einzelteile, um herauszufinden, wo das Problem liegt. Zuhause wenden sich meine Eltern an mich, wenn sie Schwierigkeiten mit solchen Geräten haben. Sogar in der Schule und in der Nachbarschaft suchen die anderen meine Hilfe. Ich freue mich immer darüber, und mir war noch kein Auftrag lästig. Für das technische Tüfteln kann ich mich wirklich begeistern. Deshalb spiele ich gedanklich verschiedene berufliche Möglichkeiten in diesem Bereich durch. Ein Weg wäre es, Automechaniker zu werden. Ich kann mir vorstellen, dass ich diesen Beruf lieben und mich langfristig für ihn begeistern könnte. Ich hätte Spaß an der Arbeit und wüsste, dass ich damit den Kunden einen guten Dienst tue. Ich habe aber auch schon überlegt, noch das Abitur zu machen, um dann Ingenieur zu werden. Daran reizt mich, selbst Maschinen entwickeln zu können. Ich stelle mir vor, dass mein Entdeckergeist täglich angespornt wird, neue technische Lösungen zu finden und umzusetzen. Arbeit wäre dann keine lästige Pflicht und nicht nur Broterwerb, sondern persönliche Leidenschaft. Ich habe vor, jeweils ein Praktikum in diesen Bereichen zu machen, um Erfahrung für die Entscheidung zu sammeln.

Schluss

Wenn ich also an meine abschreckende Praktikumserfahrung denke, daran, wie Erwachsene oft über ihren Beruf klagen, an die Freude meines Bruders bei seiner Arbeit und an meine persönliche, anhaltende Begeisterung für Technik, dann komme ich zu dem Schluss: Es gibt Berufe, die einem große Anstrengung abverlangen können. Genauso besteht aber die Möglichkeit, eine Arbeit zu finden, die erfüllend ist, die einem prinzipiell leichtfällt und die man langfristig motiviert ausübt. Im Traumberuf kann es zwar ebenso Tage geben, an denen man die Tätigkeiten als mühsame Arbeit empfindet, doch es bleibt eine generelle Zufriedenheit bestehen. Deshalb ist es wichtig, sich Zeit zu nehmen für die Berufswahl, vielleicht verschiedene Bereiche kennenzulernen und herauszufinden, welche Arbeit man lieben kann. Denn dann, so möchte ich Konfuzius zustimmen, ist Arbeit keine Arbeit, sondern Leidenschaft und Berufung.

Aufgabe:
Interpretieren Sie das Gedicht.

Marie Luise Kaschnitz (1901–1974): Hiroshima

Der den Tod auf Hiroshima warf
Ging ins Kloster, läutet dort die Glocken.
Der den Tod auf Hiroshima warf
Sprang vom Stuhl in die Schlinge, erwürgte sich.
Der den Tod auf Hiroshima warf
Fiel in Wahnsinn, wehrt Gespenster ab.
Hunderttausend, die ihn angehen nächtlich
Auferstanden aus Staub für ihn.

Nichts von alledem ist wahr.
Erst vor kurzem sah ich ihn
Im Garten seines Hauses vor der Stadt.
Die Hecken waren noch jung und die Rosenbüsche zierlich.
Das wächst nicht so schnell, daß sich einer verbergen könnte
Im Wald des Vergessens. Gut zu sehen war
Das nackte Vorstadthaus, die junge Frau
Die neben ihm stand im Blumenkleid
Das kleine Mädchen an ihrer Hand
Der Knabe, der auf seinem Rücken saß
Und über seinem Kopf die Peitsche schwang.
Vierbeinig auf dem Grasplatz, das Gesicht
Verzerrt von Lachen, weil der Photograph
Hinter der Hecke stand, das Auge der Welt.

(1951)

Quelle: Marie Luise Kaschnitz: Gesammelte Werke.
Bd. 5: Die Gedichte. Hg. von Christian Büttrich und Norbert Miller.
Insel Verlag: Frankfurt am Main 1985.

Lösung

Hinweis: Du sollst das Gedicht „Hiroshima“ interpretieren. Dies kann dir gelingen, wenn du weißt, was es mit Hiroshima auf sich hat: Es handelt sich um eine japanische Hafenstadt, die bekannt wurde, weil am Ende des Zweiten Weltkriegs über ihr die erste amerikanische Atombombe abgeworfen wurde. Die Stadt wurde stark zerstört und sehr viele Menschen starben. Mit diesem Hintergrundwissen kannst du das Gedicht verstehen. Lies den Text zunächst gründlich durch. Es ist hilfreich, wenn du dir stichpunktartige Notizen zum Thema und zu sprachlichen Besonderheiten machst. Die Arbeitsanweisung enthält keinen Hinweis darauf, dass du bei deiner Interpretation auf bestimmte Aspekte besonders eingehen sollst. Das bedeutet, dass du dich zum Inhalt, zur sprachlichen Gestaltung und zur Aussageabsicht des Gedichts äußern sollst. Überlege dir, wie du folgende Fragen beantworten könntest: Wie tritt das lyrische Ich auf? Von wem spricht es? Wie ist das Gedicht aufgebaut und wie entwickelt sich der Inhalt von einer Strophe zur nächsten? Gibt es Reime oder andere sprachliche Auffälligkeiten? Welche Sprachbilder werden verwendet? Was könnten sie bedeuten? Es ist wichtig, dass deine Aussagen zur Form und Sprache immer verbunden sind mit Angaben zur Bedeutung und Wirkung des Inhalts. Ordne deine Gedanken und gliedere deinen Aufsatz in Einleitung, Hauptteil und Schluss. Die Einleitung sollte den Titel, die Autorin, das Erscheinungsdatum und das Thema des Gedichts einführen. Im Hauptteil kannst du zunächst kurz die Form des Gedichts darlegen und es dann interpretieren. Im Schlussteil hebst du die Hauptaussage des Gedichts noch einmal deutlich heraus. Du kannst hier zudem einen Ausblick auf weitere Fragen, die sich dir bei dem Thema stellen, geben.

Stichpunktartige Gliederung

Einleitung

- Angaben zu Autor, Titel und Erscheinungsdatum des Gedichts
- Hinführung zum Thema: Historischer Hintergrund

Hauptteil

Form

- keine Reime
- zwei unterschiedlich lange Strophen (V. 1–8 und 9–22) → inhaltliche Zweiteilung

1. Strophe

Inhalt
Möglichkeiten, wie es mit demjenigen, der die Atombombe auf Hiroshima abwarf, hätte weitergehen können:
- Kloster (V. 2)
- Selbstmord (V. 4)
- Wahnsinn (V. 6)

Sprache und ihre Wirkung
- dreifache Nennung des Verses „Der den Tod auf Hiroshima warf“ (V. 1, 3, 5) → Unterstreichung der Schuld des Täters
- Wahl der Verben „Ging“ (V. 2), „Sprang“ (V. 4) und „Fiel“ (V. 6) → Steigerung der Geschehensalternativen
- Formulierung im Indikativ → Steigerung der Eindrücklichkeit der Schuld

2. Strophe

Inhalt
- überraschende Wende und Spannungssteigerung (V. 9)
- das lyrische Ich als Zeuge (V. 10): Erhöhung der Aussagekraft der folgenden Verse
- das wirkliche Leben des Mannes am Stadtrand:
  - scheinbare Idylle (V. 12, 15–18) als Gegensatz zur ersten Strophe: Haus am Stadtrand, Frau und Kinder, Garten, Spiel
  - Fotograf als Beobachter: Bruch der Idylle

Sprache und ihre Wirkung
- Metapher „Wald des Vergessens" (V. 14) → Schuld nicht verbergen oder vergessen
- Kontrast von Spiel und Peitsche (V. 18 f.) → Unterstreichung der Scheinhaftigkeit der Idylle
- „das Gesicht / Verzerrt von Lachen" (V. 20 f.) → gezwungenes, aufgesetztes Lachen vor dem Fotografen
- Metapher „Auge der Welt" (V. 22) → die kritisch beobachtende Weltöffentlichkeit

Aussageabsicht
- Aufforderung zu Verantwortungs- und Schuldbewusstsein
- Mahnung, nicht zu vergessen und zu verdrängen, sondern hinzusehen

Schluss
- eigene Stellungnahme und Ausblick: aktuelle Bedrohung durch Atomwaffen

Aufsatzbeispiel

Einleitung

Am Ende des Zweiten Weltkrieges wurde aus einem amerikanischen Bomber eine Atombombe auf die japanische Hafenstadt Hiroshima abgeworfen. Diese zerstörte die Stadt fast vollständig und forderte zahlreiche Menschenleben. In ihrem Gedicht „Hiroshima" von 1951 setzt sich Marie Luise Kaschnitz damit auseinander, wie derjenige, der die Bombe abwarf, seit diesem Ereignis weiterlebt, und damit, wie mit diesem Ereignis umgegangen werden sollte.

Hauptteil

Das Gedicht „Hiroshima" besteht aus zwei unterschiedlich langen, reimlosen Strophen. Die beiden Strophen spiegeln auch die inhaltliche Zweiteilung des Textes wider.

In der ersten Strophe (V. 1–8) werden drei „Varianten" aufgezeigt, wie es mit dem, „[d]er den Tod auf Hiroshima warf" (V. 1), hätte weitergehen können. Der Text nennt zwar keinen Namen, aber man kann davon ausgehen, dass es sich bei der Person um ein Mitglied der Bomber-Besatzung handelt – vermutlich der Soldat, der den Befehl zum Abwurf ausgeführt hat. Der erste Weg – er „[g]ing ins Kloster, läutet dort die Glocken" (V. 2) – steht für Reue und den Versuch, auch andere Menschen zur Umkehr bzw. zum Umdenken zu bewegen. Als Zweites wird gemutmaßt, der Soldat habe Selbstmord begangen („Sprang vom Stuhl in die Schlinge, erwürgte sich", V. 4). Das legt nahe, dass er die Schuld, die er auf sich geladen hat, nicht mehr ertragen konnte. Die letzte Variante ist, dass der Soldat wahnsinnig wurde und ihm nachts die Geister der Bombenopfer erscheinen (V. 6–8). Der letzte Vers, „Auferstanden aus Staub für ihn" (V. 8), deutet an, dass er für sein Handeln bestraft wird.

Betrachtet man die drei Varianten, wird deutlich, dass in der Vorstellung des lyrischen Ichs der Atombombenabwurf auch das Leben des Soldaten maßgeblich verändert hat und er seine Tat bereut. Die dreifache Nennung des Verses „Der den Tod auf Hiroshima warf" (V. 1, 3, 5) unterstreicht die schrecklichen Auswirkungen und auch die Schwere der Schuld, die der Soldat auf sich geladen hat. So wundert es nicht, dass auch die drei Alternativen eine negative Steigerung darstellen: Der Weg ins Kloster, der Selbstmord und als schlimmste Variante das Leben im Wahnsinn. Verdeutlicht wird das auch durch die Verben „Ging" (V. 2), „Sprang" (V. 4) und „Fiel" (V. 6). Die ersten beiden Verben weisen noch auf aktives Handeln des Soldaten hin, er ist noch Herr über sein Tun. Im dritten Fall kann er nur noch passiv die Folgen über sich ergehen lassen bzw. reagieren („wehrt Gespenster ab", V. 6). Obwohl alle drei Varianten sicher eine radikale Wende im Leben des Soldaten bedeuten, klingen sie für den Leser glaubwürdig und nicht unwahrscheinlich. Denn man kann davon ausgehen, dass derjenige, der den Atombombenabwurf über Hiroshima auslöste, sein Leben lang mit seiner großen Schuld zu kämpfen hatte. Verstärkt wird das noch dadurch, dass die Verben im Indikativ stehen, also ein reales Geschehen vermuten lassen.

Die zweite Strophe (V. 9–22) beginnt allerdings mit einer unerwarteten Aussage: „Nichts von alledem ist wahr." (V. 9) So wird deutlich, dass die erste Strophe eigentlich im Konjunktiv stehen müsste. Diese drastische Wendung erzeugt beim Leser eine große Erwartungshaltung und lässt ihn gespannt sein, wie es wirklich mit dem Soldaten weiterging.

In Vers 10 äußert das lyrische Ich, dass es selbst den Soldaten vor Kurzem gesehen habe und deshalb wisse, wie er wirklich lebt. Das lyrische Ich tritt also als Zeuge auf und verleiht damit den folgenden Versen ein noch größeres Gewicht. Es berichtet, dass der Soldat in einem eigenen Haus am Stadtrand lebt, eine Frau und zwei Kinder hat, mit ihnen im Garten ist und lacht. Er führt also ein ganz normales, bürgerliches Leben, das auf den ersten Blick idyllisch wirkt: „Die Hecken waren noch jung und die Rosenbüsche zierlich" (V. 12), „die junge Frau / Die neben ihm stand im Blumenkleid / Das kleine Mädchen an ihrer Hand / Der Knabe, der auf seinem Rücken saß" (V. 15–18). Scheinbar hat sich das Leben des Soldaten nach dem Abwurf der Atombombe sogar noch verbessert, was in einem krassen Gegensatz zu den verheerenden Auswirkungen des Atombombenabwurfs steht. Reue oder Schuldbewusstsein kann der Leser des Gedichts nicht erkennen.

Allerdings trügt die Idylle. Denn es heißt metaphorisch: „Das wächst nicht so schnell, daß sich einer verbergen könnte / Im Wald des Vergessens." (V. 13 f.) Der Soldat kann sich eben nicht vor den Folgen seiner Tat hinter den Hecken und Sträuchern seines Gartens verstecken – sie schützen ihn nicht vor der Beobachtung durch die Außenwelt.

Auch das Spielen mit dem Sohn im Garten erscheint auf den zweiten Blick weniger idyllisch, wenn es heißt: „Der Knabe, der auf seinem Rücken saß / Und über seinem Kopf die Peitsche schwang." (V. 18 f.) Selbst wenn es nur ein Spiel ist, stellt der kleine, die Peitsche schwingende Sohn doch eine Bedrohung für den Vater dar.

Am deutlichsten wird das Idyll aber durchbrochen, wenn es heißt: „das Gesicht / Verzerrt von Lachen" (V. 20 f.). Normalerweise ist ein lachendes Gesicht etwas Positives. Wenn ein Gesicht verzerrt ist, dann aufgrund von Schmerz oder einer aufgesetzten Grimasse. Das heißt, das Lachen des Soldaten kommt in diesem Fall nicht von Herzen, es ist kein echtes Lachen. Das verzerrte Lachen wird damit begründet, dass „der Photograph / Hinter der Hecke stand, das Auge der Welt" (V. 21 f.). Die Metapher für den Fotografen, „das Auge der Welt", steht hier für die kritische Öffentlichkeit, zu der auch das Ich gehört, und die kritische Beobachtung durch die Menschen, vor der sich der Soldat nicht verstecken kann.

Hier gibt es verschiedene Deutungsmöglichkeiten: Lacht der Bombenwerfer nur, weil man das eben tut, wenn man fotografiert wird? Lacht er, um vor der Öffentlichkeit den Schein des glücklichen Menschen aufrechtzuerhalten? Bedeutet dies, dass er sich eigentlich doch schuldig fühlt? Oder verzerrt das Lachen sein Gesicht, weil er von der Öffentlichkeit behelligt wird, seine Gartenhecke ihn nicht vor dem kritischen Blick der Medien schützen kann und er so sein Leben nicht in Ruhe leben kann? Diese letzte Deutungsvariante erscheint mir als die nachvollziehbarste. Denn sie passt zur Grundanlage des Gedichts, die vom Kontrast zwischen dem vorgestellten Leben des Soldaten (Strophe 1), das von Schuldbewusstsein gekennzeichnet ist, und dem tatsächlichen Leben (Strophe 2) geprägt ist, das von der großen Schuld nicht weiter beeinträchtigt zu sein scheint.

Insofern geht es Marie Luise Kaschnitz mit ihrem Gedicht darum, die Leser auf zwei Dinge aufmerksam zu machen. Zum einen ist das Gedicht als Vorwurf an den Täter wegen seiner Tat zu lesen. Allerdings sollen sich offenbar auch die Leser mit der Frage nach der Schuld und der Verantwortung für so schreckliche Ereignisse wie den Abwurf der Atombombe auf Hiroshima beschäftigen. Denkt man weiter, dann muss man sich nämlich fragen, ob nicht auch die Menschen, die den Befehl zum Abwurf gaben, und letztlich auch die Politiker mitverantwortlich und schuldig sind.

Zum anderen beschäftigt sich Kaschnitz in ihrem Text mit dem Vergessen und Verdrängen vonseiten der Täter und dem offenbar fehlenden Schuldbewusstsein. Die Autorin kritisiert einen Umgang mit der Vergangenheit, bei dem an die Stelle einer kritischen Aufarbeitung der Versuch tritt, das Geschehene zu verdrängen. Das Gedicht ist zugleich eine Mahnung an jeden von uns, solche Ereignisse nicht zu vergessen. Man soll eben nicht die Ereignisse der Vergangenheit ausblenden und so tun, als ob nichts gewesen sei. Die Menschen sollen Verantwortung für ihr Handeln übernehmen und die Opfer nicht alleine lassen. Um das Vergessen zu verhindern, werden die Leser und damit die Öffentlichkeit aufgefordert, die Missstände in der Welt bewusst wahrzunehmen und darauf aufmerksam zu machen – sie sollen hinsehen wie der Fotograf.

Schluss

Das Gedicht von Marie Luise Kaschnitz hat mich sehr betroffen gemacht, weil es mir einerseits die schrecklichen Folgen des Atombombenabwurfs auf Hiroshima in Erinnerung gerufen hat. Andererseits frage ich mich, ob die Menschen überhaupt daraus gelernt haben. Atomwaffen gibt es immer noch, und die Bedrohung ihres Einsatzes besteht nach wie vor. Sogar auf deutschem Boden werden amerikanische Atomwaffen gelagert. Seit dem Krieg zwischen Russland und der Ukraine wird der Abrüstungsprozess verzögert. Hoffentlich kommen die Waffen nicht zum Einsatz.

Aufgabe:

Deutsche Sprache im Wandel

Vielen Schülern fällt es heutzutage schwer, ältere Texte zu lesen. Wie alles andere unterliegt auch die Sprache einer ständigen Entwicklung.

1.1 Übernehmen und vervollständigen Sie die Übersicht „Deutsche Sprache im Wandel“. Sie können dazu die beigefügten Materialien, eigene Beispiele und das Nachschlagewerk zur deutschen Rechtschreibung nutzen.

1.2 Verfassen Sie auf Grundlage Ihrer Ergebnisse aus Aufgabe 1.1 einen informierenden Text für die Schülerzeitung. Bringen Sie darin Ihren Mitschülern ausgewählte Veränderungen der deutschen Sprache näher.

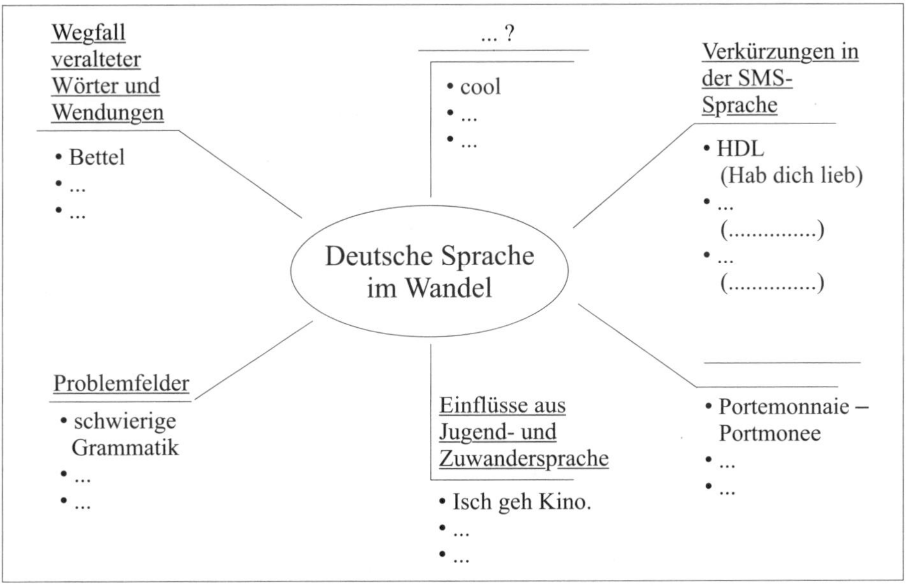

Anmerkung: Die Übersicht berücksichtigt nur eine Auswahl von Faktoren zum Sprachwandel.

M 1:

„Machst du rote Ampel." „Danach ich ruf dich an." „Gibs auch 'ne Abkürzung." – Sätze wie diese sind nicht Horte von Sprachfehlern, sondern haben grammatische Eigenarten wie viele andere deutsche Dialekte auch. Anhand zahlreicher Beispiele zeigt die renommierte Sprachwissenschaftlerin Heike Wiese, dass Kiezdeutsch keine „Kanak Sprak" ist, kein Anzeichen mangelnder Integration und auch keine Gefahr für das Deutsche, sondern ein neuer, in dynamischer Entwicklung befindlicher Dialekt. Entwicklungen wie in Kiezdeutsch finden sich deswegen nicht nur dort, sondern auch in anderen Bereichen unserer Umgangssprache […]

http://www.amazon.de/Kiezdeutsch (05. 05. 2015)

Die Jugend verhunzt die Sprache. Das ist auch so ein gängiges Vorurteil. […]
Es wird ja auch immer schwerer, sich von den Eltern zu distanzieren, wenn die herumlaufen, als wären sie selbst noch 20. Da ist doch Sprache ein großartiges Mittel, unter sich zu bleiben.

Haarmann, Harald: Die Jugend verhunzt die Sprache. In: fluter – Magazin der Bundeszentrale für Politische Bildung. Ausgabe 39/Sommer 2011, S. 10.

Tomaschoff/toonpool.com

http://www.asstelblog.de (18. 09. 2014)

http://www.taunusportal.de (30. 10. 2014)

MILLER *kommt zurück und bleibt vor ihr stehen*: Das Blutgeld meiner Tochter? Schier dich zum Satan, infame Kupplerin! – Eh' will ich mit meiner Geig' auf den Bettel herumziehen und das Konzert um was Warmes geben – eh' will ich mein Violoncello zerschlagen und Mist im Sonanzboden führen, eh' ich mir's schmecken laß von dem Geld, das mein einziges Kind mit Seel' und Seligkeit abverdient. – Stell den vermaledeiten Kaffee ein und das Tobakschnupfen, so brauchst du deiner Tochter Gesicht nicht zu Markt zu treiben. Ich hab mich satt gefressen und immer ein gutes Hemd auf dem Leib gehabt, eh' so ein vertrackter Tausendsassa in meine Stube geschmeckt hat.

Schiller, Friedrich: Kabale und Liebe. Ein bürgerliches Trauerspiel.
Philipp Reclam jun. GmbH & Co., Leipzig 1982, S. 9.

M 2:

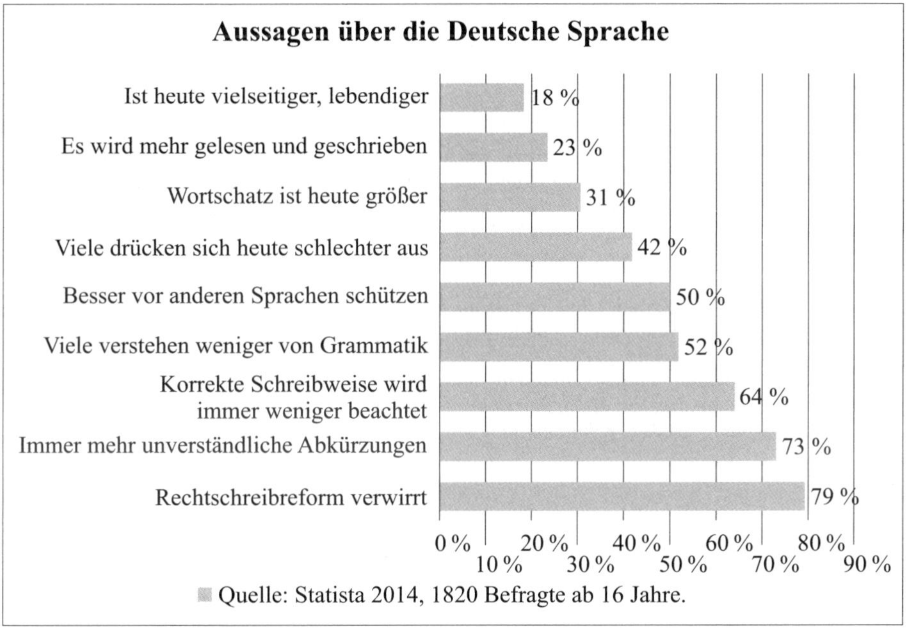

Erstellt nach Daten von GfdS und IfDAllensbach, 2008.

M 3:

Ist Jugendsprache eine Modeerscheinung?

Berliner Morgenpost: Sicher, jede Sprachveränderung unterliegt der Mode. Das war schon immer so und lässt sich gar nicht unterbinden, auch wenn viele Kritiker durch neue Einflüsse einen Sprachverfall befürchten. Aber wo soll man da ansetzen, was ist der Maßstab, an dem man sich orientieren soll? Ist es das Deutsch zu Goethes Zeiten? Viele Ausdrücke aus der Jugendsprache gelangen nach einiger Zeit in die allgemeine Umgangssprache. Vor 50 Jahren gehörte das Wort toll zum Beispiel zur Jugendsprache, heute sagt es jeder. Und „ey“ war 1990 noch absolut jugendsprachlich, steht aber inzwischen sogar in der Dudengrammatik. Ebenso ist das Wort geil heute schon umgangstauglich. Vor 30 Jahren hatte es noch eine eindeutig sexuelle Konnotation, heute wird es von dem ursprünglichen Kontext losgelöst im Sinne von toll oder lustig gebraucht und gehört eher zum Sprachgebrauch der 30- bis 40-Jährigen, als der Jugendlichen. […]

Interview mit dem Sprachwissenschaftler Nils Bahlo. In: http://www.morgenpost.de /familie/article105147866/Jugendsprache-ist-eine-Notwendigkeit.html (23. 10. 2011)

Hinweis:

Beide Teilaufgaben 1.1 und 1.2 sind zu bearbeiten und gehen folgendermaßen in die Bewertung ein:

1.1: 25 %
1.2: 75 %

Lösung

Teilaufgabe 1.1

Hinweis: Bei dieser Teilaufgabe sollst du die vorgegebene Übersicht auf ein Blatt übernehmen und anschließend selbstständig ergänzen. Dabei darfst du auf die beigefügten Materialien und dein Nachschlagewerk zur deutschen Rechtschreibung zurückgreifen. Zudem kannst du dir eigene Beispiele überlegen und die Darstellung damit vervollständigen.
Zunächst musst du die beigefügten Materialien exakt und vollständig lesen. Markiere dabei wichtige Begriffe und Aussagen, um einen guten Überblick zu bekommen. Nach der gründlichen Auswertung der Materialien kannst du dir überlegen, welche Informationen sich zur Vervollständigung der Übersicht eignen. Notiere diese stichpunktartig und ergänze sie wenn nötig mit eigenen Beispielen.
Anschließend überträgst du die Übersicht auf ein Blatt. Achte bei der Übertragung auf eine saubere äußere Form und auf ein ordentliches Schriftbild. Kontrolliere am Ende noch einmal, ob auch wirklich alle Lücken gefüllt sind.

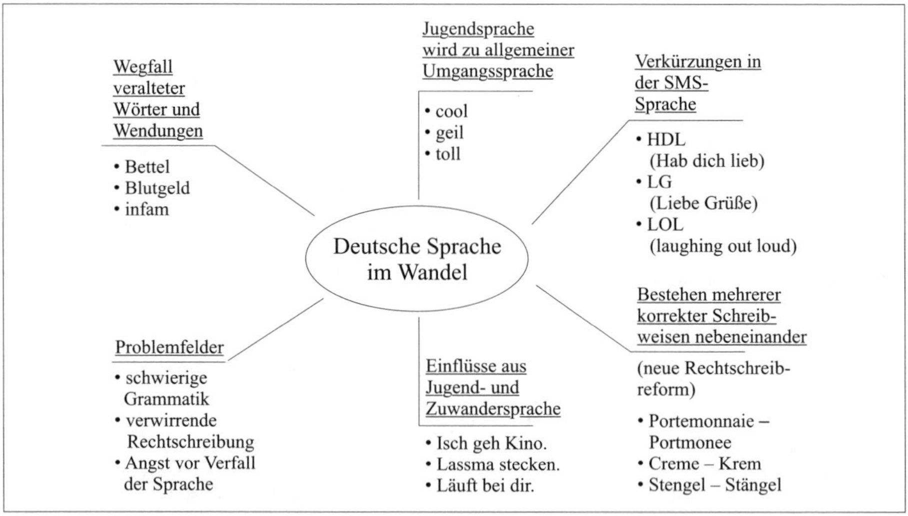

Teilaufgabe 1.2

Hinweis: Die zweite Teilaufgabe verlangt von dir, einen informierenden Text zum Thema „Deutsche Sprache im Wandel" für die Schülerzeitung zu schreiben. Die Grundlage für diesen Artikel sollen die Ergebnisse aus der zuvor erstellten Übersicht sein. Gehe in deinem Text auf mindestens zwei ausgewählte Veränderungen der deutschen Sprache ein und untermauere deine Ausführungen mit Beispielen. Überlege dir, zu welchen Aspekten des Sprachwandels du die meisten Informationen gesammelt hast und erstelle darauf aufbauend eine stichwortartige Stoffsammlung. Da es sich bei deinem Text um einen Artikel für die Schülerzeitung handelt, musst du bei der Ausformulierung auf einen sachlichen Sprachstil achten.

Analyse der Aufgabenstellung

1. Verfassen eines informierenden Textes für die Schülerzeitung zum Thema „Deutsche Sprache im Wandel"
2. Thematische Bezugnahme auf wichtige Veränderungen der deutschen Sprache: Welche Phänomene führen zum Sprachwandel? Wie verändert sich unser Sprachgebrauch dadurch? Welche positiven und negativen Auswirkungen bringt Sprachwandel mit sich?
3. Einbeziehen der Informationssammlung aus Teilaufgabe 1.1

Stichpunktartige Gliederung

Einleitung

- Empörung über jugendsprachliche Ausdrücke bei älteren Generationen
- Sprachwandel als natürlicher Prozess, bedingt durch verschiedene Faktoren

Hauptteil

- Sprachwandel durch Einflüsse aus Jugend- und Zuwanderersprache
  - positive Aspekte:
    - → Betrachtung von Jugendsprache als neu entstandener Dialekt, nicht als Gefahr für die deutsche Sprache
    - → natürliches Mittel zur Abgrenzung von der älteren Generation
  - negative Auswirkungen:
    - → Angst vor Sprachverfall
- Übergang von Jugendsprache zu allgemeiner Umgangssprache
  - Bedeutungsaufwertung jugendsprachlicher Ausdrücke
  - allmähliche Verankerung jugendsprachlicher Ausdrücke in Umgangs- oder Standardsprache
- Sprachwandel durch den Wegfall veralteter Wörter und Wendungen

Schluss

- Wandel der deutschen Sprache auf einer Vielzahl von Ebenen
- stetiger Wandel der Sprache, auch heute und zukünftig

Aufsatzbeispiel

Von Schillers Wortgebrauch zum Kiezdeutsch – Unsere Sprache im Wandel

Einleitung

Eltern und Lehrer sind manchmal schockiert über die Ausdrucksweise von uns Jugendlichen. Manche Wörter, die in unserem Sprachgebrauch ganz normal sind, verstehen viele Erwachsene nicht einmal mehr. Dass sich Sprache im Laufe der Jahre verändert, ist jedoch nicht ungewöhnlich. Schließlich kommt uns auch der Wortschatz Schillers heutzutage teilweise veraltet vor.

Unsere Sprache ist zahlreichen Einflüssen ausgesetzt, die sie verändern. Sie ist kein starres Gebilde, sondern unterliegt einem ständigen Wandel. Dieser Sprachwandel kann als natürlicher Prozess verstanden werden, der durch vielfältige Einflüsse und Ursachen bedingt ist.

Hauptteil

„Chillen", „Läuft bei dir" und „hartzen" sind längst Ausdrücke, die ihren Eingang in die deutsche Sprache gefunden haben. Jedenfalls in die der jüngeren Generation – die sogenannte Jugendsprache. Die Sprachwissenschaftlerin Heike Wiese hat das Phänomen der Jugendsprache in ihrem Buch „Kiezdeutsch – Ein neuer Dialekt entsteht" genauer unter die Lupe genommen und ist dabei zu dem Ergebnis gekommen, dass die Jugend- und Zuwanderersprache als neuer Dialekt des Deutschen angesehen werden kann. Sätze wie „Lassma stecken", „Ey, chill mal dein Leben" oder „Gehst du Bus?" haben ganz eigene grammatikalische Strukturen, die sich – wie die Strukturen jedes anderen Dialekts auch – stetig weiterentwickeln. Für Heike Wiese ist das Entstehen einer Jugendsprache ein natürlicher Prozess und keineswegs ein Zeichen des Sprachverfalls oder mangelnder Integration. Auch die Bundeszentrale für politische Bildung ergreift in einem Artikel ihres Magazins „fluter" Partei für die Jugendsprache: Wenn eine Abgrenzung von der älteren Generation nicht mehr über Kleidung oder äußere Merkmale möglich sei, sei Sprache ein großartiges Mittel, um unter sich zu bleiben, so das Magazin.

Doch nicht alle sehen die Einflüsse und Wirkungsmöglichkeiten der Jugendsprache so positiv und unproblematisch. Viele Kritiker haben Angst davor, dass sich ihr Einfluss negativ auf das Deutsche auswirkt und einen regelrechten Sprachverfall nach sich zieht. Laut einer Umfrage aus dem Jahr 2014 sind 52% der Befragten der Meinung, dass viele Menschen heute weniger von Grammatik verstehen als früher. 64% der Teilnehmer an der Umfrage stellten fest, dass immer weniger auf eine korrekte Schreibweise geachtet werde. Wenig verwunderlich ist es da, dass Vorurteile wie „Die Jugend verhunzt die Sprache" immer häufiger zu hören sind.

Trotz der Kritik an den Einflüssen der Jugendsprache ist nicht zu leugnen, dass wir alle in unserem täglichen Sprachgebrauch häufig auf ehemals jugendsprachliche Ausdrücke zurückgreifen. Das Wort „toll" zum Beispiel zählte noch vor 50 Jahren zur Jugendsprache – heute sagt es jeder. Es ist im Duden zu finden und zu einem festen Bestandteil unserer Standardsprache geworden. Dieses Beispiel zeigt, dass immer wieder Wörter aus der Jugendsprache in die Standardsprache übergehen. Auch das Wort „geil" hat diesbezüglich eine Wandlung durchlaufen. Vor 30 Jahren hatte es noch eindeutig eine sexuelle Bedeutung. Inzwischen ist es schon fast gesellschaftsfähig. Von seinem eigentlichen Kontext hat sich das Wort weitestgehend gelöst. Wenn wir heute von einem geilen Film sprechen, wollen wir damit ausdrücken, dass der Film toll und sehenswert ist. Reden wir von einem geilen Abend, dann ist damit gemeint, dass es ein lustiger und unterhaltsamer Abend war. Das Wort „geil" hat also mit den Jahren eine Bedeutungsaufwertung durchlaufen und wird von uns heute als positives, lobendes Adjektiv verwendet.

Der Bedeutungswandel von Wörtern und deren Übergang von der Jugend- in die Umgangs- oder sogar Standardsprache ist keineswegs eine neue Erscheinung, sondern geschieht seit jeher im Laufe der Zeit. Dabei kann es nicht nur zu Bedeutungsaufwertungen (wie bei dem Wort „geil“) kommen, sondern ebenso zu Bedeutungsverschiebungen oder gar -verschlechterungen (z. B. „Weib“: früher allgemein gebräuchlich für „Frau“).

Veränderungen unserer Sprache lassen sich auch anhand von älteren Texten gut nachvollziehen. Lässt man Jugendliche zum Beispiel Schillers Werk „Kabale und Liebe“ aus dem Jahr 1784 lesen, wird es eine Weile dauern, bis sie mit dem Sprachgebrauch, der Wortwahl und dem Satzbau vertraut sind. Allein die Wortwahl unterscheidet sich deutlich von unserer heutigen. Manche Wörter sind dem Bedeutungswandel unterlegen und drücken heute nicht mehr das aus, was Schiller einmal damit sagen wollte. Andere Wörter und Wendungen sind inzwischen veraltet und gänzlich aus unserem heutigen Wortschatz verschwunden. Niemand spricht heutzutage noch von einem „Bettel“ und wenn wir das Wort „Blutgeld“ hören, können wir uns nur wage vorstellen, was damit gemeint sein könnte.

Schluss

Die deutsche Sprache ist also im ständigen Wandel und dieser vollzieht sich auf einer Vielzahl von Ebenen. Veraltete Wörter verschwinden aus unserem Sprachgebrauch, Anglizismen werden „eingedeutscht“ und sind aus unserer täglichen Sprachpraxis nicht mehr wegzudenken. Viele Wörter durchlaufen einen Bedeutungswandel und jugendsprachliche Wendungen gehen in unseren alltäglichen Sprachgebrauch ein. Diese vielzähligen Prozesse, die unsere Sprache formen und schrittweise verändern, haben dazu geführt, dass wir heute nicht mehr so sprechen, wie noch vor 200 Jahren und sie werden folglich auch dazu führen, dass wir in 200 Jahren anders sprechen werden, als wir es heute tun. Es bleibt uns also nichts anderes übrig, als uns auf den Sprachwandel einzulassen und gespannt darauf zu sein, was unsere Sprache in Zukunft noch alles für uns bereithält.

Realschulabschluss Deutsch in Thüringen: Prüfungsaufgaben 2016
Aufgabe 2

Aufgabe:

Was könnte geschehen sein? Verfassen Sie einen erzählenden Text, der verdeutlicht, wie es zur dargestellten Situation kam. Sie können die vorgegebenen Sätze an geeigneter Stelle einfügen.

Katharina Kühl: Ich habe Arno gesehen …

„Seit heute ist alles anders. Ich bin anders. Seit genau 10:45 Uhr. Seit der dritten Stunde. Seitdem bin ich größer. Ich gehe gerader. Ich gucke anders. Ich sehe alles genauer, schärfer. Dass das gar keinem auffällt! Natürlich bin ich nicht wirklich größer. Ich bin nur nüchterner. Nüchtern. Ernüchtert. Älter. Ich bin erwachsen.
Letzten Mittwoch, vor einer Woche war ich noch nicht so. Bis heute Morgen war ich noch nicht so. Eine Ewigkeit ist das her. […]"

Quelle: Kühl, Katharina: Ich habe Arno gesehen …
In: Lesezeichen, Klett, 1989, S. 8.

Lösung

Hinweis: Die Aufgabenstellung verlangt, dass du einen Text verfasst, der erzählt, wie es zur vorgegebenen Situation kommt. Das heißt, du musst dir eine Geschichte überlegen, die sowohl zum Inhalt als auch zur Ausdrucksweise des Ausschnitts passen. Lies die Textstelle also mehrmals gründlich durch. Mache dir am besten zu beiden Aspekten, Inhalt und Form, Notizen. Denke über folgende Fragen nach: Was erfahre ich über die Hauptfigur, ihre Gedanken und Gefühle? Welche Gründe könnten dahinterstehen? Welche Hinweise auf die Handlung gibt es? Treten mehrere Personen auf? Werden Orts- und Zeitangaben gemacht oder andere wichtige Hinweise gegeben? Aus welcher Perspektive wird erzählt? Ist der Satzbau kurz oder verschachtelt, die Wortwahl umgangssprachlich oder gehoben? Überlege, welche Geschichte du erzählen möchtest und an welcher Stelle du das Zitat einbaust. Es ist hilfreich, wenn du dir einen Schreibplan machst.

Analyse der Aufgabenstellung

1. Erfassen der Aufgabe: eine Geschichte schreiben, die erklärt, wie es zu der gegebenen Textstelle kommt
2. Themen des Ausschnitts: plötzliche Ernüchterung und Erwachsenwerden
3. Sprache des Ausschnitts: einfacher Satzbau, Auslassungen, einfache Wortwahl, eher mündlicher Stil

Stichpunktartige Gliederung

Einleitung

– Übernahme des gegebenen Zitats

Hauptteil

- Information: Ich-Erzählerin seit der ersten Klasse in Tim verliebt
- Erinnernde Rückschau auf Erlebnisse und Gefühle (Grundschulzeit und Unterstufe)
  - Mannschaftswahl im Sportunterricht
  - Versuch, Eindruck zu schinden durch Stuhlkippeln, schöne Bilder, Wissen in Pflanzen- und Erdkunde, Frisuren
  - Scheinbares Erfolgserlebnis: Weitsprung
- Der Tag der Veränderung
  - Wiederholte Erklärung: kindische Träumereien der Vergangenheit; Veränderung
  - Rückkehr von der Mädchentoilette in das Klassenzimmer: Tim macht sich öffentlich über den Liebesbrief einer Mitschülerin lustig
  - Ende des Verliebtseins aufgrund von Tims Verhalten

Schluss

- Direkte Aussprechen des Ärgers gegenüber Tim
- Erwachsen fühlen

Aufsatzbeispiel

Der Tag, an dem ich erwachsen wurde

Einleitung

Seit heute ist alles anders. Ich bin anders. Seit genau 10:45 Uhr. Seit der dritten Stunde. Seitdem bin ich größer. Ich gehe gerader. Ich gucke anders. Ich sehe alles genauer, schärfer. Dass das gar keinem auffällt. Natürlich bin ich nicht wirklich größer. Ich bin nur nüchterner. Nüchtern. Ernüchtert. Älter. Ich bin erwachsen.

Letzten Mittwoch, vor einer Woche war ich noch nicht so. Bis heute Morgen war ich noch nicht so. Eine Ewigkeit ist das her.

Hauptteil

Letzten Mittwoch war ich noch verträumt. Heute Morgen nach dem Aufstehen war ich noch verträumt. Wie ein Kind habe ich an Märchen geglaubt. Und ich war Aschenputtel mittendrin. Oh Mann. Zum Kopfschütteln. Der Prinz, der mich retten sollte, war Tim. Tim, in den ich unglaublich verliebt war. Unglaublich verliebt. Seit dem ersten Schuljahr gehen wir zusammen in eine Klasse und seitdem habe ich ihn angehimmelt. Er ist immer so lustig. Ich mochte seine Witze und sein Lachen und die Art, wie er sich dabei auf die Oberschenkel schlägt. Er ist gut in Mathe und in Sport. Beide Fächer gehören, sagen wir mal, nicht gerade zu meinen Stärken. Umso mehr bewundere ich diejenigen, die keine Angst vor Zahlen und vor Bällen haben. Tim ganz besonders. Außerdem sieht er gut aus, das ist einfach so. In der Grundschule habe ich jede Sportstunde gehofft, dass er mich gleich zu Beginn in seine Mannschaft wählen würde. Das ist nie vorgekommen. Er hat mich nur in sein Team geholt, wenn die restlichen Mitschüler durchschnittlich noch häufiger Bälle ins Gesicht bekamen als ich. Oft hatte er kein Pausenbrot dabei, dann habe ich ihm meines geschenkt. Ich habe mit dem Stuhl gekippelt, um seine Aufmerksamkeit auf mich zu lenken. Ich habe in Kunst die schönsten Bilder gemalt und in Sachkunde alle Baum- und Blumenarten und alle Hauptstädte der Welt auswendig gelernt. Ich kann sie sogar auf dem Globus und auf Karten zeigen. Alles nur, um ihn beeindrucken zu können. Falls wir uns mal unterhalten würden. Ich weiß den ganzen Kram jetzt noch, das ist das Gute daran. So kann ich in Biologie oder bei Quizspielen Punkte absahnen. Wer weiß schon, dass die beiden Inseln Antigua und Barbuda einen Staat bilden, dessen Hauptstadt Saint John's ist? Ich habe dieses Wissen nie an den Mann gebracht, für den es bestimmt war.

Später, als wir älter wurden, habe ich alle möglichen Frisuren ausprobiert und gehofft, dass ich ihm mit einer davon gefallen würde. Ich habe mir immer wieder neu vorgestellt, wie es sein würde, wenn er mir sagt, dass er sich in mich verliebt hat. Und in der siebten Klasse schien es für einen Tag, als könnte dieser Traum wirklich wahr werden. Ich bin beim Weitsprung 3,92 Meter gesprungen. Ich begreife bis heute nicht, wie das möglich sein konnte. Vielleicht war falsch gemessen worden. Jedenfalls meinte Tim anerkennend: „Nicht schlecht! Hätte ich dir gar nicht zugetraut!“ Ich war selig.

Wie kindisch. Naiv. Blind. Unrealistisch. Abgehoben. Jetzt fällt es mir wie Schuppen von den Augen, aber die gesamte Schulzeit habe ich mir Illusionen gemacht. Sogar heute Morgen noch. Kaum zu glauben. Bis zur dritten Stunde. Das ist wirklich schon so weit weg. Seitdem ist alles anders. In der Pause nach der zweiten Stunde stand ich in der Mädchentoilette vor dem Spiegel und habe mir selbst dabei zugeschaut, wie ich verschiedene Gesichtsausdrücke eingeübt habe, mit denen ich Eindruck schinden wollte. Irgendwann war ich zufrieden und bin zurück ins Klassenzimmer gegangen, um das neue Lächeln gleich zu testen. Dort erwartete mich ein schlechtes Theaterstück, so schien es. Doch es war die Realität. Tim stand vorne und schwenkte einen zerknitterten Zettel in der Hand. Er lachte laut, die anderen Jungs auch. Sie forderten ihn auf, weiterzulesen. Die Mädchen saßen tuschelnd beieinander und warfen zugleich neugierige Blicke auf Tim. Er rief: „Du bist sooooo süß! Ich mag dein Lachen!“, und schlug sich prustend auf die Oberschenkel. Mein Lächeln war wahrscheinlich etwas verrutscht und nicht ganz so reizend wie geplant, als ich mich zu meinen Freundinnen stellte und fragte, was denn los sei. Mia sah mich unsicher an. „Tim hat einen Liebesbrief bekommen. Von der Alina aus der 9B.“ Ich weiß noch, dass ich nur „achso“ geantwortet, weiter auf Tim geschaut und mich auf meinen Platz gesetzt habe. Frau Schuster kam herein, alle beruhigten sich, wir hatten Deutsch. Es war merkwürdig. Einerseits konnte ich nicht ganz glauben, was ich soeben erlebt hatte, andererseits wurde plötzlich alles so klar. In der Tischreihe vor mir wurde der Brief durchgegeben. Ich konnte Alinas Text erkennen. „Ich bin total in dich verliebt“ hatte sie unten ganz groß geschrieben. Was viel mehr auffiel, waren aber die Kommentare, die mit anderen Stiften daneben geschmiert worden waren. Sie waren ganz und gar nicht nett. Das ist also auch Tim. Ernüchternd.

Schluss

In dieser Deutsch-Stunde arbeitete ich besonders gut mit. Wir besprechen zurzeit „Simpel“, den Roman. Ich habe mich oft gemeldet. Ich war vollständig anwesend. Ganz fertig mit meiner Traumwelt. Und dann war die Stunde plötzlich um und Frau Schuster ist gegangen. 10:45 Uhr. Die anderen wurden wieder lauter und Tim fächerte sich grinsend mit dem gefalteten Liebesbrief Luft ins Gesicht. Und dann bin ich einfach aufgestanden und zu ihm gegangen. Einfach so. Ich habe ihm meine Meinung gegeigt. Ihn gefragt, ob er überhaupt mal darüber nachgedacht habe, wie schlimm das für Alina sein könnte, dass er ihren Brief öffentlich lächerlich machte. Ihm gesagt, dass das überhaupt nicht cool ist, wie er sich verhält, sondern ziemlich mies. Und dann habe ich die Klasse verlassen. Einfach verlassen. Das hat sich sehr gut angefühlt. Jetzt bin ich größer. Erwachsener. Sehe alles genauer.

Aufgabe:

Versetzen Sie sich in die Situation von Moon. Schreiben Sie einen Tagebucheintrag, in dem Sie über das Geschehene und mögliche Lösungen nachdenken.

Nicole Meister: Moons Geschichte (Auszug)

[...]

Es war eigentlich ein friedlicher Abend gewesen. Ich saß bei meiner Mutter im Arbeitszimmer und las. Ich mochte es, in ihrer Gesellschaft zu sein. Auch wenn sie mich kaum zur Kenntnis nahm. Seit meinem letzten Streit mit meinem Vater war eine knappe Woche vergangen. Wir gingen uns wie üblich aus dem Weg.

Nach einer Weile kam er ins Zimmer und brachte meiner Mutter einen Kaffee. Ich streichelte die schwarze Terry und sie schnurrte begeistert. Der Blick meines Vaters streifte mich flüchtig und er sagte: „Komm mal mit, Moon."

Ich fragte warum und er sagte, das würde ich schon sehen. Mit einem unguten Gefühl im Magen stand ich auf und folgte ihm ins Wohnzimmer.

„Setz dich", sagte er und zog unter den Zeitungen einen Zettel hervor. „Weißt du, was das ist?" Ich schüttelte den Kopf.

„Das ist ein blauer Brief. Genauer gesagt, das ist dein blauer Brief."

Verflucht, dachte ich, wieso kommen die heute schon? Ich schwieg. „Soll ich ihn dir vorlesen?"

„Das ist nicht nötig."

„Du bist in Mathe, Chemie und Physik vorgewarnt."

Ich dachte an die Ferien, die nicht mehr in allzu weiter Ferne lagen, und ich dachte an Florians Party, die in zwei Wochen stattfinden sollte. Ich dachte, ich könnte beides vergessen. Mir wurde übel.

„Aha", sagte ich heiser.

„Ich bin sehr enttäuscht, Moon."

„Es tut mir leid", sagte ich, und es kam mir albern vor. Es war doch meine Versetzung, die in Gefahr war. Ich hätte traurig und enttäuscht sein müssen. Nicht er. Aber ich hatte nur Angst. „Meinst du, du packst das noch?"

„Ich glaube es."

„Junge, ich will dich doch nicht in die Hauptschule geben." Das saß. Das kränkte mich mehr als irgend etwas sonst.

„Ich bin nicht dumm", sagte ich.

„Meinst du, in der Hauptschule sitzen nur Dummköpfe? Du hast furchtbare Vorurteile. Da gibt es auch intelligente Kinder. Die sind nur faul."

„Und ich?"

„Faul bist du sowieso."

Sichtlich hielt er mich für dumm. Aber das war eigentlich nichts Neues.

„Ich habe mir etwas überlegt. Ich bin mir zwar noch nicht sicher, weil es mir schwer fallen würde. Aber vielleicht wäre es tatsächlich das beste, du kämst in ein Internat."

„Nein", sagte ich und fuhr auf. „Nein, wenn du das tust, bring' ich dich um." Das klang kindisch und übertrieben. Aber in dieser Sekunde dachte ich, es sei ohnehin egal, was ich sagte. Es mußte nur etwas Hartes sein.

„Ich haue ab. Ich lasse mich nicht abschieben. Ihr hättet mich gar nicht erst bekommen sollen. Dann hätte ich nun nicht unter euch zu leiden."

„Moon", sagte mein Vater beinahe besänftigend. „Es war nur ein Vorschlag. Werde nicht gleich hysterisch."

„Ich bin nicht so blöd, wie du denkst", fauchte ich ihn an. „Ich bin überhaupt nicht blöd."

Er stand auf, ging zu mir und faßte mich an der Schulter. Ich schlug seine Hand weg. In dieser Minute dachte ich, daß ich ihn haßte.

„Moon", sagte er erneut.

„Laß mich in Ruhe", schrie ich und spürte, wie ich anfing zu heulen. Dafür haßte ich nun mich. Mein Vater stand da. Hilflos bis ins Letzte. Er hatte keine Ahnung, was er mit seinem durchgedrehten Sohn machen sollte. Meine Mutter kam ins Wohnzimmer und fragte, ob wir so verrückt seien.

„Hau ab", schrie ich nun sie an. „Mach, daß du wegkommst. Ich interessiere dich doch ohnehin nicht."

„Was ist los mit ihm, Daniel?", fragte sie meinen Vater, und der zuckte nur mit den Achseln. „Moon, vergiß, was ich gesagt habe", meinte er.

„Was hast du gesagt? Warum weint der Kleine?"

Ich nahm mir die struppige Valentine, um bei ihr Trost zu suchen. Sie wollte aber nicht und biß mich. Darauf heulte ich noch verrückter. Meine Eltern beobachteten mich fasziniert.

„Ich habe ihm gesagt, ich würde mir überlegen, ob er ins Internat käme", sagte mein Vater zögernd.

„Das ist doch Unsinn", sagte sie.

„Bei seinen Noten finde ich das gar nicht so unsinnig."

„Aber ich finde es unsinnig, Daniel", sagte meine Mutter und beruhigte mich damit ein wenig.

„Moon", sagte mein Vater. „Moon, hör auf zu heulen."

„Klar", sagte ich. „Wenn du das sagst, sofort."

„Moon", bat meine Mutter.

Ich saß zusammengekauert auf dem Sofa und heulte immer noch.

„Wir reden morgen weiter darüber", meinte mein Vater.

„Worüber?" fragte Ma.

„Über den blauen Brief."

„Wenn du etwas zu sagen hast, dann sage es jetzt", verlangte ich.

„Du wirst arbeiten, sagte er. „Du wirst viel arbeiten. Und du wirst die Klasse nicht wiederholen. Das ist das mindeste, was ich von dir verlangen kann."

„Und wenn ich klebenbleibe?"

„Dann kannst du deinen Urlaub vergessen." Ich nickte nur.

„Und nun geh auf dein Zimmer."

Ich stand auf, drückte mich an ihnen vorbei und ging die Treppen hoch. Ich fühlte mich elend und dachte, der glaubt doch selber nicht, daß er mich mag. [...]

Quelle: Meister, Nicole: Moons Geschichte. Arena Verlag GmbH, Würzburg 1991, S. 14–17.

Lösung

In der Aufgabenstellung ist verlangt, sich in die Situation von Moon hineinzuversetzen. Markiere dir alle Textstellen farbig, die eine Aussage über Moons Gefühlswelt enthalten. Der Tagebucheintrag sollte nämlich keine bloße Nacherzählung des Textgeschehens sein. Vielmehr solltest du dich fragen: Was fühlte Moon in dieser Situation, nach dieser Äußerung, bei dieser Drohung? Du musst also das äußere Geschehen immer in Verbindung bringen mit den Gefühlen und Empfindungen Moons in den entsprechenden Situationen. Die Leitfragen dabei soll-

ten sein: Wieso handelte und reagierte Moon so? Welche Emotionen und unausgesprochenen Gefühle leiteten ihn dabei? Was denkt Moon über die Ansichten und Verhaltensweisen seiner Eltern? Was fühlt Moon jetzt, wenn er beim Schreiben des Tagebucheintrags darüber nachdenkt? Für die Form des Tagebuchs ist es erforderlich, dass du die Ich-Perspektive einnimmst. Auch das Datum des Tagebucheintrages solltest du nicht vergessen. Du kannst zu Beginn die Formel „Liebes Tagebuch" verwenden und das Tagebuch im Laufe deines Textes mit „du" ansprechen. Denke daran: Einem Tagebuch vertraut ein Mensch oft Dinge an, die er keiner Person in seinem Umkreis erzählt. Du kannst die Geschichte um Moon auch gegebenenfalls etwas ausschmücken, solange du dabei nicht die Textgrundlage aus den Augen verlierst. Laut Aufgabenstellung musst du in deinem Tagebucheintrag vor allem auf zwei Aspekte eingehen: 1. Was denkt Moon über das Geschehene? Wenn nur rein körperliche Symptome genannt sind (z. B. Übelkeit), solltest du dich fragen, welches Gefühl sich darin zeigen könnte. 2. Welche Lösungen kommen für Moon in Frage? Der Text liefert einige Hinweise dafür, wie Moons nähere Zukunft aussehen könnte. Spiele diese Möglichkeiten in deinem Tagebucheintrag durch und überlege dir, welche davon für Moon sinnvoll sein könnten. Für den Schluss deines Textes ist es empfehlenswert, sich für eine Lösung zu entscheiden. Dadurch zeigst du, dass du Moon, seine Gefühle und Wünsche kennst.

Analyse der Aufgabenstellung

1. Versetzen in die aktuelle Situation Moons: Ich-Perspektive
2. Schildern der Gedanken und Gefühle Moons über das Geschehene und über die Ansichten seiner Eltern
3. Nachdenken über mögliche Lösungen für Moon

Stichpunktartige Gliederung

Einleitung

- Gefühlslage von Moon nach Streit mit Vater
- Noten in der Schule als Grund für diese heftige Auseinandersetzung

Hauptteil

- Angst vor Strafe (z.B. Verbot, Florians Party zu besuchen)
- Gedanken des Vaters, Moon auf die Hauptschule oder ins Internat zu schicken
- Weinen Moons als Reaktion auf die angedrohten Strafen
- Unterstützung für Moon durch Mutter
- Drohung des Vaters mit Streichen der Ferien bei Moons Sitzenbleiben

Schluss

- Moons gegenwärtige Lage beim Verfassen des Tagebucheintrags
- Mögliche Lösungen (siehe „Vorschläge" des Vaters aus Streitgespräch)
- Moons Entscheidung für eine Lösung

Aufsatzbeispiel

Montag, 23.5.2016

Liebes Tagebuch,

ich fühle mich im Augenblick richtig mies. Ein ziemlich heftiger Streit mit meinem Vater ist der Grund dafür. Mal wieder. Er hat den blauen Brief von der Schule erhalten. Meine Noten in den naturwissenschaftlichen Fächern sind eben nicht die besten. Was soll ich dazu sagen? Anstatt mich mit Mathe oder Physik zu beschäftigen, lese ich eben viel lieber. Genau das habe ich auch seelenruhig getan, bis mein Vater das Zimmer betreten hat.

Als er mich auf den Brief angesprochen hat, wusste ich sofort, was das bedeutet: ein ernstes Gespräch mit vielen enttäuschten Blicken, haufenweise Vorwürfen und schlimmen Drohungen. Schlagartig hatte ich ein schlechtes Gefühl und verstummte. Aber nicht, weil ich in wirklicher Sorge wegen meiner miserablen Noten war, sondern nur weil ich bereits befürchtete, dass die Strafe dafür heftig ausfallen würde. Wie du bereits weißt, beginnen bald die Ferien, und dann ist auch noch Florians Party in zwei Wochen. Eigentlich habe ich mich wahnsinnig darauf gefreut, mit all meinen Freunden allein zu sein und ausgelassen zu feiern, fern von allen Erwachsenen und ihren vielen sinnlosen Regeln und doofen Verboten. Aber über so etwas kann ich mit meinen Eltern natürlich nicht reden. Nach meiner Meinung werde ich sowieso nie gefragt.

Ich weiß, dass mein Vater mich nicht für den fleißigsten Schüler und den klügsten Kopf hält, aber als er dann den Gedanken äußerte, mich eventuell in die Hauptschule schicken zu wollen, traf mich das echt hart. Glaubt er eigentlich, dass sich die Intelligenz eines Menschen an den Noten in der Schule ablesen lässt? Es gibt doch so viele andere Dinge, die im Leben wichtig sind, zum Beispiel gute Freunde, Gesundheit und eine harmonische Familie. Anders als mit guten Noten jedoch kann man seinen Respekt und seine Liebe anscheinend nicht erreichen. Deshalb streiten wir uns auch so oft in letzter Zeit. Das macht mich irgendwie echt traurig und einsam! Meine Mutter hält sich wie immer aus solchen Gesprächen komplett raus. Sie äußert sich leider nur selten zu unseren Streitereien und ergreift so gut wie nie Partei für mich. Etwas mehr Unterstützung und Aufmerksamkeit habe ich mir von meiner Mutter schon immer gewünscht.

Dann setzte mein Vater sogar noch einen drauf und erklärte, dass vielleicht ein Internat für mich besser sei. Das brachte mich nun endgültig zum Ausrasten: Ich drohte, ihn umzubringen oder von zu Hause wegzulaufen. Im Nachhinein schäme ich mich dafür, das gesagt zu haben. Aber wie stellt er sich das vor? Ich soll die ganze Zeit in so einem alten muffigen und verstaubten Internat wohnen, wie man es aus vielen Filmen und Büchern kennt? Mit strengen Klosterschwestern, riesigen knarzenden Holztüren und fiesen Mitschülern? Ich würde all meine Freunde verlieren! Wie gesagt, vielleicht war meine Reaktion überzogen, aber in diesem Moment habe ich eben die Fassung verloren. Es ging sogar soweit, dass ich heftig zu weinen anfing, obwohl mein Vater aufgrund meiner Reaktion bereits etwas zurückruderte und sanftere Töne anschlug. Das war mir nun echt peinlich. Weinen wie ein kleines Kind wollte ich nicht, denn damit würde ich aus dieser Auseinandersetzung gewiss nicht als Sieger hervorgehen. Aber eventuell war es für meinen Vater auch mal notwendig zu sehen, was seine Androhungen und sein harter Ton bei mir bewirken. Ob ihn meine Heulerei zum Umdenken oder zur vollständigen Änderung seines Verhaltens bringen wird, bezweifle ich allerdings stark.

Schließlich schaltete sich meine Mutter in unseren Streit ein. Auch sie habe ich angeschrien und ihr dabei mangelndes Interesse an mir vorgeworfen. Endlich habe ich das mal ausgesprochen! Darauf ist meine Mutter überhaupt nicht eingegangen, aber sie hat sich zu meiner Überraschung doch auf meine Seite geschlagen und Vater nachdrücklich klar gemacht, dass sie von der Idee mit dem Internat nichts hält. Das war wirklich toll! Das hätte ich von ihr nicht erwartet. Das nahm meinem Vater sofort ein wenig den Wind aus den Segeln. Letztendlich schwächte er seine bisherigen Drohungen ab und forderte von mir schließlich, dass ich alles dafür tun sollte, die Klasse nicht zu wiederholen, ansonsten wären die Ferien für mich gestrichen. Damit war das Gespräch beendet. Was ich dazu zu sagen hatte, wollte er nicht wissen. Mir fehlte ehrlich gesagt auch die nötige Kraft dazu, diese anstrengende Streiterei fortzuführen. Das war zu viel für mich. Ich wollte nur alleine sein.

Jetzt sitze ich also hier in meinem Zimmer und mache mir Gedanken darüber, wie es nun weitergehen soll. Es hilft, mich dir anzuvertrauen. Fest steht auf alle Fälle, dass ich bestimmt nicht in die Hauptschule oder in ein Internat gehen werde! Das kommt für mich nicht infrage, vor allem weil ich meine Freundschaften nicht aufgeben will. Keiner versteht mich besser als meine Freunde, wenn ich mal wieder nervige Streitereien mit den Eltern hatte. Und überhaupt: Ohne Freunde macht das ganze Leben doch keinen Spaß! Also kann ich mich entweder anstrengen, meine Noten zu verbessern, oder ich bleibe sitzen und habe vielleicht die ganzen Ferien über Hausarrest oder Sonderunterricht. Ich glaube, ich werde mich für die erste Möglichkeit entscheiden. Aber bestimmt nicht deshalb, weil ich mit besseren Noten meinen Vater beeindrucken will. Er wird mich wohl immer nur an meine Leistungen messen, daran wird sich so schnell auch nichts ändern. Nein, ich werde mich um bessere Noten bemühen, weil ich die Freizeit in den Ferien und vor allem Florians Party genießen will. Alle Freunde und Mitschüler werden auf die Party kommen und coole Unternehmungen planen in den Ferien. Dabei will ich nicht fehlen. Vielleicht werde ich mal mit meiner Mutter darüber sprechen. Wie sie Vater widerspricht, lässt mich glauben, dass ihr möglicherweise doch mehr an mir liegt, als ich bislang dachte. Ich könnte mir gut vorstellen, neben ihr im so angenehm ruhigen Arbeitszimmer zu lernen. Und wenn mein Vater ins Zimmer käme, um an mir rumzunörgeln, würde sie ihn sofort verjagen. Ja, das würde passen, so könnte es klappen! Ich werde mit ihr gleich morgen darüber sprechen und sie um Hilfe bitten.

Aufgabe:
Interpretieren Sie die Ballade.

Otto Ernst (1862–1926): Nis Randers

Krachen und Heulen und berstende Nacht,
Dunkel und Flammen in rasender Jagd –
Ein Schrei durch die Brandung!

Und brennt der Himmel, so sieht man's gut:
Ein Wrack auf der Sandbank! Noch wiegt es die Flut;
Gleich holt sich's der Abgrund.

Nis Randers lugt – und ohne Hast
Spricht er: „Da hängt noch ein Mann im Mast;
Wir müssen ihn holen."

Da faßt ihn die Mutter: „Du steigst mir nicht ein!
Dich will ich behalten, du bliebst mir allein,
Ich will's, deine Mutter!

Dein Vater ging unter und Momme[1], mein Sohn;
Drei Jahre verschollen ist Uwe schon,
Mein Uwe, mein Uwe!"

Nis tritt auf die Brücke. Die Mutter ihm nach!
Er weist nach dem Wrack und spricht gemach:
„Und *seine* Mutter?"

Nun springt er ins Boot und mit ihm noch sechs:
Hohes, hartes Friesengewächs;
Schon sausen die Ruder.

Boot oben, Boot unter, ein Höllentanz!
Nun muß es zerschmettern … ! Nein: es blieb ganz! ...
Wie lange? Wie lange?

Mit feurigen Geißeln peitscht das Meer
Die menschenfressenden Rosse daher;
Sie schnauben und schäumen.

Wie hechelnde Hast sie zusammenzwingt!
Eins auf den Nacken des andern springt
Mit stampfenden Hufen!

Drei Wetter zusammen! Nun brennt die Welt!
Was da? – Ein Boot, das landwärts hält –
Sie sind es! Sie kommen! –

Und Auge und Ohr ins Dunkel gespannt …
Still – ruft da nicht einer! – Er schreit's durch die Hand:
„Sagt Mutter, 's ist Uwe!"

1 Momme: nordfriesischer Vorname

Quelle: Ernst, Otto: Nis Randers. In: Wasserzieher, Ernst (Hrsg.): Deutsche Lyrik. Max Hesses Verlag, Leipzig 1904, S. 290–291.

Lösung

Hinweis: Die Aufgabenstellung verlangt von dir die Interpretation des Gedichtes. Sie gibt dir eine Hilfestellung, indem schon die Art des Gedichtes benannt wird: Es handelt sich um eine Ballade. Die Merkmale der Textsorte kennst du aus dem Unterricht. Dieses Wissen kann dir bei der Interpretation helfen, und du solltest es in deinen Aufsatz einfließen lassen.
Lies das Gedicht mehrmals gründlich durch und unterstreiche am besten mit verschiedenen Farben, was dir inhaltlich und formal auffällt. Du kannst dir auch Notizen am Rand machen. Überlege dir, wie die sprachlichen und inhaltlichen Eigenschaften miteinander zusammenhängen und welche Bedeutung sich daraus ableiten lässt. Verbinde die Detailanalyse mit der Deutung des Gedichts als Ganzes: Worum geht es, was ist das Thema? Welche Stimmung herrscht? Wie entwickelt sich die Ballade von Strophe zu Strophe? Da dein Aufsatz gut strukturiert sein sollte, machst du dir am besten einen Schreibplan. Denke daran, dass dein Text aus Einleitung, Hauptteil und Schluss bestehen sollte. Vergiss dabei nicht die formale Analyse der Ballade (am besten zu Beginn des Hauptteils).

Stichpunktartige Gliederung

Einleitung

- Angaben zu Autor, Titel und Erscheinungsdatum des Gedichts
- Hinführung zum Thema: Beliebtheit von Heldengeschichten

Hauptteil

Form

- 12 Strophen zu je drei Versen
- Paarreim in den ersten beiden Versen jeder Strophe (stumpfe Kadenzen); kein Reim im jeweils dritten Vers (klingende Kadenzen)
- Versmaß: daktylisch angelegt, mit einigen Abweichungen
- unterschiedlich lange Verse: Unterstützung der unruhigen, aufgeregten Stimmung
- Merkmale der Ballade (lyrische, epische und dramatische Elemente)

Strophen 1–6

Inhalt
- Beschreibung des Sturms
- Beobachtung: Mann in Seenot → Entscheidung zur Rettung trotz Einspruch der Mutter

Sprache und ihre Wirkung
- Metaphern „Krachen und Heulen und berstende Nacht (V. 1), „Dunkel und Flammen in rasender Jagd“ (V. 2), „Und brennt der Himmel“ (V. 4) → eindrückliche Veranschaulichung des Sturmes
- Alliteration und Assonanz „Mann im Mast“ (V. 8) → Hervorhebung der Beobachtung
- in Bezug auf Nis: „ohne Hast“ (V. 7), „gemach“ (V. 17) → Ruhe, Gelassenheit
- in Bezug auf die Mutter: viele Ausrufe, u. a. „Mein Uwe, mein Uwe! (V. 15), und Ellipse „Die Mutter ihm nach!“ (V. 16) → Aufregung
- rhetorische Frage „Und *seine* Mutter?“ (V. 18) → Gedankenanstoß

Strophen 7–12

Inhalt
- Beschreibung der Rettungsaktion im stürmischen Meer
- Pointe: Geretteter ist Uwe (vermutlich dritter Sohn der Mutter, Nis’ Bruder)

Sprache und ihre Wirkung
- Alliteration und Metapher „hohes, hartes Friesengewächs“ (V. 20) → starke Männer im Kontrast zur Dynamik des Sturms
- weitere Metaphern, v. a. Pferde-Metapher (vgl. V. 25–30) → Gefahr des Unwetters
- kurze, elliptische und wiederholte Sätze wie „Boot oben, Boot unter“ (V. 22), „Wie lange? Wie lange?“ (V. 24) → Steigerung der Spannung
- Ausrufezeichen (vgl. V. 22, 23, 28, 31, 33, 35), Gedankenstriche (vgl. V. 32 f., 35) und Auslassungszeichen (vgl. V. 23, 34) → Verstärkung des spannungssteigernden Effekts
- „Still – ruft da nicht einer“ (V. 35) → Vorbereitung der Pointe

Aussageabsicht
- Verherrlichung edlen Menschentums: vorbildliche Aufopferungsbereitschaft
- Gewinn durch Aufopferungsbereitschaft

Schluss
- eigene Stellungnahme: aktuelle Aufopferungsbereitschaft → Hilfe in Krisengebieten; Zweifel an eigener Aufopferungsbereitschaft; Perspektive des Opfers

Aufsatzbeispiel

Einleitung

Ein Mann, der sein eigenes Leben riskiert, um einen anderen Menschen zu retten – wen faszinieren solche Heldengeschichten nicht? *Nis Randers:* Der Titel der Ballade von Otto Ernst ist zugleich der Name der darin auftretenden Hauptfigur. Auch wenn die Ballade 1904 erschien, vor mehr als hundert Jahren, packt sie den Leser noch heute.

Hauptteil

Die Ballade umfasst zwölf Strophen zu je drei Versen. Die ersten beiden Verse einer Strophe sind durchgehend im Paarreim verfasst und haben stumpfe Kadenzen. Der dritte Vers jeder Strophe ist reimlos und endet mit einer klingenden Kadenz. Das Versmaß der Ballade ist daktylisch angelegt, es gibt jedoch einige Abweichungen. Die Verse sind außerdem unterschiedlich lang, was die unruhige, aufgeregte Stimmung des Gedichts unterstützt, ebenso wie die zahlreichen Auftakte (z. B. V. 3, 4, 5).

Ernsts Text ist unverkennbar eine Ballade: Die Vers- und Strophenform verbunden mit dem Reim weist eindeutig darauf hin, dass es sich um einen lyrischen Text handelt. Dieser enthält aber auch Merkmale der Epik und des Dramas: Er erzählt eine Geschichte und enthält das szenische Element der wörtlichen Rede. Außerdem ist die düstere, bedrohliche Stimmung typisch für die Textsorte der Ballade.

In den ersten sechs Strophen wird der Sturm, der herrscht, beschrieben. Außerdem wird dargestellt, wie der Protagonist Nis Randers einen Mann in Seenot erblickt. Er beschließt, diesen zu retten, obwohl seiner Mutter dagegen ist. Diese fürchtet um sein Leben.

Schon in den ersten beiden Versen wird die Atmosphäre, die Angst und Schrecken hervorruft, deutlich: „Krachen und Heulen und berstende Nacht, / Dunkel und Flammen in rasender Jagd –“ (V. 1 f.). In dieser metaphorischen Sprache beschreibt der Erzähler den Donner, den starken Wind und die Blitze, welche die Szene bestimmen. Es herrscht also ein starker Sturm, ein Gewitter – und zwar am Meer, denn im dritten Vers heißt es: „Ein Schrei durch die Brandung!“ (V. 3) Mit dem Schrei beginnt die Handlung, die erzählt wird.

Wenn es blitzt („Und brennt der Himmel“, V. 4), dann ist zu erkennen, woher dieser Laut stammt. Ein Schiff ist auf eine Sandbank aufgelaufen und droht in der Flut unterzugehen. „Da hängt noch ein Mann im Mast“ (V. 8). Die Bedeutsamkeit dieser Beobachtung Nis Randers, der im siebten Vers erstmals auftritt, wird durch die Alliteration und Assonanz „Mann im Mast“ unterstrichen. Der Protagonist erfasst die Situation und sagt „ohne Hast“ (V. 7), also ruhig, sicher und bestimmt: „Wir müssen ihn holen.“ (V. 9) Er zögert also überhaupt nicht, sich in Lebensgefahr zu begeben, um einem anderen Menschen das Leben zu retten.

Damit ist aber seine Mutter nicht einverstanden, die in bestimmtem Ton befiehlt: „Du steigst mir nicht ein! [...] Ich will's, deine Mutter!“ (V. 10 ff.) Schon ihr Mann und ein anderer Sohn seien ertrunken, offenbar ein weiterer seit drei Jahren verschollen, so ihre Begründung. Während die Frau recht aufgeregt ist, bleibt Nis weiterhin ruhig. Ihre Rede ist durch Ausrufe wie „Mein Uwe, mein Uwe!“ (V. 15) gekennzeichnet; auch die Beschreibung ihres Verhaltens wird durch ein Ausrufezeichen und eine Ellipse verstärkt: „Nis tritt auf die Brücke. Die Mutter ihm nach!“ (V. 16) Nis hingegen „spricht gemach“ (V. 17): „Und *seine* Mutter?“ (V. 18) Diese elliptische, rhetorische Frage bleibt offen im Raum stehen, es folgt kein Widerspruch der Mutter. Sie prägt sich dem Leser auf diese Weise eindrücklich ein. Nis macht deutlich: Auch dieser Mann hat eine Mutter, die um ihn trauern würde; er muss also gerettet werden.

In den folgenden sechs Strophen, der zweiten Hälfte des Gedichts, wird die Rettungsaktion auf dramatische Art und Weise beschrieben. Schließlich kehren alle Männer wohlbehalten zurück und der Gerettete entpuppt sich als der verschollene Uwe.

Die Verben drücken eine hohe Dynamik aus: „Nun springt er ins Boot“ (V. 19), „Schon sausen die Ruder“ (V. 21). In Kontrast dazu stehen die Männer, die Nis Randers begleiten: „Hohes, hartes Friesengewächs“ (V. 20). Sprachlich gestaltet durch die Alliteration und die Metapher, veranschaulicht dieser Vers, wie die starken, heldenhaften Männer dem Sturm trotzen. Einige Metaphern machen die stürmische Bewegung der See nahezu erlebbar. So ist zum einen die Rede vom „Höllentanz“ (V. 22) des Bootes auf dem Wasser. Zum anderen werden die Wellen über zwei Strophen hinweg mit galoppierenden Pferden verglichen: Die „menschenfressenden Rosse“ (V. 26) „schnauben und schäumen“ (V. 27) – die Alliteration steigert die Ausdruckskraft der Metapher. Außerdem tragen kurze, elliptische und wiederholte Ausrufe und Fragen wie „Boot oben, Boot unter“ (V. 22) und „Wie lange? Wie lange?“ zur Steigerung der Spannung bei. Die Frage, ob die Rettung gelingt oder nicht, schwebt quasi über jedem Vers. Ausrufezeichen (vgl. V. 22, 23, 28, 31, 33, 35), Gedankenstriche (vgl. V. 32 ff.) und Auslassungszeichen (vgl. V. 23, 34) verstärken diesen Effekt.

Vers 33 löst die Spannung bereits erheblich: „Sie sind es! Sie kommen! –“ Doch die letzte Strophe hält noch eine Überraschung bereit: „Still – ruft da nicht einer! – Er schreit's durch die Hand: / ‚Sagt Mutter, 's ist Uwe!‘“ (V. 35f.) Der Leser wird durch den Appell, „still“ zu halten, und den darauffolgenden, fragenden Nachsatz noch einmal in spannende Erwartung versetzt, bis endlich die Pointe folgt: Nis hat seinen Bruder Uwe gerettet und der Mutter damit den verschollenen Sohn zurückgebracht. Die Mutter des in Seenot Geratenen, auf die Nis in seiner Frage in Vers 18 verweist, ist also nicht irgendeine Mutter, sondern die eigene, die ihn nicht zur Rettung aufbrechen lassen wollte. Diejenige, die solche Angst vor dem Verlust eines Sohnes hatte, ist reich beschenkt worden, denn zwei Söhne kommen wohlbehalten bei ihr an. So hat die vorliegende Ballade ein glückliches Ende, was für die Textsorte eher untypisch ist. Sehr charakteristisch ist aber die Verherrlichung des edlen Menschentums: Nis Randers zeichnet eine Aufopferungsbereitschaft aus, die als besonders tugendhaft und vorbildlich bewertet werden kann.

Schluss

Gibt es diese Aufopferungsbereitschaft heute noch? Wäre ich bereit dazu, mein Leben zu opfern, um einen anderen Menschen zu retten? Vielleicht können Menschen, die in Krisengebieten helfen und sich den mangelhaften Lebensbedingungen dort aussetzen, als solche Helden betrachtet werden. Ich weiß nicht, ob ich wie Nis für einen zunächst unbekannten Menschen so ein hohes Risiko eingehen würde. Wäre ich an der Stelle des Opfers, würde ich aber auf solch einen Retter hoffen.

Realschulabschluss Deutsch in Thüringen: Prüfungsaufgaben 2017
Aufgabe 1

Aufgabe:

1.1 a) Entnehmen Sie dem Text von Eva Zeltner sechs zustimmende und sechs ablehnend kritische Aussagen zum Thema „Shopping" und stellen Sie diese in einer Tabelle dar.

b) Übernehmen Sie die folgenden Zitate und geben Sie deren Inhalt mit eigenen Worten in Sätzen wieder.
„Unzählige Frauen jeden Alters sind vom Shopping-Virus befallen." (Zeile 13)
„Auf die Rechnung folgt dann die Depression." (Zeile 22)
„Die winterliche Massenflucht ins Ausland ist zum neuen Weihnachtsritual geworden." (Zeile 32 f.)
„Haben statt Sein." (Zeile 40)

1.2 „Wie viele Dinge es doch gibt, die ich nicht brauche."

Sokrates (470–399 v. Chr.)
http://zitate-welt.de/ (31. 08. 2016)

Erörtern Sie, ausgehend von diesem Zitat, Ihr eigenes Konsumverhalten.

Eva Zeltner: Seelentröster Shopping

Shopping begeistert Kinder und Erwachsene.

Unglaublich, wie viele Leute heute shoppen gehen. „Stop the shoppers", nennt sich eine Schweizer Kultband. „Lädele", die Jagd nach Schnäppchen, ist zu einem Volkssport geworden.

Während die Youngsters sich in den Shopping Centers zu irgendeinem Deal treffen, gewandt etwas klauen oder auch nur herumhängen, zelebriert[1] die Pseudojugend Einkaufen als Ritual.

Tag und Nacht wird in Läden gegrapscht, Rezession hin Notwendigkeit her. Zu einlullender softer Musik lässt sich das Portemonnaie leicht aus der Tasche ziehen, und mit der Plastikkarte geht jede Kontrolle übers Budget verloren. Shopping ist Geldverlust, Abwechslung, Zeittöter, Seelentröster. Es hilft über Liebeskummer hinweg und erhöht das Wohlbefinden, kann aber auch zur Sucht werden.

Unzählige Frauen jeden Alters sind vom Shopping-Virus befallen. Vor dem Kleiderschrank endet jede Emanzipation. Töchter erleben Mütter, die sich wie Barbiepuppen ausstaffieren.

Das Allerneuste muss her, das 35. Paar Schuhe, ein seidenes Top, zuhause hängen alte Fahnen.

Lebensberater und Populärpsychologinnen empfehlen, sich öfter mal was zuliebe zu tun. Damit ist vor allem gemeint, sich etwas zu kaufen. Neuanschaffungen heben das Selbstwertgefühl. Doch eine neue Frisur macht keinen neuen Menschen, und neue Kleider müssen dauernd durch noch neuere ergänzt oder ersetzt werden.

Auf die Rechnung folgt dann die Depression.

Einkaufszeremonien sind Ersatz für den Kirchgang geworden. Die Architektur der Shoppinghallen verströmt weihevolles Ambiente[2], das Sakrale[3] wird durch Musik betont. In den Konsumtempeln zelebrieren die Wohlstandsverwöhnten eine Ersatzliturgie[4].

Familien treffen sich Samstag für Samstag im Supermarkt. Während die Kleinen sich im Spielwarenparadies eine „Kleinigkeit“ erstehen dürfen, zeigen die Großen gegenseitig ihre Schätze und stärken sich bei Kaffee und Kuchen.

Sinnvoll leben, hieße eigentlich teilen und auch mal verzichten, einzeln und als Kollektiv, als Volk von Bessergestellten. Doch dies will kaum jemand ernsthaft. Sonst müssten wir – um ein beinahe alltägliches Beispiel zu nennen – freiwillig auf Dumpingpreis-Flüge nach New York zum Weihnachtseinkauf verzichten. Die winterliche Massenflucht ins Ausland ist zum neuen Weihnachtsritual geworden. Vom Billigen profitieren, zugreifen. Ein Schnäppchen hier, ein Schnäppchen dort. Schnäppchenführer sind Bestseller. Eine Freundin erzählte mir, in der Bahn von Milano nach Zürich hätten neben ihr zwei Teenies ununterbrochen ihre Einkäufe verglichen, eine ganze Menge von Klamotten, und dabei gejammert, wie ihnen das Geld für dies und das und jenes gefehlt habe, wo doch Ohrringe, Parfüms und Schuhe so cool, so geil und – ach – so günstig gewesen wären.

Shopping ist mehr als Einkaufen, es drückt eine Lebenshaltung aus, die Philosophie, der wir im Generationen-Mix huldigen: Haben statt Sein. Dass wir nur ein winziges Prozent des ständig wachsenden Überangebots jemals benötigen, spielt keine Rolle. Jede Anschaffung, auch wenn sie Wochen später auf dem Müll oder im Kleidersack der Caritas[5] endet, verschafft einen kurzen Moment lang dem darniederliegenden Selbstbewusstsein ein kleines narzisstisches[6] Hoch. So kurz und so lang ist die Welt dann für uns wieder in Ordnung.

Quelle: Zeltner Eva, Seelentröster Shopping. In: Zeltner Eva, Generationen-Mix: Zytglogge Verlag, Oberhofen 1998, S. 111ff.

1. *1. etwas feierlich gestalten, betont langsam und genüsslich ausführen*
   2. eine Messe lesen
2. *Umwelt, Atmosphäre, Milieu, das eine Persönlichkeit, eine Räumlichkeit oder eine künstlerische Darstellung umgibt, ihr eigen ist*
3. *Heiliges, den Gottesdienst betreffend*
4. *amtliche Form eines Gottesdienstes*
5. *soziale Hilfsorganisation*
6. *(krankhaftes) Verliebtsein in die eigene Person*

Hinweis:

Beide Teilaufgaben 1.1 und 1.2 sind zu bearbeiten und gehen folgendermaßen in die Bewertung ein:

1.1: 25 % und

1.2: 75 %

Lösung

Teilaufgabe 1.1 a)

Hinweis: Die Aufgabe verlangt von dir, dem Ausgangstext sowohl sechs zustimmende als auch sechs ablehnende Aussagen zu entnehmen. Obwohl der Text das Konsumverhalten eher kritisch beleuchtet, werden auch positive Aspekte zum Thema „Shopping“ angeführt. Beim Lesen muss deine Aufmerksamkeit also auch darauf gerichtet sein, welche Aussagen man positiv deuten kann. Achte darauf, dass sich deine Sätze inhaltlich nicht zu stark überschneiden.

Aussagen zum Thema „Shopping“	
zustimmende Aussagen	**ablehnende Aussagen**
– Sowohl Erwachsenen als auch Kindern bereitet Einkaufen große Freude. (Z. 1)	– Übertriebenes Einkaufsverhalten kann dazu führen, die Übersicht über die eigenen Finanzen zu verlieren. (Z. 8 ff.)
– Einkaufen kann Trost bei Liebeskummer spenden. (Z. 11)	– Einkaufen kann zur Sucht werden. (Z. 12)
– Durch Einkaufen kann das Selbstwertgefühl gestärkt werden. (Z. 19 f.)	– Einkaufen verleitet dazu, persönliche Probleme zu überdecken. (Z. 20 f.)
– Es ist unbestritten, dass Einkaufen für einen großen Teil der Gesellschaft etwas Wichtiges, fast Heiliges ist. (Z. 23 ff.)	– Durch übermäßiges Einkaufen läuft man Gefahr, ein oberflächliches und egoistisches Leben zu führen. (Z. 29 f.)
– Einkaufen verbindet Jung und Alt, sodass ein Tag im Einkaufszentrum ein Vergnügen für die ganze Familie darstellt. (Z. 26 ff.)	– Exzessives Einkaufen verleitet dazu, stets das Neueste zu wollen und ältere Konsumgüter geringzuschätzen. (Z. 16 f.; 40 ff.)
– Da infolge der gestiegenen Mobilität Shoppingreisen in ferne Städte möglich sind, kann Einkaufen zum Erlebnis werden. (Z. 30 ff.)	– Die Freude über einen Einkauf ist nur von kurzer Dauer. (Z. 43 f.)

Teilaufgabe 1.1 b)

Hinweis: Bei dieser Aufgabe sollst du die vorliegenden Zitate in eigenen Worten wiedergeben. Dabei ist wichtig, dass du dich weit genug vom Wortlaut der Zitate entfernst, ohne dabei den Sinn der Aussage zu verzerren. Zudem sollst du in ganzen Sätzen und nicht nur in Stichpunkten formulieren.

Wiedergabe der Zitate in eigenen Worten	
Zitate	**Umformulierung**
– „Unzählige Frauen jeden Alters sind vom Shopping-Virus befallen.“ (Zeile 13)	– Viele Frauen sind, unabhängig von ihrem Alter, getrieben von der Leidenschaft einzukaufen.
– „Auf die Rechnung folgt dann die Depression.“ (Zeile 22)	– Wenn einem bewusst wird, dass man viel Geld bei einem Einkauf ausgegeben hat, entsteht ein Gefühl der Ernüchterung.
– „Die winterliche Massenflucht ins Ausland ist zum neuen Weihnachtsritual geworden.“ (Zeile 32 f.)	– Statt Weihnachten zu Hause zu verbringen, ist es vielen Deutschen zur Gewohnheit geworden, in dieser Zeit ins Ausland zu verreisen.
– „Haben statt Sein.“ (Zeile 40)	– Viele Menschen definieren sich eher über ihren Besitz als über ihre Überzeugungen und Fähigkeiten.

Teilaufgabe 1.2

Hinweis: Bei der letzten Aufgabe sollst du, ausgehend von einem Zitat, dein eigenes Konsumverhalten erörtern. Es bietet sich an, in der Einleitung zu klären, inwiefern das gegebene Zitat dazu anregt, über den eigenen Konsum nachzudenken. Der Auftrag „Erörtern Sie" beinhaltet, das Thema von zwei Seiten zu betrachten, hier also die positiven und negativen Aspekte des eigenen Konsumverhaltens bzw. die Chancen und Gefahren. In der ersten Aufgabe hast du bereits zustimmende und kritische Aussagen zu diesem Thema gesammelt. Diese kannst du bei deiner Erörterung aufgreifen. Um eine überzeugende Argumentation zu verfassen, musst du die Behauptungen durch ausführliche Begründungen stützen und durch passende Beispiele veranschaulichen. Da die Aufgabenstellung fordert, dein eigenes Konsumverhalten zu überdenken, solltest du an geeigneter Stelle aus der Ich-Perspektive schreiben. Achte jedoch darauf, dass deine Argumente die gebotene Allgemeingültigkeit nicht vermissen lassen. Vor der Abfassung deines Aufsatzes ist es hilfreich, wenn du einen Schreibplan anlegst. Darauf kannst du deine Überlegungen in Stichpunkten festhalten und im Vorfeld planen, wie du die Argumente anordnen willst. Achte darauf, dass du im zweiten Teil des Hauptteils mit der Seite schließt, der du selbst mehr Gewicht beimisst. Im Schlussteil kannst du die wichtigsten Aspekte kurz wiederholen und deinen Text mit deinem persönlichen Standpunkt, einem Wunsch oder einem Ausblick abrunden.

Analyse der Aufgabenstellung

- kontroverse Erörterung: Vor dem Hintergrund des eigenen Konsumverhaltens – Worin liegen Chancen und Gefahren von Konsum?

Stichpunktartige Gliederung

Einleitung

- Hinführen zum Thema: Zitat von Sokrates
- Aufzeigen der gegensätzlichen Standpunkte, die zu erörtern sind

Hauptteil

Pro-Kontra-Argumentation:
- gegnerische Position: Argumente nach abfallender Wichtigkeit ordnen
  1. Erhöhung des Selbstwertgefühls durch Konsum
  2. Konsum als Ausdruck der Persönlichkeit
  3. Einkaufen als Erlebnis
- eigene Position: Argumente nach steigender Wichtigkeit ordnen
  3. Suchtgefahr
  2. Vernachlässigung der Bedürfnisse anderer
  1. drohende Oberflächlichkeit

Schluss

- Fazit: Wie positioniere ich mich abschließend zur Ausgangsfrage? – Mehr Verzicht auf Konsum wäre eine Chance für unsere Gesellschaft.

Aufsatzbeispiel

Einleitung

„Wie viele Dinge es doch gibt, die ich nicht brauche." Sokrates traf diese Aussage vor über 2 400 Jahren, als es noch keine großen Kaufhausketten, keinen Online-Handel und keine Smartphones gab. Wenn schon ein einfach lebender Philosoph zu der Einsicht kommt, dass er nicht viel zum Leben braucht, stellt sich in unserer Konsumgesellschaft erst recht die Frage, ob wir nicht alle zu sehr nach der Anhäufung von Besitztümern streben. Angesichts des Wohlstands, in dem wir leben, sind jedoch auch die positiven Seiten dieses Strebens unübersehbar. Die Frage, welche Chancen und Gefahren mit Konsum verbunden sind, möchte ich im Folgenden anhand meines eigenen Konsumverhaltens erörtern.

Hauptteil

Zunächst ist festzustellen, dass Konsum dazu beitragen kann, das Selbstwertgefühl zu erhöhen. Wenn man einkauft, hat man das Gefühl, sich bestimmte Dinge leisten und sich frei für bzw. gegen etwas entscheiden zu können. Gerade wenn man unter Druck gerät und denkt, nur noch funktionieren zu müssen, kann ein Einkauf helfen, das Selbstwertgefühl zu stärken. In Zeiten, in denen man besonderen Herausforderungen ausgesetzt ist, ob in der Arbeit oder in der Schule, ist das besonders wichtig. Mir persönlich hilft es, wenn ich mir bei schulischem Stress ganz bewusst ein paar Dinge leiste, die mir eine Freude bereiten. Das kann ein neues Trikot des BVB sein oder aber auch eine neue Folge meiner Lieblingsserie „House of Cards". Obwohl ich diese Dinge nicht unbedingt benötige, gibt es Situationen, in denen der Konsum dieser Produkte einfach guttut.

Darüber hinaus kann man Konsum als Mittel verstehen, die eigene Persönlichkeit zu entfalten. Wir leben in einer hoch entwickelten Gesellschaft, in der es nicht allein darum gehen kann, die Grundbedürfnisse eines Menschen zu befriedigen. Konsum ist heute Ausdruck für ein bestimmtes Lebensgefühl und die breite Palette an Produkten eröffnet die Chance, sich über den Kauf ganz bestimmter Erzeugnisse selbst zu defnieren. Ich bin beispielsweise ein großer Fan des BVB und besitze einen Schal, eine Tasse und zwei T-Shirts mit dem Logo dieses Vereins. Streng genommen brauche ich die genannten Dinge nicht, aber durch den Kauf dieser Produkte setze ich ein Zeichen, dass ich zur Fangemeinde des BVB gehöre. Andere geben sich durch ihr Konsumverhalten auch als Liebhaber bestimmter technischer Produkte, als Modebegeisterte oder als Angehörige der Öko-Bewegung zu erkennen. Insofern ist Konsum also auch ein Ausdruck der Persönlichkeit.

Daneben ist positiv hervorzuheben, dass Einkaufen heutzutage mit zahlreichen Erlebnismöglichkeiten verbunden ist. Einkaufen ist mehr als der bloße Erwerb diverser Produkte, die man zum Leben braucht. Es geht um Freude, Unterhaltung und Abwechslung vom Alltag. Die Tatsache, dass die Innenstädte an den Wochenenden trotz des Online-Handels belebt sind, zeigt dies. Auch ich fahre am Wochenende gern in die Stadt, um einzukaufen und dabei Abwechslung vom Schulalltag zu finden. Insbesondere die etwas lautere Musik in den Läden für jugendliche Kunden gefällt mir gut. Aber auch diverse Aktionen in den großen Einkaufszentren, wie Einlagen von Tanzgruppen oder das Auftreten von Bands, bieten die Gelegenheit, beim Shoppen einfach abzuschalten.

Die genannten Aspekte machen deutlich, dass Einkaufen das eigene Leben bereichern kann. Es darf jedoch nicht übersehen werden, dass das Vergnügen am Konsum auch Gefahren mit sich bringt.

An erster Stelle ist anzuführen, dass die Freude am Einkaufen ein gewisses Suchtpotenzial in sich birgt. Das liegt daran, dass kurzzeitig Glücksgefühle ausgeschüttet werden, wenn man sich etwas geleistet hat. Man ist froh, etwas Neues sein Eigen nennen zu können und etwas zu haben, das nur einem selbst gehört. Die Verkäufer kennen dieses Phänomen und präsentieren das Produkt, für das sich ein Kunde interessiert, als besonders einzigartig und vorteilhaft. Nicht selten muss man aber zu Hause feststellen, dass der getätigte Kauf gar nicht so umwerfend ist, und das Glücksgefühl weicht einer dumpfen Ernüchterung. Um sich von diesem negativen Zustand zu befreien, machen viele den Fehler, sich etwas Neues zu leisten, um wieder das Gefühl eines „Glücksgriffs" zu erleben. So kommt es zu einer Art Kaufrausch, der bei einer angespannten finanziellen Lage zur Verschuldung führen kann. Ich selbst habe zum Beispiel eine Schwäche für Laufschuhe. Als es mir vor wenigen Wochen aufgrund einer schlechten Schulnote nicht gut ging, habe ich mir ein neues Paar Laufschuhe geleistet, obwohl ich eigentlich schon drei Paar zu Hause habe. Auch wenn ich hier nicht von einer Kaufsucht sprechen würde, kenne ich doch das Gefühl, immer mehr kaufen zu wollen, um negative Gefühle zu vertreiben.

Des Weiteren darf nicht außer Acht gelassen werden, dass man Gefahr läuft, die Bedürfnisse anderer zu vernachlässigen, wenn man zu konsumorientiert ist. Ob auf einer Shoppingtour durch die Stadt ober beim Stöbern auf Seiten von Online-Shops – stets geht es beim Einkaufen darum, die eigenen Wünsche zu befriedigen. In der Regel verschwendet man dabei keinen Gedanken daran, ob sich andere ein bestimmtes Produkt eigentlich auch leisten können oder wie der jeweilige Konzern mit seinen Mitarbeitern umgeht. Im Vordergrund steht die Schnäppchenjagd, bei der allein der Preis zählt. Viel zu selten ist einem bewusst, dass viele Menschen an der Herstellung eines Produkts beteiligt sind und dass man auch darauf achten sollte, wie diese behandelt und entlohnt werden. Dass man dazu neigt, in erster Linie auf den Preis zu achten, wurde mir neulich bewusst, als ich bei einem Sportartikelhersteller günstige T-Shirts für acht Euro das Stück gekauft habe. Erst als ich zu Hause war und das Etikett „Made in China" gelesen habe, habe ich mich gefragt, welchen Anteil wohl diejenigen, die das T-Shirt hergestellt haben, von der genannten Summe erhalten. Die Orientierung am eigenen Wohlbefinden versperrt beim Einkaufen also den Blick auf die Bedürfnisse anderer.

Nicht zuletzt muss festgehalten werden, dass exzessiver Konsum auch zu Oberflächlichkeit führen kann. Wie gezeigt wurde, ist der Kauf ganz bestimmter Produkte auch als Versuch zu verstehen, die Zugehörigkeit zu einer Gruppe zu markieren und damit den eigenen Charakter herauszustellen. Es besteht jedoch die Gefahr, sich dabei nur auf Äußerlichkeiten zu konzentrieren. Gerade in einer Konsumgesellschaft, in der vor allem auf materielle Güter geachtet wird, droht eine Vernachlässigung geistiger Werte. „Haben statt Sein" lautet die Devise der westlichen Welt. Damit ist gemeint, dass sich viele Menschen eher über ihren Besitz als über ihre Fähigkeiten und Begabungen definieren. In der Schule zeigt sich beispielsweise, dass man schneller akzeptiert wird, wenn man sich nach der neuesten Mode richtet. Auch ich selbst achte bei meiner Kleidung darauf, angesagte Markenartikel zu tragen. So kaufe ich bevorzugt Schuhe von Nike oder Adidas. Letztlich muss ich mir aber eingestehen, dass das oberflächlich ist. Es sagt überhaupt nichts über den Charakter eines Menschen aus, ob er nun das neueste iPhone, eine Sonnenbrille von Ray Ban oder eben Schuhe von Adidas trägt. Wichtig sind die inneren Werte, die einen Menschen auszeichnen. Das wird in unserer am Konsum orientierten Gesellschaft häufig vergessen.

Schluss

Bei der Betrachtung meines eigenen Konsumverhaltens ist deutlich geworden, dass im Konsum sowohl Chancen als auch Gefahren liegen. Unbestritten ist, dass Einkaufen der Seele guttut und der Abwechslung vom Alltag dient. Dennoch überwiegen meiner Meinung nach die Gefahren, da das Streben nach Besitz in unserer Konsumgesellschaft überhandnimmt, wodurch es zu Egoismus und Oberflächlichkeit kommt. Es wäre ein ganz neues Erlebnis für den Einzelnen und darüber hinaus auch eine Chance für unsere Gesellschaft, wenn wir auf Dinge verzichten würden, die wir nicht brauchen.

Realschulabschluss Deutsch in Thüringen: Prüfungsaufgaben 2017
Aufgabe 2

Aufgabe:
Schildern Sie eine reale oder fiktive Situation, auf die sich die Textaussage der Fabel übertragen lässt.

Leonardo da Vinci (1452–1519): Die Pflanze und der Pfahl

Eine Pflanze, die üppig blühend himmelan wuchs mit ihrem Federbusch von zarten Blättern, ertrug nur schwer neben sich die Anwesenheit eines vertrockneten alten Pfahles.
„Pfahl, du kommst mir zu nahe! Könntest du nicht beiseite gehen?"
Der Pfahl tat, als ob er nicht gehört hätte, und antwortete nicht.
Darauf wandte sich die Pflanze an die Dornenhecke, welche sie umgab. „Hecke, könntest du dir nicht einen anderen Ort suchen? Du langweilst mich."
Die Hecke tat, als ob sie nicht gehört hätte, und antwortete nicht.
„Schöne Pflanze", sagte schließlich eine Eidechse, ihr Häuptchen hebend und von oben auf sie herabsehend, „siehst du nicht, dass der Pfahl dich aufrecht stehen macht? Begreifst du nicht, dass die Hecke dich gegen schlechte Gesellschaft schützt?"

Quelle: da Vinci, Leonardo: Die Pflanze und der Pfahl, In: da Vinci, Leonardo: Fabeln. Philipp Reclam jun. GmbH, Leipzig 1978, S. 32. Übersetzt von Rudolf Hagelstange.

Lösung

Hinweis: Bei der vorliegenden Aufgabe musst du sowohl dein Textverständnis unter Beweis stellen als auch kreativ sein. Schließlich geht es darum, eine Fabel auf eine reale oder fiktive Situation zu übertragen. Das heißt, du musst die vorgegebene Fabel von Leonardo da Vinci zunächst einmal verstehen und ihre Moral herausarbeiten, um die Textaussage dann auf eine andere Situation anwenden zu können. Der Text ist zwar nur kurz, aber trotzdem gehaltvoll. Du solltest dir also zum Lesen ausreichend Zeit nehmen und darauf achten, wie es da Vinci mithilfe von Adjektiven gelingt, die auftretenden Lebewesen und Gegenstände zu charakterisieren. Je besser du die Fabel verstehst und ihre einzelnen Handlungsträger einordnen kannst, desto leichter fällt es dir, sie auf dein eigenes Leben zu übertragen. Du musst dabei keine Situation schildern, die du wirklich erlebt hast, sondern kannst dir auch ein Fallbeispiel ausdenken, das so passiert sein könnte und das zur Aussage der Fabel passt. Wenn dir ein geeignetes Beispiel aus einem Buch, das du gelesen hast, oder aus einem bekannten Film einfällt, kannst du auch dieses wiedergeben. Wichtig dabei ist, dass das von dir geschilderte Ereignis wirklich mit der Aussage der Fabel übereinstimmt. Prüfe also vor dem Schreiben genau, ob die Lehre der Fabel auch für die gewählte Situation gilt. Am besten beginnst du deinen Aufsatz mit einer kurzen Einleitung, die zum Thema hinführt. Anschließend solltest du in deinen eigenen Worten darstellen, worum es in da Vincis Fabel geht und welche Moral sich aus dieser ableiten lässt. Danach kommst du zur Übertragung der Fabel auf die von dir gewählte Situation. Dabei solltest du dich hin und wieder auf die Fabel zurückbeziehen. Am Schluss empfiehlt es sich, die Lehre der Fabel noch einmal deutlich herauszustellen und zu verallgemeinern.

Analyse und Eingrenzung der Aufgabenstellung

Die Botschaft der Fabel erfassen und sie dann auf eine reale (z. B. selbst erlebte) oder eine erfundene Situation übertragen; durch Beispiele Anschaulichkeit erzeugen; darauf achten, dass die Aussage von Fabel mit der eigenen Schilderung übereinstimmt

Stichpunktartige Stoffsammlung und Gliederung

Einleitung

Hinführung zum Thema über Informationen zu Leonardo da Vinci

Hauptteil

- kurze Analyse der Fabel und Herausarbeitung ihrer Moral
- Übertragung der Fabel auf eine reale Situation:
  Pfahl = jemand, der einem zu nahe kommt, einen eigentlich aber stützt
  Dornenhecke = jemand, der einen nervt oder langweilt, einen aber auch beschützt
- Lehre der Fabel
  Fragen der Eidechse = Bewusstsein, dass gerade die Menschen, über die man sich am häufigsten beschwert, am wichtigsten für das eigene Leben sind

Schluss

allgemeingültige Aussage der Fabel: Plädoyer für respektvolles Zusammenleben mehrerer Generationen

Aufsatzbeispiel

Einleitung

Leonardo da Vinci ist wahrscheinlich einer der bekanntesten Namen der Renaissance. Wenn man ihn hört, denkt man sofort an ein Universalgenie, an seine anatomischen Studien, seine Entdeckungen und Forschungen sowie an die weltberühmte „Mona Lisa“ im Louvre. Dass der Italiener aber auch als Schriftsteller tätig war, wissen die wenigsten. Dabei hat da Vinci seine Gedanken immer wieder in Fabeln und Sinnsprüchen zum Ausdruck gebracht. Die vorliegende Fabel mit dem Titel „Die Pflanze und der Pfahl“ ist zwar über 500 Jahre alt, doch ihre Moral ist noch immer aktuell.

Hauptteil

Die gleichnishafte Erzählung handelt von einer Pflanze, die sich von einem neben ihr stehenden Holzpfahl sowie von der sie umgebenden Dornenhecke gestört fühlt. Deshalb bittet sie beide, sich an einen anderen Standort zu begeben. Der Pfahl und die Dornenhecke ignorieren die Pflanze jedoch und bleiben an Ort und Stelle. Eine Eidechse, der die Unzufriedenheit der Pflanze auffällt, ergreift irgendwann das Wort und fragt das Gewächs, ob ihm nicht bewusst sei, dass es auf den Pfahl und die Hecke angewiesen ist. Der Pfahl sorge dafür, dass die Pflanze aufrecht stehen könne, während die Dornenhecke Gefahren von ihr abhalte. Statt über ihre Situation zu jammern, sollte die Pflanze also erkennen, wie wichtig Pfahl und Hecke für sie sind, und deren Gesellschaft wertschätzen.

Wie es für eine Fabel üblich ist, lässt ihre Aussage sich auch auf das menschliche Zusammenleben übertragen. Gerade als Jugendlicher fühlt man sich oft gestört von Eltern, Großeltern oder Lehrern, die einen vermeintlich einschränken und ungefragt Ratschläge erteilen. Es geht einem wie der bei da Vinci beschriebenen Pflanze: Als junger Mensch strebt man im übertragenen Sinn himmelwärts, man möchte frei sein, viel erleben und sich ausprobieren, ohne an die Konsequenzen zu denken. Es fühlt sich so an, als stünde einem die Welt offen, weil man jung, gesund und schön ist. Außerdem hält man sich für unabhängig und sehnt sich danach, auf eigenen Beinen zu stehen und auf niemanden hören zu müssen. Da ist nichts nerviger als Erwachsene, die einem Vorschriften machen, unangenehme Fragen stellen und einen an die vielen Pflichten erinnern, die man im Leben hat.

Jeder kennt sicher die Momente, in denen er gerne einfach nur in Ruhe gelassen werden will. Ich erinnere mich zum Beispiel daran, als ich zum ersten Mal einen Jungen aus meiner Klasse zu Besuch hatte, den ich wirklich gern mochte, was er aber nicht wusste. Doch was war die erste Frage, die meine Großmutter meinem Besuch stellte? Richtig, sie wollte wissen, ob wir jetzt fest zusammen seien. In diesem Moment ging es mir wie der Pflanze in der Fabel und ich wünschte mir meine Großmutter einfach nur weit weg.

Ähnlich ist es mit Lehrern oder Eltern, von deren Belehrungen man oft gelangweilt ist. Man findet es furchtbar, wenn die Eltern einem wohlmeinende Ratschläge geben, wie man sich auf der Jugendreise in den Sommerferien verhalten soll, oder wenn der Klassenlehrer vor einem Schulausflug strenge Verhaltensregeln aufstellt. Man fühlt sich dann bevormundet und nicht ernst genommen. Hat darauf nicht schon jeder von uns mit einem Stoßseufzer der Langeweile reagiert, genauso wie es die Pflanze gegenüber der Dornenhecke tut?

Wie in der Fabel ist es aber auch im echten Leben wichtig, dass einem ein außenstehender Dritter oder man sich selbst immer wieder klarmacht, was man eigentlich ohne die häufig beklagten Erwachsenen wäre. Statt über sie zu jammern, sollte man sich lieber vor Augen führen, was einem fehlen würde, wenn Eltern, Großeltern und Lehrer auf einmal nicht mehr da wären. So oft ich mich auch über meine Großmutter beschwere, würde ich doch ohne sie und ohne meine gesamte Familie einen wichtigen Rückhalt verlieren, der es mir überhaupt erst ermöglicht, dass ich mich im Kreise Gleichaltriger frei entfalten und die Welt entdecken kann. Und auch die Ratschläge meiner Eltern haben mir, wenn ich ehrlich bin, schon oft geholfen und mich beschützt. Zum Beispiel war meine Mutter mir vor meiner ersten Reise ohne Eltern immer damit in den Ohren gelegen, dass ich eine Zahnbürste im Handgepäck mitnehmen solle. Das kam mir zuerst überflüssig und spießig vor, als dann aber am Zielort unser Gepäck erst zwei Tage später geliefert wurde, war ich doch froh, mir gleich am ersten Abend mit meiner eigenen Zahnbürste die Zähne putzen zu können. Letztlich ist es ja irgendwie auch ein schönes Gefühl, wenn sich jemand um einen sorgt oder sich jemand für einen interessiert. Das gleiche gilt für Lehrer, ohne deren Förderung und Begleitung wir es viel schwerer hätten, uns im Leben und in der Gesellschaft zurechtzufinden.

Schluss

Aus der Fabel kann man also lernen, dass man sich nicht vorschnell etwas oder jemanden wegwünschen sollte, da man oft übersieht, wie wichtig die für verzichtbar gehaltenen Dinge oder Personen für das eigene Wohlergehen sind. Gerade die Eigenschaften an anderen, die einem störend oder langweilig erscheinen, sind es oft, die man braucht, um man selbst sein und sich weiterentwickeln zu können. Deshalb ist es gut, dass es Menschen gibt, die einem genauso beständig zur Seite stehen wie es der Holzpfahl und die Dornenhecke bei der Pflanze tun und die sich nicht vertreiben lassen. Im übertragenen Sinn kann da Vincis Fabel also als Plädoyer für ein respektvolles Zusammenleben mehrerer Generationen gelesen werden, bei dem keiner überflüssig, sondern jeder wichtig für die Zufriedenheit und das Wohlbefinden des anderen ist.

Aufgabe:
Verfassen Sie aus der Sicht Johannes' einen inneren Monolog.

Monika Seck-Agthe (geb. 1954): Mein Bruder hat grüne Haare

Gestern hat sich mein Bruder Johannes eine Haarsträhne grün färben lassen. Die restlichen Haare hat er mit Baby-Öl eingeschmiert, dann hat er sich ganz schwarz angezogen und sich so an den Kaffeetisch gesetzt. Mein Bruder ist fünfzehn und ich bin dreizehn. Er sagt, er sei jetzt ein Punk. Wenn ich ihn frage, was das ist, weiß er das selber nicht so genau. Jedenfalls gab's einen ziemlichen Krach, als er so vor der versammelten Familie erschienen ist. Meine Eltern haben sich noch nicht mal so aufgeregt, aber dann war da noch meine Tante Vera. Und die ist fast vom Stuhl gefallen, als der Johannes in dem Aufzug reingekommen ist.

„Bist du eigentlich übergeschnappt? Ihr seid ja wohl heute alle total verrückt geworden!" hat sie sich aufgeregt. Der Johannes ist ganz ruhig geblieben, hat einfach nichts gesagt und angefangen, Kuchen zu essen. Das hat meine Tante natürlich nur noch wütender gemacht. Sie fing richtig an zu kreischen: „Kannst du nicht wenigstens deinen Schnabel aufmachen, wenn man dich was fragt? Ich versteh euch aber auch nicht!" Sie funkelte meine Eltern an. „Lasst ihr die Kinder denn alles machen, was ihnen in den Kopf kommt?" Mein Vater sagte bloß: „Der Junge ist doch alt genug! Der muß schon wissen, was er tut." – „Alt genug? Fünfzehn Jahre ist der alt! Ein ganz grünes Bürschchen!" Als Tante Vera das Wort *grün* sagte, mußten wir alle auf die grüne Haarsträhne gucken und lachen. Nur eben Tante Vera, die mußte nicht lachen. Sie hat auch gar nicht kapiert, dass wir über die Haare gelacht haben, sondern dachte natürlich, wir lachen über sie, und ärgerte sich schrecklich. „Die wissen doch vor lauter Wohlstand nicht mehr, was sie noch machen sollen! Wißt ihr eigentlich, was wir mit fünfzehn gemacht haben? Mitten im Krieg! Wir sind bei Bauern betteln gegangen! Um ein paar Rüben! Weil wir gehungert haben!"

„Laß das doch, Vera! Die Kinder leben doch heute in einer ganz anderen Welt als wir damals." Meine Mutter stand auf und räumte die Kaffeetassen weg.

Aber Tante Vera war in Fahrt. „Im Luftschutzkeller haben wir gesessen! Und wußten nicht, ob wir da je wieder lebendig rauskommen! Und ihr färbt euch die Haare grün! Und schmiert euch Öl auf den Kopf! Guckt mal lieber in eure Schulbücher!"

„Hör doch bloß auf mit deinen blöden Kriegsgeschichten. Die hängen mir absolut zum Halse heraus, Mensch!" Johannes tat so, als müßte er auf seinen Teller kotzen. Dann sagte er noch: „Versuch doch einfach mal einigermaßen cool zu bleiben, Vera."

Das war zuviel für meine Tante. „Seit wann nennst du mich Vera? Bin ich irgendein Pipimädchen, das neben dir die Schulbank drückt! Das ist doch unerhört! Blöde Kriegsgeschichten hat er gesagt! Euch geht es doch einfach zu gut! Euch ist das doch gar nicht bewußt, was das heißt, in Frieden zu leben! Begreift ihr überhaupt, was das ist?"

Johannes tat wieder ganz cool. Aber ich hab gesehn, daß seine Hände ganz schön zitterten. Dann ist er aufgestanden und hat gesagt: „Vom Frieden hast du wohl selber nicht allzuviel kapiert. Sonst würdest du hier nämlich nicht so einen Tanz machen." Dann ging er einfach raus.

Tante Vera kriegte einen knallroten Kopf und fing an zu heulen. Mein Vater holte die Kognakflasche aus dem Schrank. Meine Mutter sagte zu mir: „Du, geh mal für'n Moment in dein Zimmer, ja?" Mir war alles plötzlich richtig peinlich. Im Flur hab ich Tante Vera

noch weiter heulen gehört. Die konnte kaum noch reden. „Wie wir damals gelitten haben! Und da sagt dieser Rotzlümmel ‚blöde Kriegsgeschichten'!"
Ich bin raufgegangen. Aus Johannes' Zimmer dröhnte knalllaute Musik. Mit einemmal hab ich eine Riesenwut gekriegt auf den, bin in sein Zimmer gerannt und hab gebrüllt: „Setz dir wenigstens deine Kopfhörer auf, wenn du schon so 'ne Scheißmusik hörst!"
Johannes hat mich groß angeguckt und gesagt: „Jetzt fängst du auch noch an auszurasten! Was ist hier überhaupt los? Der totale Krieg, oder was?"
Mir war's zu blöd, ich hab die Tür zugepfeffert und mich in mein Zimmer verzogen.
Abends im Bett mußte ich nochmals über alles nachdenken. Auch über das, was Tante Vera gesagt hatte. Über die Luftschutzkeller und daß sie Angst gehabt hat und so. Und daß sie meint, wir würden nicht begreifen, was das ist: Frieden. So richtig im Frieden leben wir, glaub ich, auch gar nicht. Aber natürlich auch nicht richtig im Krieg. Wir können schon eine Menge machen, was die damals nicht konnten. Und vieles, was die machen und aushalten mußten, das passiert uns eben nicht, daß wir zum Beispiel hungern müssen oder Angst haben, ob wir den nächsten Tag noch erleben. Da bin ich eigentlich auch unheimlich froh darüber. Aber trotzdem: bloß weil kein Krieg ist, ist noch lange kein richtiger Frieden. Dazu gehört, glaub ich, noch eine ganze Menge mehr.

Quelle: Monika Seck-Agthe: Mein Bruder hat grüne Haare. In: Wohlgemuth, Hildegard (Hrsg.): Frieden: Mehr als ein Wort. Gedichte und Geschichten. Rowohlt Taschenbuch Verlag GmbH, Reinbek bei Hamburg 1988, S. 141 ff.

Lösung

Hinweis: Ein innerer Monolog gibt die Gedanken und Gefühle einer Figur aus der Ich-Perspektive wieder. In dem vorliegenden Textauszug erfährst du schon einiges über Johannes, allerdings aus der Sicht seiner Schwester. Für deinen inneren Monolog musst du dich nun in Johannes hineinversetzen und überlegen, wie er die dargestellte Situation empfindet. Dabei kannst du selbst entscheiden, ob der Monolog das Geschehen am Kaffeetisch unmittelbar darstellt oder ob Johannes sich die Situation im Rückblick, als er bereits in seinem Zimmer ist, vergegenwärtigt. Auf folgende inhaltliche Fragen solltest du eingehen: Aus welchem Grund hat er sich die Haare gefärbt? Was denkt er über die Reaktion seiner Tante? Wie bewertet er das Handeln seiner Eltern und wie fühlt er sich während des Kaffeetrinkens und danach? Am besten liest du dir den Textauszug noch einmal gründlich durch und markierst dabei alle Stellen, die dir Aufschluss über Johannes geben. Du kannst deinen inneren Monolog zusätzlich durch Informationen ergänzen, die nicht im Text enthalten sind. Das bietet sich zum Beispiel an, um die Frage zu klären, warum Johannes sich die Haare gefärbt hat. Behalte dabei aber immer die Textvorlage im Auge. Achte auch darauf, die Sprache deines inneren Monologs an die von Johannes anzupassen. Du kannst z. B. gelegentlich umgangssprachliche oder flapsige Ausdrücke verwenden, um deinen Text authentisch werden zu lassen. Genauso kannst du auch Gedankensprünge einbauen oder ab und zu eine Frage stellen.

Analyse und Eingrenzung der Aufgabenstellung

Innerer Monolog: Darstellung der Gefühle und Gedanken einer Person; Ich-Perspektive; kein typischer Aufbau mit Einleitung und Schluss; Präsens; elliptische Sätze, möglich sind Gedankensprünge und Fragen an sich selbst

Johannes: ruhig, lässig, trotzig, in der Pubertät, will ein Punk sein, hat sich äußerlich verändert, abweisend zur Tante, wirkt nach außen hin gleichgültig, ist Auslöser für den Streit am Kaffeetisch, verzieht sich in sein Zimmer

Stichpunktartige Gliederung

Johannes sitzt nach dem Kaffeetrinken in seinem Zimmer und denkt über die Geschehnisse nach:
- vollkommenes Unverständnis über die Reaktion der Tante
- Bewunderung und Schwärmen Johannes' für ein älteres Mädchen als Anlass für die optische Veränderung
- Überzeugung, dass Veränderung positiv ist, und Verärgerung über die Tante
- Gedanken über Veras Ausführungen zum Krieg
- plötzlicher Wutausbruch wegen des überzogenen Verhaltens der Tante
- Verlassen des Wohnzimmers und Rückzug ins eigene Zimmer
- Zurechtweisung durch die Schwester, die ins Zimmer kommt
- erneutes Nachdenken über die Situation am Kaffeetisch und Veras Worte zum Krieg
- Einsicht, dass die eigene Reaktion übertrieben war, und Entschluss, sich bei Tante zu entschuldigen

Aufsatzbeispiel

Ja, ich habe mir die Haare grün gefärbt – na und? Was ist da schon groß dabei? Das sind Haare, die kann man färben oder abschneiden – die wachsen auch wieder. Eine Frisur ist schließlich nichts für die Ewigkeit. Deshalb versteh ich auch wirklich nicht, warum Tante Vera da so eine große Geschichte draus macht. Ist ja nicht so, dass ich mir ein Tattoo habe stechen lassen, das nie wieder weggeht. Und selbst wenn, das ist doch mein Körper, meine Frisur und mein Aussehen! Ich finde, die grüne Strähne sieht toll aus! Endlich sehe ich nicht mehr so brav und kindlich aus. Und ich wette, Nina gefällt's auch! Das hoffe ich zumindest. Ohhh, ich hoffe wirklich so sehr, dass ihr mein neuer Look gefällt. Oder dass er ihr zumindest auffällt. Das wäre schon ein Erfolg. Vielleicht lädt sie mich jetzt auch einmal ein, die Pause mit ihr und den anderen Punks zu verbringen. Immerhin passe ich äußerlich jetzt schon ganz gut zu der Gruppe. Und wenn ich erst mal in der Pause bei denen stehe, dann habe ich bestimmt auch die Gelegenheit, mit Nina zu sprechen. Zumindest könnte ich dann in ihrer Nähe sein und wer weiß, vielleicht ergibt sich daraus ja etwas.

In jedem Fall stehe ich dazu, dass ich mich äußerlich verändert habe. Und Mama und Papa haben ja auch nichts dagegen gesagt. Die Einzige, die sich aufführt, als wäre ein großes Unglück passiert, ist Tante Vera. Aber was habe ich erwartet, Vera war einfach schon immer spießig. Viel spießiger als Papa zum Beispiel. Der hat auch auf mein neues Aussehen richtig cool reagiert und mich sogar verteidigt. Und er hat recht, wenn er sagt, dass ich alt genug sei, um selbst über meinen Look zu entscheiden. Wer glaubt Vera eigentlich, dass sie ist, so über mich zu urteilen! Wenn ich darüber nachdenke, finde ich es absolut unfair, dass sie so über mich geschimpft hat. Ich sage ihr ja schließlich auch nicht, was sie anziehen soll!

Und dann war da noch diese Sache mit dem Krieg. Vera hat die ganze Zeit vom Krieg geredet und davon, wie schlecht es ihr als Kind doch ging. Da konnte ich mich dann einfach nicht mehr zurückhalten. Da ist es einfach aus mir rausgeplatzt und ich musste ihr sagen, wie sehr mich ihre ewigen Kriegsgeschichten nerven. Ich verstehe ja wirklich, dass sie eine harte Kindheit hatte und dass wir heute viele Freiheiten genießen, die während Veras Kindheit undenkbar gewesen wären. Aber das war nun mal eine andere Zeit. Und egal wie schlimm Veras Kindheit auch gewesen sein mag, die hat nun wirklich nichts mit mir oder meinen grünen Haaren zu tun! Wenn Vera das nur verstehen würde! Aber vielleicht hätte ich das lieber nicht so deutlich sagen sollen. Dann ist Tante Vera nämlich erst so richtig wütend geworden und wie sie da so schreiend vor mir stand, konnte ich dann nicht mehr ganz cool bleiben. Meine Hände haben richtig gezittert. Ich wollte aber auch nicht nachgeben. Ich war einfach immer noch so verärgert darüber, dass sich Vera so in meine Angelegenheiten eingemischt hat. Bevor die Situation eskalieren konnte, bin ich dann aber lieber schnell in mein Zimmer gerannt. Puhhh … hier hab ich erst mal meine Ruhe und muss mich nicht blöd anreden lassen. Und Vera beruhigt sich hoffentlich auch bald wieder.

Wer stört denn jetzt schon wieder? Meine Schwester! Muss die sich jetzt wirklich auch noch einmischen? Das ist doch unglaublich! Die sollte doch eigentlich auf meiner Seite stehen. Sie weiß doch auch, dass Tante Vera oft überreagiert und sowieso ständig nur vom Krieg redet. Oder bin tatsächlich ich das Problem? War ich zu hart zu Vera? Hätte ich so nicht mit ihr reden dürfen? Ich finde es lächerlich, dass Vera sich so aufregt, nur weil ich jetzt eine grüne Haarsträhne habe. Aber ich hätte sie vielleicht nicht so anfahren dürfen. Irgendwie stimmt es ja auch, was sie sagt: Ich habe wirklich keine Ahnung, wie die Generation meiner Tante aufgewachsen ist. Und so genau weiß ich eigentlich auch gar nicht, wie zum Beispiel so ein Luftschutzbunker aussieht, von dem Vera gesprochen hat. Die ganzen schlimmen Sachen, die sie erleben musste, kann ich mir gar nicht wirklich vorstellen. Und so lange ist das schließlich auch noch nicht her. Ich glaube, ich sollte mich bei Vera entschuldigen. Nicht für die grüne Strähne, aber dafür, dass ich sie so angeschnauzt habe. Vielleicht wäre es sogar interessant, wenn Tante Vera mal in Ruhe von früher erzählen würde. Sie hat damals bestimmt krasse Sachen gesehen. Und damit könnte ich ja dann vielleicht Nina beeindrucken … Ja, ich glaube, ich werde mich bei Vera entschuldigen und sie dann fragen, ob sie nicht ein paar Geschichten von damals erzählen kann. So könnte ich ihr auch zeigen, dass es mir nicht total egal ist, was während des Krieges passiert ist!

Aufgabe:
Interpretieren Sie das Gedicht.

Hermann Hesse (1877–1962): Stufen

Wie jede Blüte welkt und jede Jugend
Dem Alter weicht, blüht jede Lebensstufe,
Blüht jede Weisheit auch und jede Tugend
Zu ihrer Zeit und darf nicht ewig dauern.
Es muß das Herz bei jedem Lebensrufe
Bereit zum Abschied sein und Neubeginne,
Um sich in Tapferkeit und ohne Trauern
In andre, neue Bindungen zu geben.
Und jedem Anfang wohnt ein Zauber inne,
Der uns beschützt und der uns hilft, zu leben.

Wir sollen heiter Raum um Raum durchschreiten,
An keinem wie an einer Heimat hängen,
Der Weltgeist will nicht fesseln uns und engen,
Er will uns Stuf' um Stufe heben, weiten.
Kaum sind wir heimisch einem Lebenskreise
Und traulich eingewohnt, so droht Erschlaffen,
Nur wer bereit zu Aufbruch ist und Reise,
Mag lähmender Gewöhnung sich entraffen.

Es wird vielleicht auch noch die Todesstunde
Uns neuen Räumen jung entgegensenden,
Des Lebens Ruf an uns wird niemals enden …
Wohlan denn, Herz, nimm Abschied und gesunde!

Quelle: Hesse, Hermann: Stufen. In: Ders.: Stufen. Alte und neue Gedichte in Auswahl. Suhrkamp: Frankfurt am Main 1961.

Lösung

Hinweis: Die Aufgabenstellung verlangt von dir die Interpretation des Gedichts. Zu dessen Erscheinungsdatum werden keine Informationen genannt. Die Lebensdaten von Hermann Hesse geben dir aber einen ungefähren Hinweis auf die Entstehungszeit des Gedichts.
Das Verständnis des Textes wird dadurch erschwert, dass keine Handlung oder Geschichte erzählt wird, sondern vielmehr philosophische Gedanken wiedergegeben werden. Deshalb solltest du dir das Gedicht unbedingt mehrmals durchlesen. Versuche, den Gedankengang und die Argumentation des Sprechers nachzuvollziehen. Überlege dir dabei, in welchem Verhältnis die Form des Gedichts (Strophen, Reimschema, Versmaß etc.) zu dem Inhalt steht. Gehe dabei auch immer wieder auf die verwendete Sprache ein: Liegen Stilmittel vor? Welche Wirkung haben diese? Analysiere am besten Strophe für Strophe und stelle dir dabei immer wieder dieselben Fragen: Worum geht es im Text, was ist das Thema? Welche Botschaft will der Sprecher vermitteln? Wie entwickeln sich die Gedanken des Sprechers? Denke daran, deinen Aufsatz in Einleitung, Hauptteil und Schluss zu gliedern.

Stichpunktartige Gliederung

Einleitung
- Hinführung zum Thema: Bedürfnis jedes Menschen nach Veränderungen im Leben
- Angaben zu Autor, Titel und Hauptthema des Gedichts

Hauptteil

Form
- drei Strophen: 1. Strophe mit zehn Versen, 2. Strophe mit acht Versen, 3. Strophe mit vier Versen → stetige Verringerung der Versanzahl
- durchgehend weibliche Kadenzen
- Versmaß: jambisch angelegt mit jeweils fünf Hebungen

Strophe 1
Inhalt
- jede Lebensphase hat ihren Höhepunkt und muss vorübergehen
- der Mensch muss jederzeit für Neues bereit sein
- eine höhere Macht garantiert den Erfolg jeder Veränderung

Sprache und ihre Wirkung
- Vergleich „Wie jede Blüte“ (V. 1) → Gleichsetzen von Naturprozess und Menschenleben
- Metapher „Blüht jede Weisheit“ (V. 2) → Hervorhebung des Höhepunkts der Kraft
- Symbol „Herz“ (V. 5) → Betonung der emotionalen und fühlenden Seite des Menschen
- Metapher „Lebensrufe“ (V. 5) → Wert von Veränderungsmöglichkeiten
- Alliteration „in Tapferkeit und ohne Trauern“ (V. 7) → Verstärkung der Forderung

Strophe 2
Inhalt
- man darf in keiner Lebensphase zu lange verharren
- bei Verweigerung von Veränderung drohen Stillstand und Abstumpfung

Sprache und ihre Wirkung
- Alliteration „Heimat hängen“ (V. 12) → Betonung der Gefahr des Stillstands
- Metapher „Stufe“ (V. 14) → jede Veränderung ist eine Weiterentwicklung
- klangliche Ähnlichkeit „eingewohnt“ (V. 16), „Gewöhnung“ (V. 18) → Verstärkung der Warnung
- Personalpronomina „Wir“ (V. 11), „uns“ (V. 14) → Verstärkung des Gemeinschaftsgefühls

Strophe 3

Inhalt

- Möglichkeit eines Lebens nach dem Tod
- Aufruf an die eigene Person, Abschied zu nehmen

Sprache und ihre Wirkung

- „vielleicht" (V. 19) → Einschränkung der Gültigkeit der Aussage
- Futur „Des Lebens Ruf an uns wird niemals enden …" (V. 21) → Bekräftigung der Kernbotschaft des Gedichts
- Aufruf „Wohlan denn, Herz" (V. 22) → Erzeugen einer Aufbruchsstimmung
- Imperative „nimm Abschied und gesunde!" (V. 22) → Unterstreichen der Forderung nach Veränderung

Aussageabsicht

- Veränderung und Weiterentwicklung als Notwendigkeit des menschlichen Lebens
- Warnung vor der Gefahr des Verlusts von Lebensqualität bei Festhalten am gegenwärtigen Zustand
- Bereitschaft und Motivation des Menschen als Grundvoraussetzung für Verbesserungen

Schluss

- eigene Stellungnahme: Zustimmung zur Forderung von Hermann Hesse; Eingehen auf vielfältige Möglichkeiten, sich in heutiger Zeit weiterzuentwickeln; Warnung vor falschen Ratgebern, die mit dem Wunsch nach Verbesserung des Lebens Geschäfte machen

Aufsatzbeispiel

Einleitung

Wer von uns hat nicht manchmal den Wunsch, sein Leben komplett zu verändern? Es bieten sich oft günstige Gelegenheiten dafür, doch bringen wir nur selten den Mut auf, unsere Gemütlichkeit aufzugeben, Vertrautes hinter uns zu lassen und etwas vollkommen Neues zu wagen. Hermann Hesse thematisiert in seinem Gedicht *Stufen* die in seinen Augen notwendige Bereitschaft des Menschen, das Leben immer wieder und zu den jeweils richtigen Zeitpunkten neu auszurichten.

Hauptteil

Das Gedicht umfasst drei Strophen mit einer je unterschiedlichen Anzahl an Versen: Die erste Strophe hat zehn, die zweite acht und die dritte vier Verse. Das Gedicht läuft durch diese stetige Verringerung der Versanzahl auf einen inhaltlichen Höhepunkt in der dritten Strophe zu. Das Versmaß ist durchgehend jambisch mit fünf Hebungen und weist weibliche Kadenzen auf, was für einen gleichbleibenden, ruhigen Rhythmus sorgt: Die eindringliche Botschaft des Sprechers kann dadurch voll zur Geltung kommen. Auffällig sind die verschiedenen Reimschemata im Gedicht: Herrscht in der ersten Strophe ein Ineinander aus verschiedenen Reimen (abacbdcede), so folgen in der zweiten Strophe ein umarmender Reim und ein Kreuzreim (abbacdcd), die dritte Strophe enthält dann wieder einen umarmenden Reim (abba). Es scheint fast so, als wolle Hesse mit diesem Reim-Mix auch auf der gestalterischen Ebene beweisen, wie viele „neue Bindungen" (V. 8) im Leben möglich sind. Inhalt und Form des Gedichts stehen somit im Einklang.

Der Gedichttitel lässt den Leser im Unklaren darüber, wovon das Gedicht handelt. Dass die Stufen schließlich nur bildlich als Leitmetapher für die geforderte Weiterentwicklung des Menschen zu verstehen sind, wird dem Leser erst im Laufe des Gedichts klar. Einer speziellen

Gattung lässt sich das Gedicht *Stufen* nicht zuteilen: Es wird keine zusammenhängende Geschichte erzählt, vielmehr gibt ein Sprecher-Ich seine philosophischen Gedanken zum Leben wieder und vermittelt den Lesern eine Botschaft.

Die erste Strophe wird mit einem Vergleich eingeleitet, aus dem dann eine tiefgründige Lebenslehre hervorgeht. Das Blühen und Welken der Pflanzen wird der Jugend und dem Alter des Menschen gegenübergestellt (vgl. V. 1 f.). Dieses Naturgesetz gelte nicht nur für das Leben insgesamt, sondern auch für die unterschiedlichen Phasen in einem einzelnen Leben („blüht jede Lebensstufe", V. 2). So sei jede Lebensphase von eigenen Höhepunkten und von vorteilhaften Eigenschaften geprägt („jede Weisheit", „jede Tugend", V. 3). Die wiederholt eingesetzte Metapher des Blühens drückt dabei den Zeitraum der maximalen persönlichen Entfaltung des Menschen aus. Allerdings ist die Dauer von gelungenen Abschnitten in einem Leben beschränkt („zu ihrer Zeit und darf nicht ewig dauern", V. 4) und es werden ständige Veränderungen und neue Anreize notwendig, um zu erneuter Blüte gelangen zu können.

Im fünften Vers wird vom „Herz" gesprochen, das nicht vor „Abschied" und „Neubeginne" zurückschrecken soll (V. 5 f.). Mit „Herz" ist symbolisch die emotionale und moralische Seite des Menschen gemeint, die im Gegensatz zum berechnenden Vorgehen des Verstandes möglicherweise eher zu einem Neuanfang bereit ist. Das „muß" (V. 5) verdeutlicht, dass hier von einer Art Gesetz die Rede ist. Die Metapher vom „Lebensrufe" (V. 5) zeigt, dass das Leben in Form von Aufforderungen und Chancen Anreize bietet, die den Menschen gewissermaßen anlocken und zu sich herbeirufen. Der Mensch müsse dafür nur genau hinhören. Die doch sehr strenge Forderung, jeder Abschied solle „in Tapferkeit und ohne Trauern" (V. 7) stattfinden, wird durch die Alliteration der beiden hart klingenden t-Laute unterstützt. Das Ziel seien „andre, neue Bindungen" (V. 8), ohne dass der Sprecher erläutert, was er genau damit meint: Er lässt es wohl bewusst offen, ob er sich auf einen neuen Wohnort, einen neuen Beruf oder etwa eine neue Partnerschaft bezieht. Durch diese Offenheit kann er möglichst viele Leser ansprechen. Die letzten beiden Verse der ersten Strophe betonen den Vorteil jedes Neuanfangs. Ein beschützender und helfender Zauber (vgl. V. 9 f.) garantiere jedem Menschen, der etwas Neues wagt, Sicherheit und Erfolg. Mit dem Hinweis auf diese fantastische Macht will der Sprecher dem Leser wohl die Angst vor Veränderungen nehmen. Durch das Pronomen „uns" (V. 10) erzeugt er ein Zusammengehörigkeitsgefühl und schließt eine Gemeinschaft mit den Lesern des Gedichts.

Mit den in der zweiten Strophe angesprochenen Räumen (vgl. V. 11) bezieht sich der Sprecher wieder auf die verschiedenen Lebensphasen, die man wie die Räume eines Hauses durchqueren muss. Der Mensch soll nirgends Heimatgefühle entwickeln (vgl. V. 12), da diese den notwendigen Neuanfängen im Wege stehen. Die h-Laute in der Alliteration „Heimat hängen" (V. 12) bilden die Gefahr des Hängenbleibens in der vertrauten Lebenssituation auch sprachlich ab. Wer sich nicht verändert, sei – natürlich nur im übertragenen Sinne – gefesselt und eingeengt (vgl. V. 13) und das widerspreche dem Plan des Weltgeistes; ob der Sprecher damit einen Gott oder das Schicksal meint, wird nicht weiter erklärt. Der „Weltgeist" ist aber ähnlich wie der „Zauber" (V. 9) etwas Übernatürliches, das den Leser beruhigen und ihm vermitteln soll, dass die ständige Veränderung unter dem Schutz höherer Mächte steht. Im 14. Vers wird der Gedichttitel wieder aufgegriffen, wenn das Erklimmen verschiedener „Stufen" als Ziel des menschlichen Lebens dargestellt wird. Diese Metapher von den menschlichen Lebensphasen als Stufen macht noch einmal deutlich, dass der Sprecher mit jeder Veränderung einen Aufstieg und eine Verbesserung verbindet.

Der zweite Teil dieser Strophe rückt zum ersten Mal die Gefahren in den Mittelpunkt, die drohen, wenn man zu lange in einem Lebensabschnitt verharrt. Alles, was sich „heimisch" und „traulich" (V. 15 f.) anfühlt, ist hinderlich für den Aufstieg und für die Verbesserung des Lebens. Vor allem die Gewohnheit ist dabei der größte Feind, was auch durch die klangliche Ähnlichkeit von „eingewohnt" (V. 16) mit „Gewöhnung" (V. 18) betont wird; sie sorgt für „Erschlaffen" (V. 16) und Lähmung (vgl. V. 18). Dagegen helfen „Aufbruch" und „Reise" (V. 17).

Wer also zuhause bleibt und aus Bequemlichkeit immer dasselbe tut, schöpft die Möglichkeiten des Lebens nicht aus. Weil der Sprecher in dieser Strophe mehrmals von „wir“ (V. 11, 15) und „uns“ (V. 13, 14) redet, fühlt man sich als Leser von seinen Warnungen und Belehrungen ganz besonders angesprochen.

Die wesentlich kürzere dritte Strophe stellt einen besonderen Höhepunkt des Gedichts dar, weil sie sich einem möglichen Leben nach dem Tod widmet. Bei diesem Thema ist sich der Sprecher seiner Aussagen aber nicht mehr so sicher (vgl. „vielleicht“, V. 19) wie in den vorangegangenen Strophen (vgl. „muß“, V. 5; „sollen“, V. 11). Seine Botschaft, dass Veränderung immer Verbesserung bedeute, dehnt er auf die Zeit nach dem Tod aus, wodurch diese Strophe einen hoffnungsvollen Ton erhält. Im Tod werden die Menschen wieder „jung“ (V. 20) sein und auch dort „neue Räume“ (V. 20, vgl. V. 11) entdecken. Wieder bleibt der Sprecher bei seinem Entwurf eines Lebens nach dem Tod bewusst uneindeutig, um die Fantasie aller Leser zu aktivieren.

Der vorletzte Vers fasst die Botschaft an die Leser nochmals im Futur zusammen: „Des Lebens Ruf an uns wird niemals enden …“ (V. 21). Dabei meint die Metapher „Lebens Ruf“, die in variierter Form bereits im fünften Vers aufgetaucht ist, die verschiedenen Möglichkeiten und Gelegenheiten, die sich dem Menschen immer wieder bieten. Der letzte Vers ist ein Aufruf des Sprechers an sich selbst, eine Aufforderung zum Handeln: „Wohlan denn, Herz, nimm Abschied und gesunde!“ (V. 22) Wieder bezieht sich der Sprecher auf das „Herz“ (vgl. V. 5) und formuliert zwei Imperative, die noch einmal die Grundaussage des ganzen Gedichts enthalten: die Verbindung von Veränderung und Verbesserung. Mit der Formulierung „gesunde“ deutet er indirekt an, dass nicht nur „Erschlaffen“ (V. 16) droht, wenn die Chance auf Veränderung nicht rechtzeitig wahrgenommen wird, sondern auch Krankheit oder vielleicht sogar der Tod.

Schluss

Hermann Hesse führt dem Leser eindringlich vor Augen, dass man jederzeit bereit sein sollte, sein Leben zu verändern. Vor allem durch Vergleiche mit Prozessen in der Natur und durch den Einsatz von eindrucksvollen Metaphern und Sprachbildern gelingt es ihm, diese Ansicht als unumstößliches und gottgewolltes Naturgesetz darzustellen. Wer diesem Gesetz nicht folge, dem seien geistige Abstumpfung, Unglück und Stillstand gewiss. Man kann als Leser der Botschaft des Gedichts zustimmen: Es bieten sich in der heutigen vernetzten und globalisierten Welt viele Möglichkeiten, sich etwa durch Reisen, Bildung, einen Job- oder Wohnortswechsel oder durch berufliche Fortbildung weiterzuentwickeln. Die Chance, sein Leben selbst zu gestalten, war für die Mehrheit der Menschen auf dieser Welt noch nie so groß wie im 21. Jahrhundert. In Ratgeberbüchern aller Art wird die Botschaft Hesses wiederholt, dass der Mensch jederzeit flexibel und wachsam sein müsse, um den perfekten Moment z. B. für einen Karrieresprung nicht zu verpassen. Eigenschaften wie Bequemlichkeit oder Heimatverbundenheit können einem in unserer schnelllebigen Zeit dann durchaus als Nachteil ausgelegt werden. Doch gibt es auch – z. B. in der Werbung und der Politik – viele trügerische Lockrufe und vermeintlich gut gemeinte Ratschläge, die mit dem Versprechen eines besseren Lebens bewusst spielen, um die Leute zu einer schnellen (Kauf)Entscheidung zu verleiten. Sie können sich als inhaltsleer, als Lüge oder sogar als Gefahr herausstellen. Bei jeder kleinen und großen Entscheidung bedarf es deshalb der Vorsicht und der Überlegung. In dieser Hinsicht können sich Gelassenheit und eine gewisse Skepsis hohlen Versprechungen gegenüber sogar als förderlich erweisen.

Realschulabschluss Deutsch in Thüringen: Prüfungsaufgaben 2018
Aufgabe 1

Aufgabe:

1.1 Jeder Jugendliche kann heutzutage vielfältige Lebenserfahrungen im Ausland sammeln – gute und weniger gute.

Erstellen Sie eine Übersicht für Jugendliche.
Entnehmen Sie dafür dem Wortkoffer (Abb. 1) insgesamt 10 Begriffe, die für bzw. gegen einen Auslandsaufenthalt sprechen.
Begründen Sie in Ihrer Übersicht die Zuordnung für jeden einzelnen Begriff in Satzform.
Sie können auch die Textausschnitte (M 1 – M 3) nutzen.

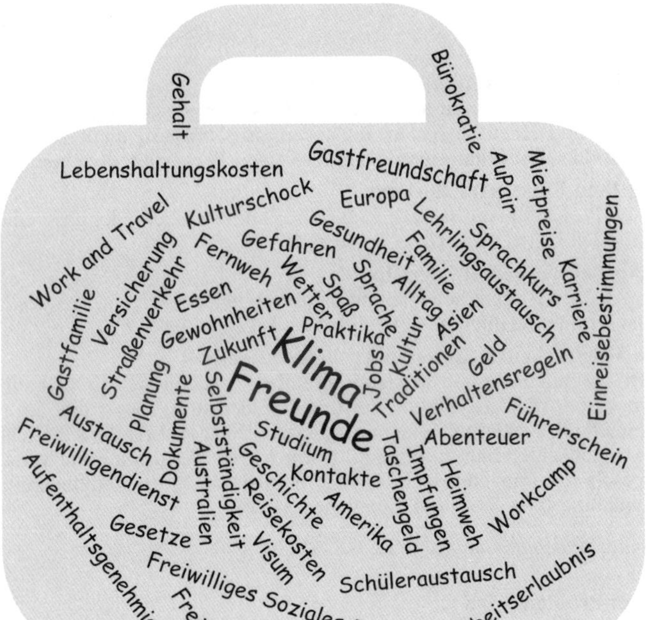

Abb. 1: Wortkoffer

1.2 Wäre ein längerer Aufenthalt im Ausland etwas für Sie?
Erörtern Sie diese Frage. Sie können Ihre Ergebnisse aus Aufgabe 1.1 einbeziehen.

M 1: Auslandsaufenthalte weltweit

Du hast Fernweh? Du träumst von fremden Ländern, von Sandstränden, Urwäldern oder hohen Bergen? Du willst in andere Kulturen eintauchen und unterschiedliche Menschen kennenlernen? Dann auf in deinen Auslandsaufenthalt! Wie wäre es z. B. mit Work and Travel in Australien, Neuseeland oder Kanada? Oder lieber ein Auslandsjahr in den USA? Auch *Süd*amerika bietet dir in Sachen Auslandsaufenthalt vielfältige Möglichkeiten – Argentinien, Chile und Peru sind hier beliebte Ziele. Vielleicht möchtest du aber gar nicht so weit weg von zu Hause und am liebsten in Europa bleiben?! Aupair in Frankreich, Hotelarbeit in England, Farmarbeit in Irland und Jobben in Spanien sind nur einige Beispiele für vielfältige Auslandsaufenthaltsmöglichkeiten innerhalb Europas. Darüber hinaus kannst du auch einen Auslandsaufenthalt in Asien oder Afrika absolvieren. Diese beiden Kontinente bieten vor allem im Bereich der Freiwilligenarbeit eine Fülle an Angeboten für eine Auslandszeit. Doch egal, wohin es dich zieht, ein Auslandsaufenthalt ist immer eine wichtige und unvergessliche Erfahrung!

Quelle: http://www.auslandsaufenthalt.org (11. 07. 2017)

M 2:

Work and Travel: Jobben und Reisen im Ausland
[…] Dabei reist du im Land herum und nimmst verschiedene Jobs an, um deine Reisekasse aufzufüllen und einen besonders intensiven Auslandsaufenthalt zu erleben. Work & Travel kannst du selbst organisieren oder über einen Veranstalter buchen.

Freiwilligenarbeit: Dein Einsatz im Ausland
[…] In verschiedenen Projekten kannst du dich dabei z. B. im sozialen oder gesundheitlichen Bereich oder für den Umweltschutz engagieren.

Farmarbeit: Auslandsaufenthalt auf dem Land
[…] Farmarbeit im Ausland ist eine beliebte und naturverbundene Art, ein fremdes Land kennenzulernen, und wird zum Glück in vielen Ländern angeboten.

andere spannende Möglichkeiten für einen Auslandsaufenthalt
[…] Wenn du z. B. als Schüler einen Auslandsaufenthalt machen willst, steht dir ein Schüleraustausch bzw. ein Auslandsjahr zur Verfügung. Oder du möchtest dich im Ausland speziell im Bereich der Kinderbetreuung engagieren? Dann hast du die Möglichkeit, als Aupair einen Auslandsaufenthalt zu erleben. Natürlich werden auch viele verschiedene Arten von Sprachreisen angeboten. Studenten nutzen häufig die Möglichkeit, ein Auslandssemester während ihres Studiums einzulegen. […]

Quelle: http://www.auslandsaufenthalt.org (11. 07. 2017)

M 3: wenn der Spaß zum Problem wird

Wer sich Hals über Kopf in einen längeren Auslandsaufenthalt stürzt, wird bald feststellen, dass er oder sie auf einige Probleme treffen kann. Das liegt zum Beispiel an bestimmten Vorschriften der unterschiedlichen Länder, an den fehlenden finanziellen Mitteln oder eben auch an der Kultur, die eigentlich kennengelernt werden sollte. Werden sich aber im Vorfeld Gedanken gemacht und die entsprechenden Informationen eingeholt, sollten viele der im Folgenden angesprochenen Probleme gar nicht oder nur bedingt auftreten.

1. Finanzierung
Ein Auslandsaufenthalt ist teuer. Selbst wenn es sich dabei um eine Work and Travel Reise handelt: Der Flug oder die sonstige Anreise muss erst einmal finanziert sein. Außer-

dem sollte ein kleiner finanzieller Puffer für die Anfangszeit auf jeden Fall vorhanden sein, um im Notfall auch das Ticket nach Hause zahlen zu können. Es gilt also zu überlegen, ob sich eine Reise dieser Art überhaupt geleistet werden kann. Es gibt allerdings verschiedene Stellen, bei denen ein finanzieller Zuschuss beantragt werden kann. Austauschschüler können beispielsweise vom Staat ein Auslands-BAföG erhalten. Auch ein Auslandsstipendium kann eine Finanzierungsmöglichkeit darstellen.

2. Formalitäten

Ein wichtiger Punkt, der oftmals nicht ausführlich genug in die Planung eines Auslandsaufenthaltes eingeht, sind die zu beachtenden Formalitäten. Das beginnt bei den Einreisebestimmungen und endet bei dem Versicherungsschutz. [...]

Antworten auf die meisten Fragen erhält der Reisende beim Auswärtigen Amt, vor allem was länderspezifische Eigenheiten und Einreisebestimmungen anbelangt. [...]

3. sprachliche Probleme

Viele wollen im Ausland nicht nur eine andere Kultur kennenlernen, sondern auch eine fremde Sprache erlernen. Jedoch kann diese fremde Sprache auch schnell zu einer Barriere werden, nämlich dann, wenn noch keinerlei Vorkenntnisse herrschen. In den meisten Ländern kann zwar auch mit Englischkenntnissen weitergekommen werden, jedoch wird der Reisende dann wohl doch nicht von jedem verstanden und kann sich recht bald einsam fühlen, wenn aufgrund der fehlenden Sprachkenntnisse kein Anschluss an Einheimische gefunden werden kann. Empfehlenswert ist es daher auf jeden Fall, zu Hause zumindest noch einen Grundkurs der entsprechenden Sprache zu machen – dann lernt sich der Rest vor Ort auch viel leichter.

4. Kulturschock

So sehr es auch der ursprüngliche Wunsch gewesen sein könnte, eine fremde Kultur kennenzulernen, so groß kann dennoch der Kulturschock sein. Sicherlich ist derjenige, der sich entschließt, eine Weile im Ausland zu leben, offen für Neues, doch wenn so viel Neues auf einen einprasselt, kann das schnell zu viel werden. Das beginnt schon beim Essen: Es wird kaum irgendwo so gut schmecken wie bei Muttern, auch gibt es in fremden Ländern manchmal Spezialitäten, vor denen es den meisten Westeuropäern graust. Auch die Mentalität der Bevölkerung ist oftmals ganz anders als in der Heimat, sodass – abgesehen von einer möglichen Sprachbarriere – auch noch unterschiedliche Ansichten hinzukommen und einen möglichen Anschluss erschweren. Eine fremde Religion kann dabei auch einen gewissen Kulturschock auslösen und wenn dann auch noch die Unterkunft nicht dem gewohnten Standard entspricht, dann ist nicht nur der Kulturschock groß, sondern auch das Heimweh. Was kann dagegen getan werden? Vor Ort nicht mehr allzu viel, daher sollte sich im Vorfeld darüber informiert werden, was genau für eine andere Kultur zu erwarten ist [...].

Quelle: https://reisebuch.de/travel_news/aktuell (11. 07. 2017)

Hinweis:

Beide Teilaufgaben 1.1 und 1.2 sind zu bearbeiten und gehen folgendermaßen in die Bewertung ein:

1.1: 25 % und

1.2: 75 %

Lösung

Teilaufgabe 1.1

Hinweis: Lies dir zunächst die Begriffe aus dem Wortkoffer und die Materialien M 1 bis M 3 durch. Markiere im Wortkoffer anschließend die Begriffe, mit denen du persönliche Erfahrungen verbindest oder die du als besonders negativ bzw. positiv im Zusammenhang mit Auslandsaufenthalten einstufst. Insgesamt sollst du zehn Begriffe aus dem Koffer notieren – wie viele davon für und wie viele gegen einen Auslandsaufenthalt sprechen, ist dir überlassen. Erstelle nun eine Übersicht. Dazu kannst du z. B. eine Tabelle anlegen oder die Punkte untereinander aufschreiben. Wichtig ist, dass die Darstellung übersichtlich und gut strukturiert ist. Denke daran, dass du für jeden Begriff in einem Satz erklären musst, warum er für bzw. gegen einen Auslandsaufenthalt spricht. Dazu kannst du dich auf eigene Erfahrungen beziehen aber auch die Informationen aus M 1 bis M 3 nutzen.

Pro Auslandsaufenthalt

- **Gastfamilie**
  Es ist eine bereichernde Erfahrung, den Alltag in einer anderen Familie im Ausland miterleben zu dürfen.
- **Spaß**
  Es macht großen Spaß, die Kultur und die Menschen eines fremden Landes kennenzulernen und in eine andere Lebensweise einzutauchen.
- **Karriere**
  Durch das Vorweisen eines Auslandsaufenthalts kann man seine Chancen und Möglichkeiten in vielen Berufen heutzutage deutlich erhöhen.
- **Austausch**
  Bei einem Aufenthalt im Ausland kann man sich intensiv mit Menschen aus anderen Ländern austauschen und so mögliche Vorurteile abbauen.
- **Selbstständigkeit**
  Durch einen Auslandsaufenthalt lernen Jugendliche frühzeitig, Verantwortung zu übernehmen und selbstständig zu handeln.
- **Sprache**
  Ein längerer Aufenthalt im Ausland erleichtert das Erlernen der Landessprache erheblich.

Kontra Auslandsaufenthalt

- **Familie**
  Für viele Jugendliche ist es schwer, sich für eine längere Zeit von Familie und Freunden zu trennen.
- **Reisekosten**
  Bei einem Auslandsaufenthalt fallen hohe Kosten an, z. B. für Flug, Unterkunft und Visum.
- **Kulturschock**
  Die neuen Erfahrungen im Ausland können gerade am Anfang zu viel werden, sodass man von Essen, Sprache und Kultur des Ziellands komplett überfordert ist.
- **Bürokratie**
  Bei der Organisation eines längeren Auslandsaufenthalts fallen viele zeitaufwändige bürokratische Aufgaben an, wie etwa die Beantragung eines Visums oder einer Auslandskrankenversicherung.

Teilaufgabe 1.2

Hinweis: Es wird von dir verlangt, eine Erörterung zu schreiben, die sich mit der Frage beschäftigt, ob ein längerer Auslandsaufenthalt etwas für dich wäre oder nicht. Ganz konkret bedeutet das, dass du Vor- und Nachteile von Auslandsaufenthalten abwägen musst, um am Ende für dich ganz persönlich eine Entscheidung treffen zu können. Durch die Bearbeitung von Aufgabe 1.1 hast du bereits vorgearbeitet. Die Gründe, die du hier notiert hast, darfst du in deiner Erörterung aufgreifen. Denke daran, dass du jede Behauptung durch eine ausführliche Begründung belegen und mit einem Beispiel veranschaulichen musst. Damit dir das gelingt, bietet es sich an, eine Stoffsammlung anzulegen, in der du deine Gedanken zum Thema stichpunktartig notierst und strukturierst. Die Anordnung der Argumente spielt eine entscheidende Rolle: Stelle die Argumente, die deine Meinung stützen, in die zweite Hälfte des Hauptteils und ordne sie so an, dass das überzeugendste Argument ganz am Ende steht. Wichtig ist, dass du im Schlussteil die Frage aus der Aufgabenstellung noch einmal aufgreifst und dich entscheidest, ob du einem längeren Auslandsaufenthalt offen gegenüberstehst oder nicht.

Analyse der Aufgabenstellung
- kontroverse Erörterung: Vor- und Nachteile eines längeren Auslandsaufenthalts
- abschließende Beantwortung der Fragestellung: Wäre ein längerer Auslandsaufenthalt etwas für mich?

Stichpunktartige Gliederung

Einleitung
- Hinführen zum Thema: viele Möglichkeiten für Auslandsaufenthalte von Jugendlichen
- Aufzeigen der zu erörternden Fragestellung

Hauptteil
Pro-Kontra-Argumentation:
- gegnerische Position (Argumente nach abfallender Wichtigkeit)
  1. Überforderung durch fremde Eindrücke
  2. hohe Reisekosten
  3. großer bürokratischer Aufwand
- eigene Position (Argumente nach aufsteigender Wichtigkeit)
  3. kultureller Austausch zum Abbau von Vorurteilen
  2. schnelles Erlernen der Landessprache
  1. Förderung der Selbstständigkeit

Schluss
- Fazit: Entscheidung für/gegen den Auslandsaufenthalt ist typabhängig und muss von jedem Jugendlichen individuell getroffen werden.
- Entscheidung: Für mich persönlich kommt ein Auslandsaufenthalt infrage.

Aufsatzbeispiel

Einleitung

Ob im Rahmen einer Sprachreise, eines Lehrlingsaustauschs oder als Aupair – wenn junge Leute heutzutage eine längere Zeit im Ausland leben möchten, haben sie vielzählige Möglichkeiten. So ist es nicht verwunderlich, dass immer mehr Jugendliche sich dafür entscheiden, die Heimat für einige Monate zu verlassen, um Erfahrungen im Ausland zu sammeln. Neben dem Spaß an der Sache steht dabei mehr und mehr auch der Gedanke an die eigene Zukunft im Fokus, denn viele Arbeitgeber begrüßen es inzwischen sehr, wenn ein Bewerber Auslandserfahrung vorweisen kann. Die Zahl derjenigen, die als Jugendliche für längere Zeit ins Ausland gehen, ist jedoch noch relativ gering. Viele fürchten, dass dieser Schritt auch zu negativen Erfahrungen führt. Ist also ein längerer Aufenthalt in einem fremden Land tatsächlich positiv zu bewerten oder überwiegen nicht doch die Nachteile? Diese Frage soll im Folgenden erörtert werden, sodass ich anschließend für mich ganz persönlich entscheiden kann, ob ich einem Auslandsaufenthalt offen gegenüberstehe oder nicht.

Hauptteil

Viele junge Menschen, die ihre ersten Auslandserfahrungen machen, sind von den neuen Erfahrungen und Eindrücken zunächst überfordert. Das ungewöhnliche Essen, eine unvertraute Sprache oder die Konfrontation mit einem anderen Lebensstandard – es gibt viel Neues, das in den ersten Tagen und Wochen geballt auf sie einwirkt. Dadurch, dass sie bislang hauptsächlich mit der europäischen Kultur und Lebensweise in Berührung gekommen sind, ist es für die jungen Leute ungewohnt, sich in einem ganz anderen Kulturkreis zu bewegen. Das kann schnell zu Überforderung und schließlich zu einem regelrechten Kulturschock führen. Gerade was die Essgewohnheiten und den Hygienestandard angeht, unterscheiden sich viele Länder sehr von dem, was man aus der Heimat kennt. So gehört es in südlicheren Ländern zu den Gepflogenheiten, erst spät abends die Hauptmahlzeit einzunehmen. Wer an späte Essenszeiten nicht gewohnt ist, wird sich damit schwertun. Unruhiger Schlaf und eine Abnahme des Wohlbefindens können die Folge sein. Manchen Jugendlichen bereitet diese Umstellung Schwierigkeiten und es kann zu Überforderung kommen. Durch das damit verbundene Heimweh wird für manche der Auslandsaufenthalt mehr zur Qual als zum Vergnügen.

Zudem muss bedacht werden, dass ein Aufenthalt im Ausland mit nicht zu unterschätzenden Kosten verbunden ist. Das beginnt bereits bei der Organisation der Reise, denn für Visum und Auslandskrankenversicherung fallen Gebühren an, die noch vor Reiseantritt bezahlt werden müssen. Hinzu kommen die Flugkosten und – je nachdem, für welche Art des Auslandsaufenthalts man sich entscheidet – zusätzliche Ausgaben für Unterkunft, Verpflegung und Ausflüge innerhalb des Landes. Natürlich gibt es auch die Möglichkeit im Ausland zu arbeiten, z. B. mithilfe eines „Work-and-Travel"-Visums. So kann zumindest ein Teil der Ausgaben gedeckt werden. Nichtsdestotrotz werden auch in diesem Fall die Kosten die Einnahmen übersteigen. Alles in allem ist ein Auslandsaufenthalt grundsätzlich mit einem hohen finanziellen Aufwand verbunden, weshalb man sich gut überlegen sollte, ob man sich den Aufenthalt wirklich leisten kann und will.

Des Weiteren müssen bei einem Auslandsaufenthalt große bürokratische Hürden überwunden werden. Das liegt daran, dass nahezu jedes Land strenge Regularien hat, was die Einreisebestimmungen und die Aufenthaltsgenehmigung betrifft. Es ist also dringend erforderlich, sich bereits im Vorfeld der Reise gut zu informieren und alle notwendigen Formulare auszufüllen. Das ist zum einen sehr zeitaufwendig, zum anderen nicht immer leicht, etwa wenn auf den offiziellen Webseiten der Länder keine aktuellen Informationen zu finden sind. Beispielsweise ist es nicht ungewöhnlich, dass zwischen Beantragung und Erhalt eines Reisepasses eine geraume Zeit vergeht. Bis dann das gewünschte Visum im Pass klebt, ziehen häufig noch einmal einige Wochen ins Land. Wer für längere Zeit ins Ausland geht, muss sich über diese bürokratischen Hürden im Klaren sein und sich viel Zeit für die Reiseplanung nehmen.

Den hier aufgeführten Nachteilen stehen jedoch auch viele Vorteile gegenüber. Ein besonders positiver Aspekt im Zusammenhang mit Auslandsaufenthalten ist der kulturelle Austausch, der dadurch entsteht, und wesentlich zum Abbau von Vorurteilen unter den verschiedenen Nationen beiträgt. Wenn man in einem anderen Land lebt und sich mit dessen Menschen, Kultur und Geschichte beschäftigt, entwickelt man ein tieferes Verständnis für Land und Leute. Im Gegenzug wird durch jeden Deutschen, der sich im Ausland aufhält, auch ein Stück deutscher Kultur und Lebensweise in die Welt getragen. Durch den so entstehenden Austausch unter den verschiedenen Nationen werden nicht nur Vorurteile abgebaut, sondern es wächst auch gleichzeitig das Verständnis für die Probleme und Sorgen des anderen. Im Rahmen von Schüleraustausch-Programmen erhalten Jugendliche zum Beispiel die Möglichkeit, einige Wochen oder Monate in einer Gastfamilie im Ausland zu leben und die Kultur des Gastlandes ganz intensiv kennenzulernen. Egal, ob es um die Essgewohnheiten, das Familienleben oder die Ausübung der Religion geht – der Austauschschüler ist für einen bestimmten Zeitraum ein Teil der Familie und erfährt nach und nach, durch welche kulturellen Besonderheiten das Land geprägt ist. Der so entstehende Austausch ist ein Gewinn für beide Seiten.

Ein weiterer entscheidender Vorteil eines Auslandsaufenthalts ist das schnelle Erlernen der Landessprache durch den permanenten Kontakt zu Einheimischen. Jugendliche, die sich für einen Auslandsaufenthalt entscheiden, kommen automatisch mit den Bewohnern des Landes und deren Sprache in Berührung. Sei es beim täglichen Einkauf, dem Besuch im Restaurant oder der Party am Abend, sie werden die Fremdsprache ständig im Ohr haben und dadurch schnell ihren Wortschatz erweitern. So können z. B. Schüler, die bereits seit einigen Jahren in der Schule Englisch lernen, durch einen längeren Aufenthalt in einem englischsprachigen Land nicht nur ihr Sprachniveau im Hinblick auf die Grammatik verbessern, sondern auch ihre Aussprache perfektionieren. Besonders effektiv ist das, wenn sie mit Einheimischen zusammenwohnen, da die Fremdsprache so durch den täglichen Austausch mit den Mitbewohnern ständig eingesetzt wird.

Nicht zuletzt ist zu betonen, dass ein längerer Auslandsaufenthalt die Selbstständigkeit von Jugendlichen und jungen Erwachsenen ganz entscheidend fördert. Während sich zu Hause meist noch die Eltern um Organisatorisches gekümmert haben, sind Jugendliche spätestens bei ihrem Aufenthalt im Ausland ganz auf sich allein gestellt. Es gilt, sich in einer neuen Umgebung zurechtzufinden und unvorhergesehene Probleme eigenständig zu lösen. So gibt es eine Vielzahl an Situationen, mit denen Jugendliche bislang vielleicht noch nicht konfrontiert waren. Das beginnt bei der Wohnungssuche im Ausland, der Einschreibung an der Universität oder der Überwindung bürokratischer Hindernisse, wie etwa der Anmeldung bei den Behörden. Auch wenn die Jugendlichen bei vielen Auslandsprogrammen bei Aufgaben dieser Art von einer Organisation unterstützt werden, wird es immer wieder zu Situationen kommen, in denen die jungen Erwachsenen ihre Selbstständigkeit unter Beweis stellen müssen und sei es nur, wenn sie auf der Suche nach dem nächsten Postamt oder der richtigen Buslinie sind.

Schluss

Es bleibt festzuhalten, dass ein Auslandsaufenthalt zu einem kulturellen Austausch führt und viele positive Auswirkungen auf die Persönlichkeitsentwicklung Jugendlicher hat. Dennoch kann sich nicht jeder eine Auszeit im Ausland leisten und für manch einen ist es mehr Qual als Vergnügen, bürokratische Hürden zu überwinden, sich an ein neues Umfeld gewöhnen zu müssen und weit entfernt von allem Vertrauten zu leben. Nach der Abwägung von Vor- und Nachteilen muss letztlich jeder für sich selbst entscheiden, ob ein längerer Aufenthalt im Ausland für ihn infrage kommt oder nicht. Meiner Meinung nach überwiegen jedoch die Vorteile, da man sein ganzes Leben lang von einem Auslandsaufenthalt profitieren kann, während die negativen Seiten doch meist nur zeitlich begrenzt sind. Ich persönlich freue mich darauf, bald bei einem Auslandsaufenthalt in eine neue Kultur eintauchen zu dürfen. Es reizt mich ganz besonders, mein gewohntes Umfeld zu verlassen und mich selbstständig und unabhängig auf ein Abenteuer im Ausland einzulassen.

Aufgabe:

Nicht immer ist eine Liebesbeziehung einfach. Auch heute stehen junge Leute in der Liebe vor Problemen und Hindernissen.

Schreiben Sie eine Erzählung, der ein Liebeskonflikt in der Gegenwart zu Grunde liegt. Lassen Sie sich dazu von den Zitaten aus Literatur und Musik anregen.

„Du ein'ge Lieb' aus großem Haß entbrannt!
Ich sah zu früh, den ich zu spät erkannt.
Oh, Wunderwerk, ich fühle mich getrieben,
den ärgsten Feind aufs zärtlichste zu lieben."

Shakespeare, W: Romeo und Julia
(Julia: 1. Aufzug/5. Szene)

„Ich fühl es wohl, daß mich der Herr nur schont,
Herab sich läßt, mich zu beschämen. […]
Ich weiß zu gut, daß solch erfahrnen Mann
Mein arm Gespräch nicht unterhalten kann."

Goethe, J. W: Faust I (Margarete: Szene Garten)

„[…] Der hat's immer noch auf sie abgeseh'n
und ich sagte: Geh' doch allein. […]
Es brennt so wie beim ersten Mal – Feuerpfeile überall.
Ich sterb' hier vor Höllenqual – Eifersucht ist Marterpfahl!"

Text: Dieter Dehm, © Edition Musikan GmbH, Bleicherode

„Du hast mich tausendmal belogen
Du hast mich tausendmal verletzt
Ich bin mit dir so hoch geflogen
Doch der Himmel war besetzt"

Text: Andrea Berg / Irma Holder, © Roemer Sound, Köln;
Hanseatic Musikverlag GmbH & Co.KG, Hamburg

Lösung

Hinweis: Bei dieser Aufgabe kannst du deine Fantasie spielen lassen, solltest aber auch in der Lage sein, deine Gedanken sinnvoll zu strukturieren. Du wirst hier aufgefordert, eine Erzählung zu schreiben, die von einem Liebeskonflikt in der Gegenwart handelt. Du hast also viele verschiedene Möglichkeiten, da es so viele Liebeskonflikte wie Liebesbeziehungen gibt. Du musst dich dabei nicht zwingend auf eigene Erfahrungen stützen, sondern kannst dich von Büchern, Filmen oder Songtexten inspirieren lassen. Eine kleine Auswahl an Zitaten, die als Ideengeber fungieren können, ist dir vorgegeben. Dabei bist du nicht verpflichtet, dich an allen Zitaten zu orientieren. Wähle also einzelne aus, die dir besonders viel sagen oder dich auf eine spannende Idee bringen. Achte dabei darauf, den gewählten Liebeskonflikt realistisch und für den Leser ansprechend zu gestalten, ohne aber zu emotional zu werden und den roten Faden deiner Erzählung aus den Augen zu verlieren. Am besten überlegst du dir vorher, wie du den Liebeskonflikt darstellen willst, indem du dir einen Schreibplan machst. Dann musst du dich bei der Ausarbeitung nur noch daran entlanghangeln und kannst dich ansonsten darauf konzentrieren, anschaulich und lebendig zu formulieren. Gib deiner Erzählung eine passende Überschrift, die den Leser neugierig macht und ihn dazu bringt, deine Geschichte lesen zu wollen.

Analyse und Eingrenzung der Aufgabenstellung

Angeregt von verschiedenen Zitaten aus Literatur und Musik eine Erzählung über einen Liebeskonflikt in der Gegenwart schreiben

Stichpunktartige Stoffsammlung und Gliederung

Einleitung

zugrundeliegender Liebeskonflikt: junges Mädchen verliebt sich in einen erfahrenen jungen Mann, der mit ihren Gefühlen spielt und sie hintergeht

Hauptteil

- Beginn mit Rückblick auf erste Begegnung: Mädchen verliebt sich
- scheinbare Erwiderung der Gefühle durch den jungen Mann
- heutiger Blick auf Scheitern der Beziehung, da junger Mann das Mädchen betrogen und belogen hat

Schluss

Erkenntnis von Schönheit und Schmerzhaftigkeit einer (unerwiderten) Liebe

Aufsatzbeispiel

Der besetzte Himmel

Einlcitung

Bis in alle Ewigkeit würde sie sich erinnern, wie es passiert war. Nicht nur, weil der Tag mit roten Herzstickern in ihrem Tagebuch markiert war, sondern weil die erste Begegnung mit „ihm" sie wie der Blitz getroffen hatte. Schon frühmorgens hatte der Tag anders begonnen als normal, da sie den Bus verpasst hatte und zu Fuß zur Schule gehen musste. Worüber sie sich zuerst geärgert hatte, stellte sich im Nachhinein als Glücksfall heraus, denn als sie abgehetzt am Schultor angekommen war, stand dort „er" – der schönste und begehrenswerteste Junge, den sie je gesehen hatte! Wobei Junge eigentlich nicht die richtige Bezeichnung für ihn war. Im Gegensatz zu den Milchbubis aus ihrer Klasse hatte er schon einen Bart, rauchte lässig eine Zigarette und statt einer Schultasche hatte er sich nur einen Freizeitrucksack über die

Schulter geworfen. Wie konnte es nur sein, dass sie ihn vorher noch nie wahrgenommen hatte? Und jetzt lief sie ganz alleine auf diesen Traumtypen zu. Und schien es nicht so, als würde er sie mit seinen dunklen Augen genau fixieren und vielleicht sogar auf sie warten? Das hatte sie sich zwar beim Näherkommen doch nur eingebildet, das Gefühl, das er in ihr auslöste, war aber vollkommen echt. Als sie möglichst cool an ihm vorbeigeschlendert war – nicht, ohne sich vorher noch einmal über die vom Rennen ganz verschwitzte Stirn gestrichen zu haben – kribbelte es in ihrer Magengegend und sie wäre am liebsten stehengeblieben und hätte die Hand nach ihm ausgestreckt.

Hauptteil

Die zwei Stunden bis zur ersten Pause erschienen ihr wie eine Ewigkeit und sie wurde zweimal von der strengen Stimme ihrer Lehrerin aus ihren Tagträumen gerissen. Da endlich – der erlösende Gong der Pausenglocke! Statt wie sonst direkt auf den Schulkiosk zuzusteuern, um noch ein Wurstbrötchen abzubekommen, ließ sie das Essen diesmal völlig links liegen und ihren suchenden Blick über die Grüppchen von Schülern schweifen. Da, stand er da nicht in einer Ecke der Aula? Nein, ihr Gehirn hatte ihr einen Streich gespielt und es war der Kapitän der Basketballmannschaft, mit dem sie ihn verwechselt hatte. Die Suche ging also weiter, irgendwo musste er doch sein. „Hey, Laura, jetzt warte doch mal! Wo willst du denn hin?", vernahm sie plötzlich die Stimme ihrer besten Freundin. Ihr wurde bewusst, dass sie die ganze Zeit wie ferngesteuert durch die Gänge der Schule gelaufen war, ohne nach rechts und links zu schauen. Vielleicht war es Zeit, Tessa in ihr Geheimnis einzuweihen. Also zog sie ihre verdutzte Freundin in die Mädchentoilette und erzählte ihr von ihrer neuen Entdeckung. Tessa sagte eine ganze Zeit lang kein Wort, sondern schaute ihr nur mit leicht besorgter, sehr ernster Miene ins Gesicht. Dann schien sie ihre Stimme wiedergefunden zu haben: „Du weißt schon, dass das der Typ ist, der von seiner alten Schule geflogen ist, weil er eine Waffe mit in den Unterricht gebracht hat? Außerdem ist er schon 21 und damit viel zu alt für dich! Was meinst du, was deine Eltern sagen würden, wenn du mit so jemandem aufkreuzt? Vorausgesetzt, er würde sich überhaupt für dich interessieren …" Am liebsten hätte sie sich die Ohren zugehalten oder Tessas Redestrom einfach abgewürgt. An ihre Eltern wollte sie in diesem Moment überhaupt nicht denken. Schließlich war es doch nur „er", der für sie zählte. Der Gong, der das Ende der Pause ankündigte, riss sie aus ihren Gedanken und sie war zum ersten Mal froh, dass eine Unterhaltung mit Tessa unterbrochen wurde. Als sie die Tür öffnete, um die Mädchentoilette zu verlassen, fiel ihr Blick quer durch die Pausenhalle direkt auf „ihn" und sie blieb wie hypnotisiert stehen. Obwohl sich bestimmt hundert Schüler zwischen ihnen befanden, sah sie, wie ihr Gegenüber, den dunklen Blick fest auf sie gerichtet, den Arm genau so an die Stirn hob, wie sie es morgens am Schultor getan hatte, um sich den Schweiß von der Stirn zu wischen. Er hatte sie bemerkt und jetzt wiedererkannt, jubilierte sie innerlich. Als Tessa sie mit sich zur nächsten Stunde zog, schwebte sie fast ins Klassenzimmer und fühlte sich wie auf Wolken. Sie war nicht zu jung für ihn und er interessierte sich für sie, was er ihr durch das Nachahmen ihrer Geste deutlich gezeigt hatte. Noch nie in ihrem Leben hatte sie sich so glücklich und aufgeregt gefühlt.

Das war mittlerweile zwei Monate her und sie konnte kaum glauben, wie sich seitdem alles geändert hatte. Wenn sie heute in die Schule kam, vermied sie es, sich zu genau im Pausenhof umzusehen, aus Angst, „ihn" mit „ihr" zu entdecken. Sie traf sich jeden Morgen vor Betreten des Schulgeländes mit Tessa, um ihm bloß nicht alleine zu begegnen. Diese Demütigung würde sie nicht ertragen. Es war schlimm genug, zu wissen, dass er jetzt mit der schönen, schlanken Oberstufensprecherin lachte, wie er vor wenigen Wochen mit ihr gelacht hatte, ihr Komplimente machte und ihr Geheimnisse ins Ohr flüsterte. Das musste sie nicht auch noch mit eigenen Augen sehen. Am Ende machten sie sich sogar über sie lustig, die arme, kleine, unerfahrene Neuntklässlerin, die tatsächlich geglaubt hatte, ein 21-Jähriger könnte sich ernsthaft für sie interessieren. Und ja, sie hatte es geglaubt und sich eine Zeit lang wirklich erwachsen, attraktiv und wichtig gefühlt. So verliebt war sie gewesen, dass sie ihm vertraut hatte und alles für ihn getan hätte. Sogar vor ihren Eltern hatte sie ihn in Schutz genommen und beteuert, dass er sich gebessert habe und sie bei ihm sicher sei. Bis zu dem Tag, an dem sie ihn morgens beim Aussteigen aus dem Bus mit „ihr“ erblickt hatte. Zuerst hatte sie geglaubt, ihr Gehirn spiele ihr einen Streich, als sie seine Hand mit der von Patricia verschlungen gesehen hatte, doch als er der anderen zum Abschied einen innigen Kuss gegeben hatte, gab es nichts mehr misszuverstehen. Und es war ja nicht so, als hätte sie es nicht die ganze Zeit schon bemerkt. Wie seine Gedanken immer abschweiften, wenn sie ihm etwas erzählte, wie er ständig auf sein Handy schaute und sie sogar zweimal versetzt hatte. Aber dann hatte er ihr immer wieder versichert, sie zu lieben und zu brauchen, sodass sie jegliche Alarmzeichen sofort verdrängt hatte. Und doch waren seine Liebesschwüre am Ende alle nur gelogen und während er behauptet hatte, sie sei die Einzige für ihn, hatte er sich längst schon mit Patricia getroffen, die 19, sportlich, hübsch und erfolgreich war. Wie diese Gedanken sie quälten und wie Feuer in ihr brannten! Da half es auch wenig, dass ihre Eltern immer sagten, „Die Zeit heilt alle Wunden“, und betonten, sie habe ihr ganzes Leben noch vor sich und irgendwann würde der Richtige kommen, der besser zu ihr passe. Dabei war sie sicher, sich nie mehr so verlieben zu können wie in ihn, auch wenn er sie so verletzt hatte, wie noch niemand zuvor.

Schluss

Aber so ist sie wohl, die Liebe, von der immer alle reden, die in Liedern besungen und in Büchern beschrieben wird – unendlich schön und schmerzhaft zugleich, vor allem, wenn der Himmel schon besetzt ist.

Realschulabschluss Deutsch in Thüringen: Prüfungsaufgaben 2018
Aufgabe 3

Aufgabe:
Thüringen entdecken

Thüringen hat viele schöne Seiten zu bieten. Entdecken Sie die schönsten mit uns.

In einer Broschüre sollen die Leser neugierig gemacht werden auf Thüringen, auf lebendige Traditionen und regionale Besonderheiten, denkwürdige Orte, atemberaubende Landschaften, kulturelle oder sportliche Höhepunkte.

Verfassen Sie für diese Broschüre einen zusammenhängenden Text mit passender Überschrift, in dem Sie die Leser zum Entdecken Thüringens einladen.
Wählen Sie maximal drei Beispiele aus und stellen Sie diese ausführlich vor.

Lösung

Hinweis: Bei der vorliegenden Aufgabe musst du sowohl deine Kenntnisse zu Thüringen unter Beweis stellen als auch kreativ sein. Du wirst aufgefordert, für eine Broschüre einen Text zu verfassen, der die Leser dazu einlädt, Thüringen zu entdecken. Überlege also vor dem Schreiben, was Thüringen besonders attraktiv macht. Bestimmt fällt dir viel ein, was dir an deinem Bundesland gefällt und was du anderen Menschen empfehlen würdest. Allerdings verlangt die Aufgabenstellung von dir, dich auf maximal drei Beispiele zu beschränken und diese dafür ausführlich darzustellen. Du musst aus der Fülle deiner Ideen also sinnvoll zwei bis drei Aspekte auswählen. Achte dabei darauf, dass deine Wahl sich nicht nur auf einen Bereich beschränkt, der nicht unbedingt für jeden gleichermaßen von Interesse ist. Lieber solltest du ganz unterschiedliche Themen ansprechen, damit für jeden Leser etwas Passendes dabei ist. Trotzdem ist es gut, wenn du Regionen, Orte oder Unternehmungen auswählst, mit denen du dich gut auskennst. Schließlich sollst du diese nicht nur kurz nennen, sondern detailliert beschreiben, warum sie einen Besuch wert sind. Da dein Text den Leser neugierig machen soll, ist es wichtig, adressatenorientiert zu schreiben. Dies machst du, indem du den Rezipienten immer wieder direkt ansprichst und auf eine lebendige und anschauliche Darstellung achtest. Dabei darfst du wie in der Werbung ruhig etwas übertreiben und sehr positiv formulieren, schließlich willst du den Leser ja für einen Thüringenbesuch gewinnen. Vergiss nicht, deinem Aufsatz auch eine ansprechende Überschrift zu geben, die gleich zum Weiterlesen animiert.

Analyse und Eingrenzung der Aufgabenstellung
Einen zusammenhängenden Text mit Überschrift für eine Reisebroschüre verfassen, der den Leser dazu einlädt, Thüringen zu entdecken; dabei Auswahl von drei Beispielen aus den Bereichen Traditionen, regionale Besonderheiten, Orte, Landschaften, Kultur und Sport, die ausführlich vorgestellt werden; auf Adressatenorientierung achten

Stichpunktartige Stoffsammlung und Gliederung

Einleitung
Hinführung zum Thema über Thüringens wahrscheinlich berühmteste Bewohner, Goethe und Schiller, und die Ankündigung, dass es in dem Bundesland noch mehr zu entdecken gibt

Hauptteil
- Vorstellung der landschaftlichen Schönheit Thüringens am Beispiel des Thüringer Walds
- Präsentation von Thüringen als Land vielfältiger Sportveranstaltungen am Beispiel von Oberhof
- Darstellung der kulturellen Höhepunkte Thüringens am Beispiel Weimars

Schluss
Erneuter Appell, Thüringen, das für jeden Geschmack etwas zu bieten hat, zu besuchen

Aufsatzbeispiel

Auf Goethes und Schillers Spuren und darüber hinaus – Thüringen mit allen Sinnen entdecken

Einleitung

Auch wenn die Dichterfürsten Goethe und Schiller die wahrscheinlich berühmtesten (Wahl-) Thüringer sind und den Besucher bereits an der Autobahn auf großflächigen Schildern willkommen heißen, ist Thüringens literarische Tradition nur eines von zahlreichen Highlights unseres kleinen, aber feinen Bundeslands. Egal, wofür Sie sich interessieren, im Land der Dichter und Denker ist für jeden etwas geboten und es gibt jede Menge zu entdecken.

Hauptteil

Wie wäre es zum Beispiel mit einem Besuch im Thüringer Wald, der grünen Lunge Deutschlands? Dieser bietet mit seiner herrlich ursprünglichen Natur nicht nur für stressgeplagte Städter zu jeder Jahreszeit einen hohen Erholungswert. Im Frühling, Sommer und Herbst lassen sich dort tolle Rad- und Wandertouren unternehmen und im Winter ist er ein Eldorado für Skisportfans. Dabei sorgt seine Mittelgebirgslage für anspruchsvolle Steigungen und atemberaubende Ausblicke auf die umliegende Landschaft. Schon Goethe wusste, dass es sich auf den Naturpfaden des Thüringer Walds herrlich wandern lässt. Sobald man einmal selbst einen der zahlreichen Gipfel erklommen hat und den Blick über die weite Landschaft hat schweifen lassen, versteht man, welche Inspiration die unberührte Natur für den Dichter gewesen sein muss. Natur und Kultur sind in Thüringen also nie weit voneinander entfernt, was den Reiz dieses einzigartigen Naturraums ausmacht. So befindet sich mit dem Rennsteig der älteste und bekannteste deutsche Fernwanderweg im Süden Thüringens, um den sich zahlreiche Mythen ranken. Erkunden Sie diesen zu Fuß, mit dem Mountainbike oder im Winter mit Skiern! Was gibt es Schöneres, als bei klirrender Kälte und strahlendem Sonnenschein im glitzernden Schnee durch den tiefverschneiten, romantischen Winterwald zu gleiten? Und am Ende jeder anstrengenden Tour wartet dann die Einkehr in einem der zahlreichen gemütlichen Wirtshäuser auf Sie, in denen Sie sich von den kulinarischen Köstlichkeiten Thüringens verwöhnen lassen können. Läuft Ihnen schon das Wasser im Mund zusammen? Dann packen Sie am besten gleich Wanderstiefel, Rucksack oder Skiausrüstung ein und los geht es mit einem ermutigenden „Gut Runst!“, dem traditionellen Rennsteiggruß, der dem Wanderer hier immer wieder entgegenschallt.

Sie sind weniger aktiv und genießen sportliche Höchstleistungen lieber als Zuschauer? Auch dann ist Thüringen ein Paradies für Sie! Unsere Profisportveranstaltungen sind legendär und weit über die Grenzen des Landes hinaus bekannt. So kommt im Winter jährlich die Biathlon-Weltelite in Oberhof zusammen und misst sich auf anspruchsvollen Wettkampfstrecken, die durch den Thüringer Wald führen und in der Skiarena des Ortes enden. Wer einmal Teil eines solchen Rennens gewesen ist, den zieht es immer wieder nach Oberhof. Schließlich kann man die Sportler hier hautnah erleben, sie anfeuern und vom Start bis zum Ziel bei spannenden Wettkämpfen mitfiebern, ohne sich selbst anstrengen zu müssen. Doch Biathlon ist bei Weitem nicht die einzige Sportart, die sich in Thüringen auf Weltniveau erleben lässt. Sogar eine so außergewöhnliche Disziplin wie Skispringen lässt hier die Herzen von Wintersportfans höherschlagen. Mit einer Thüringer Rostbratwurst in der einen und einer Fahne zum Anfeuern in der anderen Hand kann man ganz entspannt beobachten, wie die Adler der Lüfte über der begeisterten Menge zu Boden gleiten. Das ist auch für die kleinsten Familienmitglieder ein Spektakel, sodass Thüringen für jede Altersgruppe etwas zu bieten hat.

Wem der Sinn weniger nach Sport, sondern mehr nach Kultur steht, der ist in Thüringen genauso richtig. Nicht umsonst ist Weimar als Hauptstadt der deutschen Klassik, der es sogar ihren Namen gegeben hat, weltberühmt. Das idyllische Juwel liegt in der Mitte Deutschlands und bietet wie keine andere Stadt der Welt die Möglichkeit, auf den Spuren Goethes und Schillers zu wandeln. So kann man hier die liebevoll restaurierten Wohnhäuser der beiden Dichter besuchen und sich in die Zeit zurückversetzen, als so berühmte Werke wie Goethes „Faust“ oder Schillers Balladen und Dramen entstanden sind. Ein kurzer Spaziergang durch den verträumten Ilmpark führt außerdem zu Goethes Gartenhäuschen, in dem die Zeit stehengeblieben zu sein scheint. An all diesen Orten erfahren auch Goethe-und-Schiller-Experten noch etwas Neues über Leben und Werk der beiden größten deutschen Dichter. Beide haben in der sogenannten Fürstengruft in Weimar ihre letzte Ruhestätte gefunden, deren Besuch einen bleibenden Eindruck von der herausgehobenen Bedeutung der Literaten vermittelt. Doch Weimar hat noch mehr zu bieten als Goethe und Schiller! Eine Zeitreise in die Vergangenheit erlaubt auch der Besuch des Weimarer Stadtschlosses, in dem der interessierte Besucher vor Ort in die Geschichte der Stadt eintauchen kann. Außerdem lebten und wirkten Komponisten wie Franz Liszt und Johann Sebastian Bach in der Stadt, was bis heute seine Spuren dort hinterlassen hat. Warum besuchen Sie nicht ein Konzert im Deutschen Nationaltheater, wo natürlich auch heute noch die Stücke von Goethe und Schiller aufgeführt werden? Haben Sie also Lust auf eine Begegnung mit der literarischen, musikalischen und kunsthistorischen Vergangenheit Deutschlands, dann machen Sie sich gleich auf den Weg in die Kulturstadt Weimar und erfahren Sie selbst, was es heißt, wenn Vergangenheit, Gegenwart und Zukunft sich verbinden!

Schluss

Ganz Thüringen hat viele schöne Seiten zu bieten und ist immer eine Reise wert. Egal, ob Sie einen kurzen Städtetrip, ein Naturabenteuer, einen sportlichen Aktivurlaub, ein Entspannungswochenende oder eine Mischung aus allem planen, in Thüringen ist für jeden Geschmack etwas dabei. Also „uff geht's“ nach Thüringen, wo Zukunft Tradition hat!

Realschulabschluss Deutsch in Thüringen: Prüfungsaufgaben 2018
Aufgabe 4

Aufgabe:

Vergleichen Sie die beiden Gedichte anhand geeigneter Kriterien, z. B. Inhalt, Form, Sprache, Wirkung.

Heinrich Heine (1797–1856)

Ich weiß nicht, was soll es bedeuten,
Daß ich so traurig bin;
Ein Märchen aus alten Zeiten,
Das kommt mir nicht aus dem Sinn.

Die Luft ist kühl und es dunkelt,
Und ruhig fließt der Rhein;
Der Gipfel des Berges funkelt
Im Abendsonnenschein.

Die schönste Jungfrau sitzet
Dort oben wunderbar,
Ihr goldnes Geschmeide blitzet,
Sie kämmt ihr goldenes Haar.

Sie kämmt es mit goldenem Kamme,
Und singt ein Lied dabei;
Das hat eine wundersame,
Gewaltige Melodei.

Den Schiffer im kleinen Schiffe
Ergreift es mit wildem Weh;
Er schaut nicht die Felsenriffe,
Er schaut nur hinauf in die Höh'.

Ich glaube, die Wellen verschlingen
Am Ende Schiffer und Kahn;
Und das hat mit ihrem Singen
Die Lorelei getan.

Quelle: Heine, Heinrich: Buch der Lieder.
Aufbau Verlag, Berlin und Weimar 1980,
S. 103f. (1824)

Alfons Pillach (geb. 1950): Die Loreley

Die Loreley saß auf dem Felsen,
sie ließ das Herz der Schiffer schmelzen,
die sehnsuchtsvoll zu ihr geblickt,
sie hat sie auf den Grund geschickt,
denn sie zerschellten, die Idioten,
mit ihren Schiffen, Kähnen, Booten
an einem Felsen dort im Rhein;
wie war die Loreley gemein.
Kein Schiffer konnte ihr entwischen,
sie ruhn im Rhein jetzt bei den Fischen.
Dort stapeln sich ihre Gebeine
und stören manche Angelleine.

(2016)

http://gedichte.xbib.de/Pillach%2C+Alfons_gedicht_Die+Loreley.htm (19. 10. 2017)

Lösung

Aufgrund der ungleichen Länge der beiden Texte ist es sinnvoll, zunähst das recht lange Gedicht Heinrich Heines einer eingehenden Analyse zu unterziehen, bevor das zweite, relativ kurze Gedicht von Alfons Pillach betrachtet wird. Der eigentliche Vergleich kann direkt mit der Behandlung des zweiten Gedichts erfolgen. Welche Aspekte du bei dem Vergleich berücksichtigen kannst, wird dir durch die Aufgabenstellung bereits nahegelegt (Inhalt, Form, Sprache, Wirkung). Wichtig ist, dass du sowohl Gemeinsamkeiten als auch Unterschiede klar benennst und durch passende Zitate belegst. Achte darauf, deine Feststellungen zu Form und Sprache nicht bloß aufzulisten, sondern auch in Beziehung zum Inhalt beider Gedichte zu setzen.

Stichpunktartige Gliederung

Einleitung
– verhängnisvolle Frauen als Thema in der Mythologie und Literatur

Hauptteil

Analyse von Gedicht 1

Form
– sechs Strophen zu je vier Versen
– Kreuzreim
– jambische und daktylische Verse mit drei Hebungen, fließender Rhythmus
– weibliche und männliche Kadenzen im Wechsel

Strophen
Inhalt
– lyrisches Ich als Erzähler einer tragischen und märchenhaften Begebenheit (1. Strophe)
– Abendstimmung im Rheintal (2. Strophe): auf einem Berggipfel sitzende Jungfrau, die ihr Haar kämmt (3. Strophe) und dabei singt (4. Strophe)
– Unachtsamkeit eines Schiffers, der hinauf zur Jungfrau blickt (5. Strophe)
– Vermutung des lyrischen Ich zum Tod des Schiffers (6. Strophe)

Sprache und ihre Wirkung
- Einordnung des Geschehens als „Märchen“ (V. 3) → Verklärung der Handlung
- Reihung kurzer, durch „und“ verbundener Hauptsätze (V. 5 f.) → Nachahmen des ruhigen Dahinfließens des Rheins
- Häufung tiefer Vokale (vgl. V. 5 f.) → lautmalerische Kennzeichnung der Blickrichtung (nach unten ins Tal)
- Kontrastierung: Tiefe des Rheintals vs. „Gipfel“ (V. 7); Dunkelheit im Tal (vgl. V. 5) vs. „Abendsonnenschein“ (V. 8) auf dem Gipfel → Hervorhebung der Dynamik des Geschehens durch Gegensätze
- Gebrauch des Superlativs „die [S]chönste“ (V. 9); Wiederholung des Adjektivs „golden“ (vgl. V. 11 ff.) → Herausstellen der majestätischen Erscheinung des Frauenwesens
- Verwendung altertümlicher Begriffe („sitzet“, V. 9; „Geschmeide“, V. 11; „blitzet“, V. 11; „Kamme“, V. 13; „Melodei“, V. 16) → Eindruck vergangener Zeiten vermitteln
- Anapher „Er schaut“ (V. 19 f.) → Ausdruck für den gefesselten Blick
- Personifikation der Wellen als Ungeheuer (vgl. V. 21 f.) → Betonung des grausamen Endes

Aussageabsicht
- Untergang des Schiffers als tragisches Geschehen, das lange in die Vergangenheit zurückreicht
- Aufgreifen des Themas in äußerst kunstvoller und harmonischer Form (Rahmen- und Binnenhandlung, konzentrische Anordnung der Strophen, stimmige rhetorische Mittel)

Vergleich mit Gedicht 2

Inhaltlicher Vergleich

Gemeinsamkeit
- Aufgreifen des Lorelei-Mythos
- Tod des Schiffers (bzw. der Schiffer) durch Zerschellen des Bootes am Felsen

Unterschiede
- nicht ein, sondern mehrere Schiffer
- keine Dramatisierung der Handlung
- Dämonisierung der Frauenfigur

Vergleich in Bezug auf die Form

Gemeinsamkeit
- Strophen in gebundener Form (Reim)

Unterschiede
- lediglich eine Strophe bestehend aus zwölf Versen
- kein Kreuz-, sondern Paarreim
- 4-hebiger Jambus; kein fließender Rhythmus, sondern eher „ratternder“ Ton

Vergleich in Bezug auf Sprache und Wirkung

Unterschiede
- eher wenige rhetorische Mittel → Annäherung an einen Erzähltext
- Wiedergabe der Handlung im Präteritum → berichtender Stil des Gedichts
- kaum Adjektive, stattdessen Dominanz von Verben → Fokus auf das Geschehen an sich unter Verzicht auf Schilderung einer bestimmten Atmosphäre

Schluss
- Text von Alfons Pillach als Parodie auf das Gedicht Heinrich Heines

Einleitung

Frauen, die Männern zum Verhängnis werden – dieses Thema zieht sich durch die Kulturgeschichte. Während in der griechischen Mythologie Sirenen vorbeiziehende Seefahrer ins Verderben stürzen, bereiten in der Dichtung des Mittelalters höfische Damen den Minnesängern schlaflose Nächte. In der Neuzeit setzen die Dichter Heinrich Heine und Alfons Pillach diese Tradition fort, indem sie den Mythos von der schönen Lorelei am Rhein in ihren Gedichten verarbeiten, wenn auch auf ganz unterschiedliche Weise.

Hauptteil

Heinrich Heines bekanntes Gedicht über die Lorelei erschien im Jahre 1824 ohne Titel im „Buch der Lieder". Auf balladeske Weise wird erzählt, wie ein Schiffer vom Anblick einer wunderschönen, auf einem Felsen sitzenden Jungfrau so in den Bann gezogen wird, dass er nicht auf die Riffe im Rhein achtet und – so vermutet das lyrische Ich – im Fluss ertrinkt.

In sechs Strophen, die jeweils vier Verse umfassen, wird entfaltet, wie es zu dem Unglück kommt. Dabei bilden die einzelnen Strophen, die durch einen Kreuzreim verbunden sind, jeweils eine in sich geschlossene Einheit. Das Auf und Ab der jambischen und daktylischen Verse mit jeweils drei Hebungen, spiegelt die Wellenbewegung des dahinfließenden Wassers wider. Zu dieser Wirkung trägt auch der fließende Rhythmus, der durch wechselnde Kadenzen erzeugt wird (1. und 3. Vers weiblich, 2. und 4. Vers männlich), bei.

In der ersten Strophe meldet sich ein lyrisches Ich zu Wort, das als Erzähler „[e]in Märchen aus alten Zeiten" (V. 3) vortragen will. Damit wird nahegelegt, die nachfolgende Geschichte von der Jungfrau am Rhein stamme aus mythologischer Vorzeit. Die damit einhergehende Verklärung der Handlung wird auch dadurch erzeugt, dass das lyrische Ich in Bezug auf das „Märchen" (V. 3) unsicher zu sein behauptet, wenn es eingangs einräumt: „Ich weiß nicht, was soll es bedeuten / Daß ich so traurig bin." (V. 1 f.)

In der zweiten Strophe beginnt das lyrische Ich, das eigentliche Geschehen wiederzugeben, indem es dessen Schauplatz genauer beschreibt, nämlich den Rhein, der in abendlicher Stimmung ruhig dahinfließt. Die kurzen Hauptsätze des fünften und sechsten Verses sind jeweils durch „und" verbunden, wodurch ein ununterbrochener Lesefluss ermöglicht wird. Dieser entspricht dem gleichmäßigen Strömen des Rheins. Durch eine Häufung von tief klingenden u-Vokalen in beiden Versen („Luft", „und", „dunkel", „ruhig") wird der Blick des Lesers gleichsam nach unten in das Flusstal gezogen. „Der Gipfel" (V. 7), von dem im Folgenden die Rede ist, steht im Kontrast zu der zuvor beschriebenen Flussniederung. Antithetisch werden auch die Lichtverhältnisse zwischen Berg und Tal einander gegenübergestellt. Während es unten „dunkelt" (V. 5), erstrahlt der Berggipfel im „Abendsonnenschein" (V. 8).

Die „Jungfrau" (V. 9), die zu Beginn der dritten Strophe erscheint, sitzt also gleichsam auf einer hell erleuchteten Bühne. Neben ihrer herausgehobenen Position gibt der Superlativ, sie sei die „[S]chönste" (V. 9), zu erkennen, dass es sich bei der weiblichen Gestalt auf dem Berggipfel um eine besondere Erscheinung handelt. „Ihr goldnes Geschmeide" (V. 11) und „ihr goldenes Haar" (V. 12) geben diesem Wesen zudem etwas Majestätisches.

In der vierten Strophe wird die Wiederholung des Adjektivs „golden" fortgesetzt. Dort wird beschrieben, wie sich die Jungfrau „mit goldenem Kamme" (V. 13) durch das Haar fährt. Die Häufung von Adjektiven, die in der dritten Strophe bereits auffällt, ist auch in dieser Strophe festzustellen, wo das Lied der Jungfrau als „wundersame, / Gewaltige Melodei" (V.15 f.) gepriesen wird. Sowohl in der dritten als auch in der vierten Strophe fällt zudem die Verwendung altertümlicher Begriffe wie „sitzet" (V. 9), „Geschmeide" (V. 11), „blitzet" (V. 11), „Kamme" (V. 13) oder „Melodei" (V. 16) auf. Dadurch wird der Eindruck erweckt, die Jungfrau stamme aus vergangenen Zeiten und es handle sich um ein überzeitliches Wesen.

Im Gegensatz dazu sitzt der Schiffer, von dem in der fünften Strophe zum ersten Mal die Rede ist, „im kleinen Schiffe" (V. 17) und wirkt dadurch selbst klein. Die Anapher der Verse

19 und 20 („Er schaut“) verdeutlicht, dass sein Blick von der Jungfrau gefangen ist, wodurch er die drohende Gefahr, „die Felsenriffe“ (V. 19), nicht erkennt.

In der sechsten und letzten Strophe meldet sich der Erzähler wieder zu Wort. Dieser berichtet, die „Wellen“ (V. 21), die in personifizierter Weise wie Ungeheuer erscheinen, „verschlingen / Am Ende Schiffer und Kahn“ (V. 21 f.). Er gibt die Schuld daran der Jungfrau auf dem Berg, die erst am Ende des Gedichts als „Lorelei“ (V. 24) bezeichnet wird. Dadurch, dass das lyrische Ich einräumt, „[es] glaube“ (V. 21), die Geschichte habe sich so zugetragen, wird der mythologische Charakter des Geschehens hervorgehoben.

Zusammenfassend ist festzuhalten, dass Heinrich Heine dem im Gedicht beschriebenen Geschehen vom Untergang eines Schiffers beim Anblick der Lorelei etwas Tragisches, Überzeitliches und beinahe Märchenhaftes (vgl. Strophe 1) verleiht. Dem entspricht die kunstvolle Form des Gedichts. Die erste und die letzte Strophe bilden eine erzählerische Rahmenhandlung. Ganz im Zentrum der Binnenhandlung steht „[d]ie schönste Jungfrau“ (V. 9), die auch im Gedicht an herausgehobener Position, nämlich in den mittleren Strophen (Strophe 3 und 4), steht. Umrahmt wird dieses Zentrum von der zweiten und vorletzten Strophe (Strophe 2 und 5). In diesen wird das Fließen des Rheins und die verhängnisvolle Fahrt des Schiffers auf diesem Strom beschrieben. In sprachlicher Hinsicht tragen der gleichmäßige Strophenbau, das wiederkehrende Reimschema und der fließende Rhythmus sowie wiederholt gebrauchte rhetorische Mittel (z. B. Häufung von Adjektiven, Archaismen) zu einem harmonischen Gesamteindruck des Gedichts bei.

Ganz anderer Natur ist das 2016 im Internet veröffentlichte Gedicht „Loreley“ von Alfons Pillach.

Wie der Titel nahelegt, geht es auch in diesem Gedicht um den Mythos einer sagenumwobenen Frauenfigur am Rhein. In Bezug auf den Inhalt sind daher mehrere Gemeinsamkeiten zwischen beiden Gedichten festzustellen. So wird in beiden Texten das Thema einer verführerischen Frau, die ihrem männlichen Gegenüber zum Verhängnis wird, behandelt. Auch Grundzüge des Geschehens sind ähnlich: Der Tod der Schiffer ist darauf zurückzuführen, dass sie in den Bann eines weiblichen Wesens gezogen werden und nicht auf die Gefahren des Rheins achten, weswegen ihre Boote am Felsen zerschellen.

Doch an dieser Stelle zeigt sich bereits ein entscheidender Unterschied. Während im Heine-Gedicht von einem Schiffer die Rede war, ist es in Pillachs Gedicht gleich eine ganze Armada von Schiffern, die „mit ihren Schiffen, Kähnen [und] Booten“ (V. 6) den Tod findet. Ebenso verzichtet Pillach auf die Wiedergabe einer dramatischen Atmosphäre. Bei seinem Text gibt es kein Gefälle zwischen oben und unten, groß und klein, Licht und Dunkel. Die Handlung vollzieht sich schlicht an „einem Felsen dort im Rhein“ (V. 7). Noch deutlicher fällt der Gegensatz bei der Darstellung der Figuren auf. In dem 2016 veröffentlichten Gedicht kommt es zu einer Dämonisierung der Frauenfigur. Die Loreley wird direkt für den Tod des Fischers verantwortlich gemacht: „sie hat […] [die Schiffer] auf den Grund geschickt“ (V. 4); „[k]ein Schiffer konnte ihr entwischen“ (V. 9). Zu diesem bösartigen Wesen scheint es auch nicht zu passen, dass es andere durch lieblichen Gesang anlockt. Davon ist im Gedicht von Pillach keine Rede.

Ebenso in Bezug auf die Form des Gedichts überwiegen die Unterschiede. Zwar liegt auch das jüngere Gedicht in gebundener Form, d. h. in gereimter Sprache vor, doch besteht es lediglich aus einer Strophe, die zwölf Verse umfasst. Insofern hebt sich der Text deutlich von Heines kunstvollem, konzentrisch angelegten Gedicht ab. Die Verse sind durch einen Paarreim verbunden, der im Gegensatz zum Kreuzreim etwas schlichter wirkt. Der vierhebige Jambus, der nur im vorletzten Vers nicht konsequent eingehalten wird, fügt sich nicht zu einem fließenden Rhythmus, was unter anderem an dem Zeilenstil liegt, der in Pillachs Gedicht dominiert. So führt die Form des Gedichts zu einem „ratternden“ Ton und einem stumpfen Auf und Ab in den Versen, das man auch aus Kinderliedern kennt.

Dieser Eindruck wird auch durch die relativ schlichte Sprache des Loreley-Gedichts von Pillach verstärkt. Insgesamt werden rhetorische Mittel nur sehr sparsam eingesetzt, sodass das Gedicht beinahe wie ein Erzähltext klingt. Dazu passt auch, dass das lyrische Ich die Geschehnisse am Rhein im Präteritum wiedergibt. Dadurch, dass die Handlung im Prinzip in den ersten sieben Versen entfaltet wird, meint man eher, es handle sich um einen Bericht. Die Wiedergabe der Handlung in gedrängter Form hat auch eine Dominanz von Verben zur Folge. Nur im dritten Vers findet sich ein Adjektiv („sehnsuchtsvoll"). Im Verzicht auf die Beschreibung einer dynamischen und gespannten Atmosphäre durch entsprechende Adjektive besteht ein entscheidender Unterschied zu Heines Gedicht.

Schluss

Insgesamt kann also festgehalten werden, dass von der wehmütigen und mystischen Stimmung in Heines Gedicht bei der Adaption von Alfons Pillach nichts mehr übrig ist. Diese Wirkung wird auch dadurch erzielt, dass die Loreley in dem jüngeren Gedicht unterschiedslos jeden Schiffer in den Tod schickt. Dadurch geht der tragische Charakter des Geschehens verloren. Indem die Schiffer, die auf dem Rhein sterben, als „Idioten" (V. 5) bezeichnet werden, die sozusagen selbst Schuld sind an ihrem Untergang, und die Loreley einfach nur als „gemein" (V. 8) beschimpft wird, erhält die Handlung beinahe etwas Banales. Darüber hinaus zieht das lyrische Ich den Tod der Schiffer ins Lächerliche, wenn es anmerkt, die Toten ruhen „bei den Fischen" (V. 10) und ihre sterblichen Überreste „stapeln sich […] / und stören manche Angelleine" (V. 11 f.). Es scheint, als wollte Pillach die Verklärung, die Heinrich Heine bei der Schilderung der tragischen Beziehung zwischen Jungfrau und Schiffer vornimmt, in seinem Gedicht radikal erschüttern. Insofern ist sein Text als Parodie auf das Heine-Gedicht zu verstehen.

Realschulabschluss Deutsch in Thüringen: Prüfungsaufgaben 2019
Aufgabe 1

Aufgabe:

Freiheit

Worin besteht für Sie der Wert der Freiheit? Erörtern Sie diese Frage auf der Grundlage der Materialien (M 1 bis M 5).

M 1: Aus dem Schlussmonolog des Faust

Faust
[…]
Das ist der Weisheit letzter Schluß:
Nur der verdient sich Freiheit wie das Leben,
Der täglich sie erobern muß.
[…]

Quelle: Johann Wolfgang Goethe: Faust. Der Tragödie zweiter Teil. Verlag Philipp Reclam jun. Leipzig 1983, S. 228

M 2: Grundgesetz für die Bundesrepublik Deutschland

Artikel 2

(1) Jeder hat das Recht auf die freie Entfaltung seiner Persönlichkeit, soweit er nicht die Rechte anderer verletzt. […]

(2) Jeder hat das Recht auf Leben und körperliche Unversehrtheit. Die Freiheit der Person ist unverletzlich. […]

Artikel 4

(1) Die Freiheit des Glaubens, des Gewissens und die Freiheit des religiösen und weltanschaulichen Bekenntnisses sind unverletzlich. […]

Artikel 5

(1) Jeder hat das Recht, seine Meinung in Wort, Schrift und Bild frei zu äußern und zu verbreiten und sich aus allgemein zugänglichen Quellen ungehindert zu unterrichten. Die Pressefreiheit und die Freiheit der Berichterstattung durch Rundfunk und Film werden gewährleistet. Eine Zensur findet nicht statt.

(2) Diese Rechte finden ihre Schranken in den Vorschriften der allgemeinen Gesetze, den gesetzlichen Bestimmungen zum Schutze der Jugend und in dem Recht der persönlichen Ehre.

(3) Kunst und Wissenschaft, Forschung und Lehre sind frei. Die Freiheit der Lehre entbindet nicht von der Treue zur Verfassung.

Artikel 8

(1) Alle Deutschen haben das Recht, sich ohne Anmeldung oder Erlaubnis friedlich und ohne Waffen zu versammeln. […]

Artikel 12

(1) Alle Deutschen haben das Recht, Beruf, Arbeitsplatz und Ausbildungsstätte frei zu wählen. […]

Artikel 18
Wer die Freiheit der Meinungsäußerung, insbesondere die Pressefreiheit (Artikel 5, Abs. 1), die Lehrfreiheit (Artikel 5, Abs. 3), die Versammlungsfreiheit (Artikel 8), die Vereinigungsfreiheit (Artikel 9), das Brief-, Post- und Fernmeldegeheimnis (Artikel 10), das Eigentum (Artikel 14) oder das Asylrecht (Artikel 16 a) zum Kampfe gegen die freiheitliche demokratische Grundordnung mißbraucht, verwirkt diese Grundrechte. Die Verwirkung und ihr Ausmaß werden durch das Bundesverfassungsgericht ausgesprochen.

Quelle: https://www.gesetze-im-internet.de (20. 09. 2018)

M 3: Aphorismen

Freiheit ist immer Freiheit der Andersdenkenden.

Rosa Luxemburg (1870–1919), deutsche sozialistische Politikerin polnischer Herkunft, Mitbegründerin der KPD

Was nützt die Freiheit des Denkens, wenn sie nicht zur Freiheit des Handelns führt?

Jonathan Swift (1667–1745), irischer Schriftsteller

Frei zu sein bedeutet nicht nur, seine eigenen Fesseln zu lösen, sondern ein Leben zu führen, das auch die Freiheit anderer respektiert und fördert.

Nelson Mandela (1918–2013), Präsident der Republik Südafrika

Wer anderen die Freiheit verweigert, verdient sie nicht für sich selbst.

Abraham Lincoln (1809–1860), 16. Präsident der Vereinigten Staaten von Amerika

Quelle: https://www.aphorismen.de (04. 09. 2018)

M 4: Beatrice von Weizsäcker (*1958, Journalistin): Die Montagsdemonstranten

Das beeindruckendste Beispiel der Vielen zeigten die Ostdeutschen mit ihrer friedlichen Revolution im Jahr 1989, getragen vor allem von ihren Montagsdemonstrationen. […] Mit „Wir sind das Volk“ meldeten sie sich Woche für Woche zu Wort und das bald nicht nur montags. Sie wollten das Ende der SED, sie wollten die Freiheit. Und sie schafften es. Eindrucksvolleres habe ich nie erlebt. […]

In: Beatrice von Weizsäcker: Warum ich mich nicht für Politik interessiere. Gustav Lübbe Verlag, Bergisch Gladbach 2009, S. 94

M 5: Reinhard Mey (*1942, deutscher Liedermacher)

[…]
Sei wachsam,
Präg' dir die Worte ein!
Sei wachsam,
Fall nicht auf sie rein! Paß auf, daß du deine Freiheit nutzt,
Die Freiheit nutzt sich ab, wenn du sie nicht nutzt! […]

Quelle: Reinhard Mey: Sei wachsam. In: https://www.reinhard-mey.de (03. 09. 2018)

Lösung

Hinweis: Wer nicht nur Freude am Erörtern, sondern auch am Philosophieren hat, kann sich an diese Aufgabe wagen. Die Aufgabenstellung verlangt, die eigene Sicht auf den Wert der Freiheit darzulegen. Da keine klassische Pro-Kontra-Erörterung gefordert ist, musst du selbst bestimmen, wie du deinen Aufsatz strukturieren willst. Ein Blick auf die gegebenen Materialien hilft dabei, die für das Thema besonders relevanten Aspekte auszumachen. Am besten notierst du am Rand der jeweiligen Quelle, welcher Gesichtspunkt von Freiheit thematisiert wird. Im vorliegenden Fall könntest du beispielsweise Folgendes festhalten: „Freiheit als Errungenschaft im Alltag" (M 1), „Freiheit: ein Grundrecht für alle" (M 2), „Freiheit gebrauchen – auch zum Wohle anderer" (M 3), „Erkämpfte Freiheit beim Fall der Mauer" (M 4), „Bewahrung der Freiheit" (M 5). Im Folgenden musst du dir überlegen, wie die Inhalte so angeordnet werden können, dass du flüssig von einem Punkt zum anderen überleiten kannst und sich eine geschlossene und logische Darstellung ergibt. Eine stichpunktartige Gliederung, auf der du auch vermerkst, an welcher Stelle du das gegebene Material aufgreifen willst, hilft dir bei der Abfassung der Erörterung. Beachte, dass du die Quellen nicht vollumfänglich in deine Ausführungen integrieren musst. Greife nur auf die Textelemente zurück, die du für die eigenen Schreibzwecke benötigst. Indem du über den Materialpool hinaus auch eigene Gedanken einbringst, zeigst du, dass du auch selbstständig Zusammenhänge herstellen kannst.

Analyse und Eingrenzung der Aufgabenstellung

- persönliche Stellungnahme zur Frage nach dem Wert der Freiheit
- Einbezug der gegebenen Materialien (materialgestütztes Erörtern)

Stichpunktartige Stoffsammlung und Gliederung

Einleitung
unterdrückte Freiheit in den Diktaturen des 20. Jahrhunderts (M 4)

Hauptteil
1. Teil: Wert der Freiheit
- Freiheit als Bedingung für Selbstbestimmung (M 2)
- Freiheit als Voraussetzung für die persönliche Entwicklung
- Zusammengehörigkeit von Freiheit und Gerechtigkeit (M 2, M 3)
- Leben in einer pluralen Gesellschaft als Folge von Freiheit

2. Teil: Gefährdung der Freiheit

Schluss
Aufruf zur Bewahrung der Freiheit (M 1, M 5)

Aufsatzbeispiel

Ein Leben in **Freiheit** zu führen, ist **keine Selbstverständlichkeit**. Ein Blick in die jüngere deutsche Vergangenheit macht das deutlich. Es ist keine 90 Jahre her, als es unter der **Herrschaft der Nationalsozialisten** zu einer massiven Einschränkung der Freiheit kam. Der Sieg der Alliierten brachte nur für einen Teil der Deutschen die volle Befreiung. Wer in der DDR lebte, musste damit rechnen, von der Staatssicherheit überwacht zu werden, insbesondere dann, wenn seine Meinung im Widerspruch zur Staatsdoktrin stand. Auch die Entscheidung, wo man wohnen und arbeiten möchte, war durch die **im Jahr 1961 errichtete Mauer** zwischen West- und Ostdeutschland stark eingeschränkt. Anders als 1945 war die neue Freiheit, die sich 1989 mit dem Mauerfall einstellte, eine Errungenschaft von innen heraus. Erst der unnachgiebige **Protest der Demonstranten in Ostdeutschland** machte es möglich, dass die freiheitlich-demokratische Ordnung in ganz Deutschland durchgesetzt wurde. Dieser friedliche **Einsatz für ein Leben in Freiheit fand Bewunderung** und hat bis heute nichts von seiner Strahlkraft verloren. Beatrice von Weizsäcker brachte ihre Hochachtung vor den Demonstranten beispielsweise mit folgenden Worten zum Ausdruck: „Sie wollten das Ende der SED, sie wollten die Freiheit. Und sie schafften es. Eindrucksvolleres habe ich nie erlebt." (M 4, Z. 4 f.)

Gerade die Erinnerung daran, wie Diktaturen überwunden wurden, macht deutlich: **Freiheit ist eine Errungenschaft.** Wer heute ein Leben ohne Zwang und Bevormundung führen kann, hat das dem mutigen Einsatz von Freiheitskämpfern und -kämpferinnen zu verdanken. **Doch worin besteht der Wert der Freiheit heute?**

Für mich bedeutet Freiheit zunächst einmal, **ein selbstbestimmtes Leben führen** zu können. Das heißt, dass man auf Basis eigener Entscheidungen festlegt, wie man seine Existenz gestalten möchte. Der Grundsatz der Selbstbestimmung hat oberste Priorität in der staatlichen Verfassung. Bereits in Artikel 2 des Grundgesetzes ist das **Recht auf freie Entfaltung der Persönlichkeit** fixiert (vgl. M 2, Z. 2). Zu diesem Recht gehört es beispielsweise, selbst festzulegen, **woran man glaubt** (vgl. M 2, Z. 6 ff.) oder **welchen Beruf man ergreift** (vgl. M 2, Z. 22 ff.). Die Zusicherung dieser und anderer **Grundrechte** bildet die Voraussetzung dafür, selbst über das eigene Leben bestimmen zu können.

Damit ist auch ein weiterer Aspekt verbunden, der den Wert der Freiheit meiner Meinung nach ausmacht. Die Freiheit, eigene Entscheidungen zu treffen, eröffnet auch **die Chance, persönlich zu reifen**. Grundsätzlich besteht bei jeder Wahlmöglichkeit auch das **Risiko, sich für das Falsche zu entscheiden**. Persönliche Rückschläge und Niederlagen werden zunächst zwar als negative Erfahrungen wahrgenommen, es sind aber gerade krisenhafte Momente, die es einem ermöglichen, den eingeschlagenen **Kurs zu korrigieren und sich weiterzuentwickeln**. Für mich persönlich heißt das beispielsweise: Ich kann meinen Beruf frei wählen und laufe damit auch Gefahr, mich falsch entschieden zu haben. Es steht mir dann jedoch auch frei, aus Fehlern zu lernen, mich umzuorientieren und einen anderen Beruf zu ergreifen, der besser zu mir passt. Der Mut, den ich für diesen beruflichen Wechsel aufbringen muss, wird auch dazu führen, dass ich persönlich reife. Insofern ist Freiheit also eine Grundvoraussetzung dafür, persönliche Fortschritte zu erzielen und sich durch die Bewältigung krisenhafter Situationen weiterzuentwickeln.

Der Wert der Freiheit zeigt sich für mich aber auch im gesellschaftlichen Zusammenleben. Ein freiheitliches Miteinander kann nämlich nur gelingen, wenn die **öffentliche Ordnung grundsätzlich auf Gerechtigkeit hin ausgerichtet** ist. Wer für sich **persönliche Freiheitsrechte** in Anspruch nimmt, muss davon ausgehen, dass diese seinen Mitmenschen in gleicher Weise zukommen. **Niemand hat mehr Rechte und Freiheiten als ein anderer.** Ebenso wenig dürfen die Rechte anderer verletzt werden. Daher heißt es im zweiten Artikel des Grundgesetzes auch: „Jeder hat das Recht auf die freie Entfaltung seiner Persönlichkeit, **soweit er nicht die Rechte anderer verletzt**." (M 2, Z. 2 f.) Der Aufbau einer gerechten Gesellschaft, in der die Freiheiten aller Mitglieder in gleicher Weise geachtet werden, kann aber nur gelingen, wenn nicht nur der **Gesetzeshüter** die Umsetzung und **Einhaltung dieser Ordnung** durchsetzt, sondern wenn **jeder Einzelne den Freiheitsraum seiner Mitmenschen respektiert**. Daran erinnerte auch Nelson Mandela, der ehemalige Präsident Südafrikas. Er betonte: „Frei zu sein bedeutet nicht nur, seine eigenen Fesseln zu lösen, sondern ein Leben zu führen, das auch die Freiheit anderer respektiert und fördert." (M 3)

Nicht zuletzt ist aus meiner Sicht hervorzuheben, dass es die **Achtung des Wertes der Freiheit auch ermöglicht, in einer pluralen Gesellschaft leben zu können**. Wenn jeder Mensch das Recht auf freie Entfaltung seiner Persönlichkeit besitzt, seine Meinung frei äußern und seine Weltanschauung oder seine Religion frei bestimmen kann, hat das unweigerlich ein **Nebeneinander unterschiedlichster Lebensformen und Überzeugungen** zur Folge. Diese Vielfalt eröffnet die Chance, ein Lebensmodell zu verfolgen, das den individuellen Anlagen, aber auch der persönlichen Entwicklung in besonderer Weise entspricht. Wer heute beispielsweise die Gewissheit erlangt, schwul oder lesbisch zu sein, muss hierzulande keine Angst vor Verfolgung haben. **Im Gegensatz zu Diktaturen** ist in einer freiheitlichen Ordnung die Ausprägung unterschiedlichster Lebensformen möglich. Eine Gesellschaft, die Pluralität zulässt und in der jeder Einzelne seinen Platz findet, kann es nur unter den Bedingungen von Freiheit geben.

Eigene Entscheidungen treffen zu dürfen, sich seines Lebens sicher zu sein, keine Angst vor Zwangsmaßnahmen oder gar körperlicher Gewalt haben zu müssen: Das alles sind Zusicherungen der freiheitlich-demokratischen Ordnung. Wie gezeigt wurde, bedeutet das, ein selbstbestimmtes Leben führen und sich persönlich entwickeln zu können. Für die Gesellschaft heißt das, dass das Zusammenleben auf Gerechtigkeit und Vielfalt hin ausgerichtet ist. Nach der Überwindung der Diktaturen des 20. Jahrhunderts steht fest: Freiheit ist eine Errungenschaft, die man nicht leichtfertig aufs Spiel setzen sollte. **Doch ist unsere Freiheit überhaupt gefährdet?** Immerhin ist sie fest in unserem Grundgesetz verankert.

Die Antwort auf diese Frage lautet: „Ja!" Gegenwärtig gibt es **Strömungen in Politik und Gesellschaft, die die Freiheit** des Einzelnen und die Gültigkeit der Grundrechte, die diese schützen, **für bestimmte Teile der Bevölkerung in Abrede stellen**. Es werden Stimmen laut, die fordern, dass Herkunft und Hautfarbe darüber entscheiden sollen, wer in Deutschland leben darf oder nicht. Die Meinung anderer wird, sofern sie nicht der eigenen Position entspricht, als Lüge abqualifiziert. Durch Hass und Hetze wird versucht, andere derart einzuschüchtern, dass sie ihre Meinung nicht mehr frei äußern.

Dieser Entwicklung muss **Einhalt geboten** werden, um die errungene Freiheit nicht zu gefährden. Reinhard Mey, ein deutscher Liedermacher, appelliert an seine Mitmenschen, aktiv zu werden und **negativen Entwicklungen nicht tatenlos zuzusehen**. Er fordert: „Sei wachsam, / Fall nicht auf sie rein! Paß auf, daß du deine **Freiheit nutzt**, / Die Freiheit nutzt sich ab, wenn du sie nicht nutzt!" (M 5, V. 5 ff.) Jeder Einzelne ist also dazu aufgerufen, von der Freiheit, die eigene Meinung zu äußern, Gebrauch zu machen und einfachen Schuldzuweisungen sowie rassistischen oder anderen menschenverachtenden Äußerungen zu widersprechen. Sich im Alltag und im gewohnten Umfeld **für Freiheit einzusetzen, erfordert Mut**.

Die folgenden Worte aus dem Schlussmonolog von Goethes „Faust" erinnern daran, dass man diesen Mut immer wieder neu aufbringen muss, um ein freies Leben führen zu können: „Das ist der Weisheit letzter Schluß: / Nur der verdient sich Freiheit wie das Leben, / **Der täglich sie erobern** muß." (M 1, V. 3 ff.)

Realschulabschluss Deutsch in Thüringen: Prüfungsaufgaben 2019
Aufgabe 2

Aufgabe:

Bearbeiten Sie **eine** der beiden Aufgaben.

Versetzen Sie sich in die Person des jungen Mannes und verfassen Sie einen inneren Monolog zum bisherigen Geschehen.

oder

„[…] 62 Minuten. Das schaffe ich!"
Setzen Sie die Geschichte fort.

Katja Reider (*1960)

Wahnsinnstyp oder Während sie schläft

Verdammt, jetzt ist mein Fuß eingeschlafen! Kein Wunder! Seit über einer Stunde sitze ich hier eingepfercht und bewegungslos wie ein hypnotisiertes Kaninchen auf meinem Fensterplatz in diesem sogenannten Großraumwagen. Rechts von mir ein verfetteter Anzugträger, der die Zeitung mit den großen Buchstaben liest, vor mir ein Tisch, den die Welt nicht braucht. Und gegenüber? ER!

Er ist mir schon von Weitem aufgefallen. Vorhin, als ich mich mit Sack und Pack durch den schmalen Gang des Waggons schob. Selbst auf gute acht Meter Entfernung hat mich sein Blick derartig verwirrt, dass ich prompt meine Platznummer vergaß. Diese blöde Nummer, die ich beim Einsteigen in Hannover wie ein Mantra vor mich hin gemurmelt hatte. Also, noch mal in die Tasche gegriffen und nach meiner Karte gewühlt.

Wagen 6, Platznummer 95 … Ach ja, klar … Während die Rollkoffer-Karawane in meinem Rücken mich gnadenlos vorwärtsschob, scannten meine Augen die Schildchen über den Sitzplätzen ab. Ah, da: Nummer 95, Fensterplatz mit Tisch. Diesen bescheuerten Platz hätte ich mir selber nie und nimmer reserviert! Den hatte ich natürlich Mama zu verdanken. („Ist doch praktisch, da kannst du schön dein Brot auspacken und dein Buch hinlegen.")

Vor allem, Mama, kann ich mir den Typ gegenüber angucken! Das heißt, ich könnte ihn angucken, wenn ich mich mal trauen würde, endlich von meinem Buch aufzuschauen. Seit über einer Stunde hocke ich hier und bin zur Salzsäule erstarrt. Das heißt, einmal hab ich was gesagt. Gleich zu Anfang, da hab ich meine Platzkarte in die Runde gehalten und „Nummer 95 – ist das hier?" gepiepst, so als könnte ich nicht lesen. Oder als müsste ich meinen Anspruch auf den Platz gegenüber diesem Wahnsinnstypen quasi öffentlich nachweisen. Seitdem bin ich in der Versenkung meines Fensterplatzes verschwunden.

Ach ja, ich glaube, das Schlimmste habe ich noch gar nicht erwähnt. Das Schlimmste ist nämlich nicht, dass ich in Gegenwart von tollen Typen keinen zusammenhängenden Satz mehr rausbringe und mir Charme und Witz schlagartig ferner sind als das Matterhorn – nein, das Schlimmste ist, dass der Wahnsinnstyp nicht alleine ist! Neben ihm sitzt ein Mädchen, seine Freundin, klar. Ihr Kopf mit den langen blonden Haaren lehnt an seiner Schulter, ihr Atem geht ganz ruhig, nicht mal ihre Wimpern flattern. Sie schläft tief und fest. Schon die ganze Zeit. Und das bei dem Lärmpegel hier!

Bestimmt sind die beiden schon lange zusammen. Wenn man sich erst kurze Zeit kennt, pennt man doch nicht einfach neben so einem Wahnsinnstypen ein! Dazu ist seine körperliche Nähe doch viel zu aufregend, zu kribbelig! Da will man alles von ihm wissen und alles über sich selbst erzählen, jede kleine geheime Geschichte: Wie der eigene Vater beim Kirschkern-Weitspucken einmal fast erstickt ist, wie die beste Freundin vom Tennislehrer erpresst wurde, wie die kleine Schwester beinahe ertrunken ist. Besonders gern erzählt man natürlich Geschichten, in denen man selber eine positive Rolle spielt. (Dem Vater knallhart auf den Rücken gehauen, dass der Kirschkern nur so rausfluppte, dem miesen Lehrer vor tausend Leuten die Meinung gegeigt, die Baby-Schwester tapfer den Fluten entrissen.)

So ist das am Anfang, oder etwa nicht?

Jedenfalls schläft frau in dieser Phase nicht neben so einem Wahnsinnstypen ein! Ich zumindest hätte viel zu viel Angst, dass mir der Sabber aus dem Mund läuft oder dass ich schnarche oder dass ich zumindest mit halb offenem Mund einen voll doofen Eindruck mache. All diese Ängste hat die Freundin von dem Wahnsinnstypen offensichtlich nicht. Braucht sie auch nicht. Sie sieht im Schlaf aus wie ein Engel. Leider. Nein, wirklich, ich kann beim besten Willen nichts Hässliches an ihr finden. Die beiden passen super zusammen, ein Paar wie aus dem Werbespot. Der Wahnsinnstyp sitzt ganz ruhig da und liest konzentriert in seinem Buch. Leider kann ich den Titel nicht entziffern. Egal, bestimmt irgendwas Trendiges, oder wenigstens „Harry Potter“ im englischen Original. Hin und wieder streicht er scheinbar selbstvergessen seine dunklen Locken nach hinten, um danach nur noch verwuschelter auszusehen. Das weiß er natürlich. Logo. Solche Typen wissen, wie sie wirken. Leider. Ich seufze. Anscheinend zu laut. Er schaut plötzlich von seinem Buch auf, genau in meine Augen. Keine Zeit mehr wegzusehen. Himmel, was hat der Typ für Augen! Grün, mit kleinen braunen Sprengseln drin. Jetzt grinst er leicht. Oh, Grübchen hat er auch! Nicht auszuhalten! Echt, bei Grübchen werde ich schwach. Könnte ich jetzt nicht irgendwas sagen? Ich meine, irgendwas Spritziges, wahnsinnig Witziges, das ihm in null Komma nichts deutlich macht, was für eine Ausnahmeerscheinung ihm hier gegenübersitzt, was für eine unwiderstehliche Mischung aus Sex, Hirn und Coolness?

Pustekuchen! Mein Kopf ist hohl wie eine Kokosnuss. Der Moment ist vorbei.

Der Wahnsinnstyp senkt den Kopf und blättert wieder in seinem Buch. Er bewegt sich dabei ganz vorsichtig, um das schlafende Mädchen an seiner Schulter nicht zu stören. Rücksichtsvoll ist er also auch noch. Unglaublich. Andere Typen würden sich ihren Walkman auf die Ohren knallen und die Braut mit Eminem beschallen. Ob’s ihr nun passt oder nicht. Wohin die beiden wohl fahren? Bestimmt zu einer Mega-Party nach Köln oder Düsseldorf. Und nicht zu einer Tante nach Bonn-Bad Godesberg wie ich.

Das Leben ist ungerecht. Wo sind wir eigentlich? Der Anzugträger ist in Bochum ausgestiegen und der Schaffner – nee, Zugbegleiter heißen die ja inzwischen – hat gerade den nächsten Bahnhof angekündigt. Schon quietschen die Bremsen. Ich seh raus auf den Bahnsteig. Ah ja, das hier muss Wuppertal sein. Der zugbegleitende Schaffner pfeift. Die letzten Leute drängen zur Tür.

„Au Scheiße!“ Wie von der Tarantel gestochen, schießt die Blonde von gegenüber urplötzlich von ihrem Sitz hoch, greift ihre Klamotten und stürmt grußlos den Gang runter. Der Wahnsinnstyp blickt kaum von seinem Buch auf.

WAS?! Jetzt kapier ich überhaupt nichts mehr! Wieso bleibt denn der Typ hier seelenruhig sitzen?

Bin ich im falschen Film, oder was? Anscheinend mache ich ein derart dämliches Gesicht, dass der Wahnsinnstyp Mitleid mit mir bekommt. Jedenfalls sagt er plötzlich: „Ich kannte sie gar nicht.“

„Hä?“, krächze ich verständnislos.

Lieber Himmel, kann ich bitte, bitte bald einen normalen Satz sprechen?

Seltsam, jetzt wirkt der Typ irgendwie verunsichert. So als frage er sich plötzlich, ob mich diese Info überhaupt interessiert. „Das Mädchen!“, fügt er erklärend hinzu. „Die Blonde, die hier … äh … geschlafen hat.“ Er zeigt auf seine linke Schulter, als gäb es im Zug noch hundert andere schlafende Blondinen, die gemeint sein könnten. „Sie hat mir beim Einsteigen in Berlin nur kurz gesagt, dass sie letzte Nacht durchgemacht hat, und dann war sie auch schon eingepennt.“

„Ach so, klar.“ Ich grinse und nicke dazu wie ein Hund mit Wackelkopf. „Ist ja verrückt …“ Okay, ganz ruhig bleiben! Das war schon fast ein ganzer Satz. Ich werde besser.
Der Wahnsinnstyp klappt sein Buch zu (er klappt sein Buch zu!!! Er will mit mir reden!!!) und lächelt. „Ich fahr nach Bonn, und du?“
Wuppertal – Bonn, genaue Fahrzeit mit dem ICE 640 Johannes Brahms: eine Stunde, zwei Minuten.
Minuten, um den Wahnsinnstypen zu erobern.
62 Minuten.
Das schaffe ich!

Quelle: Katja Reider: Wahnsinnstyp oder Während sie schläft. In: L. Flegler/S. Stark (Hrsg.): Verliebt wie nie. C. Bertelsmann Taschenbuch Verlag, München 2007, S. 7–12

Lösung

Variante 1: Innerer Monolog

Hinweis: Ein innerer Monolog gibt die Gedanken und Gefühle einer Figur aus der Ich-Perspektive wieder. Du musst dich für den hier geforderten inneren Monolog also in die Lage des Jungen aus dem Zug versetzen und aus seiner Sicht schreiben. Lies dir den Textauszug noch einmal gründlich durch und markiere die Stellen, an denen du etwas über das Verhalten des Jungen erfährst. Denke daran, dass er die Gedanken des Mädchens, aus dessen Sicht der Ausgangstext geschrieben ist, nicht kennt. Überlege, was in ihm vorgehen könnte. Was denkt er über das blonde Mädchen, das an seiner Schulter schläft? Wie findet er das Mädchen gegenüber? Wann fällt es ihm überhaupt zum ersten Mal auf? Hat er Interesse an dem Mädchen? Bevor du mit dem Schreiben beginnst, solltest du diese Fragen für dich beantworten und in einer Art Stoffsammlung notieren. Achte beim Ausformulieren des inneren Monologs darauf, die Sprache an die des Jungen anzupassen. Du kannst z. B. gelegentlich umgangssprachliche oder flapsige Ausdrücke verwenden, damit dein Text authentisch wirkt. Genauso kannst du auch Gedankensprünge einbauen oder ab und zu eine Frage an dich selbst stellen.

Stichpunktartige Stoffsammlung und Gliederung

Situation im Zug aus der Perspektive des Jungen (vgl. Ausgangstext)
- Zugfahrt nach Bonn im Großraumwagen
- fremdes, blondes Mädchen lehnt an der Schulter des Jungen und schläft
- erster Kontakt zu zugestiegenem Mädchen: Blickkontakt aus der Ferne, Frage des Mädchens nach der Platznummer
- Mädchen sitzt ihm gegenüber und liest
- Junge hat offenes Buch vor sich, kein Gespräch mit anderen Passagieren
- Blickkontakt nach Seufzer des Mädchens gegenüber und Zulächeln
- blondes Mädchen springt auf und verlässt überstürzt den Zug
- Junge beginnt ein Gespräch mit dem Mädchen gegenüber

Mögliche inhaltliche Aspekte des inneren Monologs
- körperliche Nähe zu dem blonden Mädchen, das an der eigenen Schulter schläft: weiche Haare, Alkoholgeruch
- Interesse an dem gegenübersitzenden Mädchen: Attraktivität, Vertiefung in ein Buch
- selbst so tun, als würde man lesen, um das Mädchen unauffällig beobachten zu können
- plötzlicher Blickkontakt mit dem Mädchen: wunderschöne Augen, gutes Aussehen

- Mutmaßungen über den Namen des Mädchens
- Verärgerung darüber, dass die Blondine an der Schulter lehnt → Mädchen gegenüber denkt bestimmt, das sei die eigene Freundin
- Wunsch, Mädchen gegenüber kennenzulernen
- Bemühen, möglichst ruhig und lässig zu wirken
- Erleichterung darüber, dass blondes Mädchen aufspringt und den Zug verlässt
- Entschluss, Mädchen gegenüber über die Situation aufzuklären und es in ein Gespräch zu verwickeln
- Freude, noch über eine Stunde Zeit zu haben und miteinander sprechen zu können

Aufsatzbeispiel

Situation im Zug aus der Perspektive des Jungen

Uuuund zack! Jetzt ist sie weggenickt … und ihr Kopf auf meine Schulter gesackt. Super! Na ja, eigentlich stört es mich gar nicht so sehr. Irgendwie ist es sogar ein bisschen schön. Ihre Haare fühlen sich weich an und ich spüre ihre Körperwärme. Puuuh, aber die hat 'ne üble Fahne! Alter Schwede, die war wohl ordentlich feiern letzte Nacht! Aber aufwecken will ich sie jetzt auch irgendwie nicht. Das würde an der Fahne nichts ändern und dann müsste ich mich womöglich die ganze Zeit mit ihr unterhalten. Und darauf hab ich echt keine Lust! Viel interessanter wäre es, mit dem Mädchen gegenüber zu reden. Seitdem sie ins Abteil gekommen ist, hat sie sich nicht mehr bewegt. Sie scheint vollkommen in ihr Buch vertieft zu sein. Was sie wohl liest? Verdammt! Sie hält ihr Buch gerade in so einem Winkel, dass ich den Titel nicht entziffern kann. Außer … außer ich würde mich ein bisschen vorbeugen. Aber damit riskiere ich, dass die Blondine aufwacht, und das will ich nicht. Also ruhig halten, weiterlesen! Pfff … lesen! So tun, als ob ich lesen würde, trifft's wohl eher. Ich komm kein bisschen weiter! Dachte nicht, dass das so 'ne stressige Zugfahrt wird: Nicht bewegen, damit die Blondine nicht aufwacht, unauffällig verhalten, damit das Mädchen gegenüber nicht bemerkt, wie ich es beobachte … Ich dachte, das wird eine entspannte Fahrt nach Bonn, und jetzt bin ich umringt von Mädels und einzig und allein damit beschäftigt, mich möglichst „lässig" zu verhalten. Wie das Mädchen gegenüber wohl heißt? Sophie vielleicht. Oder Nora? Ja, Nora würde gut zu ihr passen. Sie wirkt irgendwie so … mysteriös. Zurückhaltend, vielleicht ein bisschen schüchtern. Schon auf dem Weg zu ihrem Platz hat sie mir nur flüchtig in die Augen geblickt. Und dann ihre vorsichtige Frage, ob das auch der richtige Platz ist. Irgendwie süß. Wie sie in ihr Buch versunken ist! Es scheint nichts zu geben, was sie aus ihrer Welt reißen könnte. Das finde ich toll!

Oh! Sie seufzt und blickt nach oben! Direkt in meine Augen! Wooow! Sie hat unglaubliche Augen! Tiefblau! Mein Gott, sieht sie gut aus! Und jetzt lächelt sie auch noch und … starrt wieder in ihr Buch. Hmmm … Die findet mich wohl bei Weitem nicht so interessant wie ich sie. Aber ich hab schließlich auch 'ne Blondine an meiner Schulter kleben. Ich würd mich vermutlich auch nicht für Nora interessieren, wenn ein gut aussehender Kerl an ihr hängen würde. Verdammt! Daran hab ich bis jetzt noch gar nicht gedacht! Sie meint bestimmt, dass Blondie hier meine Freundin ist. Nein, Nora, das ist sie nicht! Ich kenne sie nicht. Und ich will sie auch nicht kennenlernen! Dich, dich will ich kennenlernen! Okay, Schluss jetzt! Ruhig halten, weiterlesen! Konzentrier dich auf dein Buch, schlag dir Nora aus dem Kopf, herrje! Umblättern, ich muss auch gelegentlich mal umblättern, sonst denkt Nora womöglich, ich bin total behämmert und brauche Stunden, um nur eine Seite zu lesen. Nein, das denkt Nora vermutlich nicht. Weil Nora vermutlich überhaupt nicht über mich nachdenkt! Sie ist in ihren Roman vertieft. Sie schafft es, im Vergleich zu mir, mehr als eine Seite pro Stunde zu lesen.

Was ist jetzt los? Die Blondine ist wach, springt auf, läuft aus dem Waggon. Die ist wohl an ihrem Ziel angekommen. Ha, gar nicht schlecht! Jetzt merkt Nora wenigstens, dass wir nicht zusammengehören. Das wird sie doch wohl jetzt kapieren, oder? ODER? Nora …? Wieso siehst du mich so verdutzt an? Okay, sie versteht wohl überhaupt nicht, was hier gerade abgeht. Ich klär sie jetzt auf. So kann ich sie vielleicht auch gleich in ein Gespräch verwickeln.

„Hä" sagt sie nur? Und ihr verwundertes Gesicht dazu … Mist! Wahrscheinlich ist es ihr total egal, ob ich die Blondine kenne oder nicht. Ich muss weiterreden, sonst wird es peinlich! Und etwas genauer erklären, vielleicht weiß sie ja gar nicht, wovon ich spreche. Nora muss wissen, dass die neben mir einfach nur müde vom Feiern war. Jetzt lächelt sie mich an und sieht mir direkt in die Augen. Diese Augen! Ich muss weiterreden, mir irgendwas einfallen lassen! Sonst entflieht Nora wieder in ihre Bücher-Welt! Okay, leg los … Frag sie was! Irgendetwas! „Ich fahr nach Bonn, und du?" – Na ja, da hätte ich mir auch was Tiefsinnigeres einfallen lassen können. Aber immerhin habe ich das Gespräch eröffnet. Das ist ja schon mal was. Und sie antwortet. Sie fährt auch nach Bonn. Gut. Sehr gut. Sehr, sehr gut sogar. Das heißt, ich hab noch mindestens 'ne Stunde, um mehr über sie zu erfahren. Vielleicht länger, wenn wir 'n bisschen Verspätung haben. Und auf Verspätung kann man sich bei der Bahn doch normalerweise verlassen! Zumindest so 'n bisschen! Ich brauch nur etwas mehr Zeit! Zeit, um diese mysteriöse Schönheit gegenüber kennenzulernen!

Variante 2: Fortsetzung der Geschichte

Hinweis: Du sollst die Geschichte weiterschreiben, das bedeutet, dass du dich in die Lage des Mädchens versetzen musst und das weitere Geschehen als Ich-Erzählerin aus dessen Perspektive wiedergibst. Da das bisherige Ende der Geschichte offen ist, kannst du dir selbst überlegen, wie die Begegnung im Zug weitergeht. Verstehen sich der Junge und das Mädchen richtig gut? Oder bekommt das Mädchen seine Nervosität nicht in den Griff und es entsteht einfach kein Gesprächsfluss? Vielleicht kommt es auch zu einer unerwarteten Wendung, mit der die Leser nicht rechnen. Du bist hier ganz frei. Natürlich kannst du auch noch weitere Figuren auftreten lassen, z. B. einen Schaffner oder neue Fahrgäste. Wichtig ist, dass du dich sprachlich am Anfang der Geschichte orientierst. Analysiere dazu zunächst, welche sprachlichen Mittel die Autorin eingesetzt hat. Auffällig ist zum Beispiel, dass die Gedanken des Mädchens sehr detailliert, aber auch sehr gewitzt und stellenweise ironisch wiedergegeben werden. Außerdem prägen flapsige Ausdrücke und sehr viele Vergleiche die Erzählung. Versuche, deine Sprache beim Fortsetzen der Geschichte daran anzupassen. Wichtig ist, dass du die Gespräche in der direkten Rede wiedergibst.

Sprachliche Analyse des Ausgangstextes
- Vergleiche (vgl. z. B. Z. 2, 9, 46, 48, 61, 89)
- bildhafte Sprache (vgl. z. B. Z. 19, 26)
- gewitzte, ironische Ausdrucksweise (vgl. Z. 34 ff.)
- Fragen an sich selbst (vgl. z. B. Z. 68, 76 f.)
- Wortwiederholungen (vgl. z. B. Z. 24 ff.)
- umgangssprachliche Ausdrücke (vgl. z. B. Z. 3, 37 ff., 73)
- kurze, abgehackte Sätze (vgl. z. B. Z. 52 f., 70 ff.)

Mögliche inhaltliche Aspekte der Fortführung der Geschichte
- kurzes Gespräch über das Buch des Mädchens
- anschließend wieder Schweigen
- Mädchen ist zu aufgeregt, um ein Gespräch zu führen; ärgert sich über sich selbst
- verschwitzter Mann betritt das Abteil und setzt sich neben den Jungen
- nickt ein und sackt auf die Schulter des Jungen
- Mädchen und Junge bekommen einen Lachanfall
- Scheu ist überwunden; fließendes Gespräch entwickelt sich
- Happy End: Junge berührt am Ende der Zugfahrt die Hand des Mädchens; sie lächeln sich zu

Aufsatzbeispiel

Fortsetzung der Geschichte

62 Minuten. Das schaffe ich!

Das heißt, das schaffe ich vielleicht, wenn ich endlich mal aufhöre, den Wahnsinnstypen anzustarren wie ein Hund, der darauf wartet, von seinem Herrchen einen Knochen vor die Füße geworfen zu bekommen. Ja, genau so komme ich mir vor. Ich starre glückselig in seine Richtung und warte darauf, dass er etwas sagt, mir einen Wortfetzen hinschmeißt, auf den ich reagieren kann. Im Idealfall mit mehr als einem Zwei-Wort-Satz. Obwohl – das ist in meiner aktuellen Verfassung eher unwahrscheinlich.

„Stehst du auf Cecelia Ahern?" Er nickt in Richtung meines Buches, das inzwischen zugeklappt vor mir auf dem Tisch liegt. Cecelia Ahern! Die Queen der Schnulzenromane! Seichter geht es kaum. Kitschiger geht es kaum. Wie peinlich!!! Aber was soll ich sagen? Ja! Ich stehe auf Cecelia Ahern! Sie versorgt mich auf nur 200 Seiten mit all dem, worauf ich die letzten Jahre vergeblich gewartet habe: gewitzte Dialoge, romantische Liebesbriefe und vor allem: ein Happy End!

Bisher gleicht mein Liebesleben eher dem des Papstes: Es ist nicht vorhanden!

„Cecelia Ahern? Ääh, neee, nicht so richtig. Das lag bei uns zu Hause rum, da hab ich es für die Zugfahrt eingesteckt. Ist aber schon ziemlich schnulzig …"

Da sind sie wieder! Diese Grübchen! Mein Gott, wie kann ein männliches Wesen nur so unglaublich gut aussehen?! Er hält den Kopf leicht schräg und lächelt mich verschmitzt an, so als wolle er sagen: „Ich glaub dir kein Wort! Du stehst doch total auf Schnulzen!" Aber er beschränkt sich auf sein Wahnsinnslächeln und sagt nichts weiter dazu. Ein Gentleman eben. War ja klar.

Mein Blick fällt auf mein Handy: 55 Minuten. Okay, gib Gas! Wenn du Mr. Universe beeindrucken willst (sofern das nach der Cecelia-Ahern-Nummer von gerade eben überhaupt noch möglich ist), musst du dich ranhalten!

Mist! Da kommt nichts! Mein Hirn ist leer! Ich bin normalerweise eine Plaudertasche auf zwei Beinen. Und jetzt: nichts! Einfach nichts. Der Wahnsinnstyp, dessen Namen ich immer noch nicht kenne, wirkt überfordert von der Stille. Er senkt seinen Blick. Starrt wieder in sein Buch, das mit Sicherheit interessanter ist als die schweigsame, dumm kichernde Trulla gegenüber. Na toll! Verkackt!

„Is da noch frei?", schallt es plötzlich durch das Abteil. Und bevor irgendjemand in der Lage ist zu reagieren, sackt ein verschwitzt aussehender älterer Mann um die 50 unter lautem Stöhnen in den Sitz. Direkt neben dem Wahnsinnstypen. Der Ankömmling legt seinen Fahrradhelm auf den Schoß und drückt sich und seine verschwitzten Sportklamotten tief in den Sitz. Super! Die Chance, jetzt noch ein ungestörtes Gespräch mit meinem Traumtypen zu führen, ist wohl ebenso schnell verflogen wie die vorbeiziehende Landschaft da draußen.

Ein Blick auf das Handy.

Noch 40 Minuten.

Ich male mir im Kopf bereits aus, wie ich in Bonn den Zug verlasse, mit Mundwinkeln, die tiefer hängen als eines Labradors. Und der neue Sitznachbar des Wahnsinnstypen macht es nicht gerade einfacher für mich, ein Gespräch zu starten. Verdammter Mist!

38 Minuten.

Ich schließe die Augen und lehne den Kopf vorsichtig an die kühle Fensterscheibe. Würde es einen Nobelpreis für Selbstmitleid geben, ich würde ihn bekommen. Gerade als ich gedanklich in einem wunderschönen Abendkleid die Bühne erklimme, um meinen Nobelpreis für die armseligste Kreatur auf Erden entgegenzunehmen, reißt mich ein wahnsinnig lautes Schnarchen aus meinen Gedanken. Ich schnelle nach oben und sitze kerzengerade und mit weit aufgerissenen Augen da. Ich traue meinen Augen nicht! Der verschwitzte Grufti ist eingepennt … und schlummert seelenruhig an der Schulter des Wahnsinnstypen.

Unsere Blicke treffen sich und jetzt gibt es kein Halten mehr. Wir prusten gleichzeitig laut los vor Lachen! Ich muss mir den Bauch halten und mir kullern sogar zwei, drei Lachtränen über

die Wangen. Dass der ziemlich fertig aussehende Mann gegenüber kurz die Augen öffnet und uns böse Blicke zuwirft, bevor er sich wegdreht und weiterdöst, stört mich nicht im Geringsten. Unser Lachanfall wirkt unglaublich befreiend. Die Aufregung, die Angst, etwas Dummes zu sagen, die Gelähmtheit in Gegenwart des Wahnsinnstypen: Alles wie weggeblasen!
„Scheint so, als hättest du eine einschläfernde Wirkung", flüstere ich.
Der Wahnsinnstyp setzt ein schelmisches Grinsen auf. „Auf dich hoffentlich nicht!"
„Im Gegenteil. Ich finde diese Zugfahrt fast ein wenig aufregend." Mensch, endlich kann ich wieder normal sprechen. Das muss ich ausnutzen. „Sag mal, wie heißt du eigentlich?"
„Ich bin Marc. Und du?"
„Hallo Marc. Ich bin Elena."
Die Dämme sind gebrochen und ich habe das Gefühl, alles, was ich in der vergangenen Stunde nicht sagen konnte, sprudelt jetzt gerade so aus mir heraus. Und er? Er ist fantastisch! Witzig, intelligent, selbstironisch. Und genau in den richtigen Momenten schmeichelt er mir beiläufig mit Komplimenten.
Plötzlich fällt mein Blick wieder auf mein Handy: 5 Minuten.
Panik macht sich in meinem Gesicht breit. Verdammt! Wir müssen gleich aussteigen!
Gerade als ich meinen Blick wieder hebe, beugt sich mein Wahnsinnstyp nach vorne und berührt ganz vorsichtig meine Hand, die auf dem Tisch liegt. Und: Er lächelt sein schönstes Grübchen-Lächeln! Ich schmelze!!! Einen kurzen Moment lang denke ich an meine Mama und daran, wie sehr ich sie dafür verteufelt habe, mir genau diesen Platz zu reservieren. Ich muss schmunzeln. Dann fällt mir wieder Cecelia Ahern ein. Gott, was wäre sie stolz auf uns und auf dieses perfekte Schnulzenroman-Happy-End!

Aufgabe:
Interpretieren Sie das Gedicht.

Mascha Kaléko (1907–1975)

Sozusagen grundlos vergnügt

Ich freu mich, daß am Himmel Wolken ziehen
Und daß es regnet, hagelt, friert und schneit.
Ich freu mich auch zur grünen Jahreszeit,
Wenn Heckenrosen und Holunder blühen.
– Daß Amseln flöten und daß Immen summen,
Daß Mücken stechen und daß Brummer brummen.
Daß rote Luftballons ins Blaue steigen.
Daß Spatzen schwatzen. Und daß Fische schweigen.

Ich freu mich, daß der Mond am Himmel steht
Und daß die Sonne täglich neu aufgeht.
Daß Herbst dem Sommer folgt und Lenz dem Winter,
Gefällt mir wohl. Da steckt ein Sinn dahinter,
Wenn auch die Neunmalklugen ihn nicht sehn.
Man kann nicht alles mit dem Kopf verstehn!
Ich freue mich. Das ist des Lebens Sinn.
Ich freue mich vor allem, daß ich bin.

In mir ist alles aufgeräumt und heiter:
Die Diele blitzt. Das Feuer ist geschürt.
An solchem Tag erklettert man die Leiter,
Die von der Erde in den Himmel führt.
Da kann der Mensch, wie es ihm vorgeschrieben,
– Weil er sich selber liebt – den Nächsten lieben.
Ich freue mich, daß ich mich an das Schöne
Und an das Wunder niemals ganz gewöhne.
Daß alles so erstaunlich bleibt, und neu!
Ich freu mich, daß ich … Daß ich mich freu.

(um 1930)

Mascha Kaléko: Sozusagen grundlos vergnügt. In: Mascha Kaléko: In meinen Träumen läutet es Sturm. Deutscher Taschenbuch Verlag, München 2002, S. 70

Lösung

Hinweis: Nimm dir genügend Zeit, um das Gedicht „Sozusagen grundlos vergnügt" mehrmals zu lesen. Markiere beim Lesen wichtige Wörter und mache dir neben dem Text Notizen zum Inhalt, zur Form und zur Sprache des Gedichts. Da die Sprache des Gedichts sehr einfach ist, wirst du keine Probleme damit haben, den Inhalt zu verstehen. Allerdings enthält das Gedicht wenig Handlung, sondern präsentiert vielmehr die Gedanken und Gefühle des lyrischen Ichs. Versuche, den Zusammenhang zwischen den Aussagen bzw. den einzelnen Gedanken herzustellen. Worüber empfindet das lyrische Ich Freude? Welche Gemeinsamkeiten oder Unterschiede weisen die Quellen der Freude auf? Welche Auswirkungen hat das Gefühl der Freude auf das eigene Innenleben, aber auch auf andere Menschen? Beschreibe bei deinem Aufsatz den Gedankengang des lyrischen Ichs chronologisch, also Vers für Vers bzw. Strophe für Strophe. Mache dabei auch deutlich, inwiefern die Form – Strophenbau, Reimschema, Versmaß – und die Sprache des Gedichts den Inhalt unterstützen.

Stichpunktartige Gliederung

Einleitung
- Freude als Lebenshaltung und Kernthema des Gedichts

Hauptteil

Form
- drei Strophen: 1. und 2. Strophe à acht Verse, 3. Strophe à zehn Verse
- inhaltlicher Einschnitt in der Mitte des Gedichts → zwei etwa gleich große Sinneinheiten
- verschiedene Reimschemata, streng eingehaltenes Metrum (Jambus) → Rhythmus durch Abwechslung und Konstanz

Strophe 1

Inhalt
- Freude des lyrischen Ichs über die verschiedenen Sinneswahrnehmungen in der Natur

Sprache und ihre Wirkung
- Wiederholung der Phrase „Ich freu mich" (V. 1, 3) → „Refrain" des Gedichts
- Parallelismus in Bezug auf die Nebensätze (vgl. V. 1 ff.) → hohe Einprägsamkeit der Aussagen
- etymologische und lautmalerische Figuren (vgl. V. 5 f.), Schlagreim (vgl. V. 8) → Nachahmung der Geräuschkulisse in der Tierwelt

Strophe 2

Inhalt
- Freude über die Himmelsordnung und die Folge der Jahreszeiten
- Thematisierung der Sinnfrage

Sprache und ihre Wirkung
- Spott über die „Neunmalklugen" (V. 13); „Kopf" (V. 14) als Pars pro Toto für den Verstand → Abwertung einer rein vernunftgeleiteten Betrachtung der Welt
- Indefinitpronomen „[m]an" (V. 14) → Betonung der Allgemeingültigkeit der Aussage
- Anapher in den Versen 15 und 16 („Ich freue mich") → Kontrastierung mit dem zuvor erwähnten Verstand

Strophe 3

Inhalt
- innerer Zustand des lyrischen Ichs als Ausdruck einer Lebenshaltung

Sprache und ihre Wirkung
- Metapher „[i]n mir ist alles aufgeräumt“ (V. 17); blitzende Diele und geschürtes Feuer (vgl. V. 18) → Bild für die Ordnung und die Warmherzigkeit im Inneren
- Metapher der Himmelsleiter (vgl. V. 19 f.) → christliche Vorstellung des Himmels? Bild für Erreichen eines angenehmen Zustands?
- sprachliche Bezüge zum biblischen Gebot der Nächstenliebe → Aufzeigen des Zusammenhangs zwischen dem Gefühl der Lebensfreude und einer den Menschen zugewandten Haltung
- Hervorheben der Adjektive „erstaunlich“ (V. 25) und „neu“ (V. 25) → Ausdruck für die eigene Begeisterungsfähigkeit
- Satzabbruch und Abweichung vom Metrum im letzten Vers (vgl. V. 26) → Akzentuierung der Aussage am Ende des Gedichts

Schluss

Freude, die man aus der Schönheit der Natur sowie aus innerer Balance schöpft, als Voraussetzung für eine liebevolle Zuwendung zu den Mitmenschen

Aufsatzbeispiel

Einleitung

Man kann sich im Alltag über viele Dinge freuen, z. B. über ein schönes Erlebnis mit Freunden, über eine gute Note oder über ein nettes Kompliment. Genauso oft kann man sich über bestimmte Vorkommnisse ärgern, z. B. über schlechtes Wetter oder über einen rücksichtslosen Mitmenschen. In dem **um 1930** entstandenen Gedicht **„Sozusagen grundlos vergnügt“** von **Mascha Kaléko** steht das **Gefühl der Freude im Mittelpunkt**. In Kalékos Text ist die Freude aber keine flüchtige Empfindung, die kurz auftaucht und wieder verschwindet, sondern vielmehr ein grundlegendes Lebensgefühl, das tief im Inneren sitzt.

Hauptteil

Das Gedicht ist in **drei Strophen** gegliedert, von denen die ersten beiden je acht Verse umfassen. Die dritte Strophe besteht aus zehn Versen. Insgesamt setzt sich der Text also aus 26 Versen zusammen und es ist auffällig, dass **ungefähr in der Mitte des Gedichts**, in Vers 12, ein **inhaltlicher Einschnitt** erfolgt. Während aus der **ersten Sinneinheit** (V. 1–12) hervorgeht, **worüber sich das lyrische Ich freut**, wird dessen Freude im **zweiten Teil** (V. 12–26) in einen größeren Kontext gestellt, in dem es um die **Sinnfrage und die Auswirkungen des Glücksgefühls** geht.

Da sich **verschiedene Reimschemata** abwechseln (umarmende Reime, Paarreime und Kreuzreime), das **jambische Versmaß** aber – sieht man vom Schlussvers ab – streng eingehalten wird, ergibt sich ein **Rhythmus aus Abwechslung und Konstanz**. Dies erzeugt eine beinahe musikalische Harmonie, die gut zur Freude des lyrischen Ichs passt. Die einfache, schlichte Sprache des Gedichts lässt die Botschaft des lyrischen Ichs verständlich und einprägsam erscheinen.

Das Gedicht wird eingeleitet mit den Worten **„Ich freu mich“** (V. 1). Diese Phrase wird im Verlauf des Textes insgesamt siebenmal wiederholt und erfüllt damit beinahe die **Funktion eines Refrains**, da sie dem Gedicht Struktur verleiht. Die erste Strophe folgt dem **Prinzip der Aufzählung:** „Daß“ bzw. „und daß“ stehen als **Anaphern** jeweils zu Beginn der Nebensätze, was in Verbindung mit „Ich freue mich“ einen sehr eingängigen **parallelen Satzbau** erzeugt. Das lyrische Ich freut sich in der ersten Strophe über verschiedene Erscheinungen der Natur: über **Wetterphänomene** wie Wolken, Regen oder Schnee und über die einzelnen **Jahreszeiten** (vgl. V. 1 ff.). Auch verschiedene **Pflanzen** (vgl. V. 4) und **Tiere** (vgl. V. 5–8) versetzen das lyrische Ich in eine fröhliche Stimmung. Vor allem die **Geräuschkulisse** der Tierwelt wird hervorgehoben. Die Natur wirkt dabei sehr belebt und sogar musikalisch: Amseln „flöten" (V. 5) und Immen „summen" (V. 5). Etymologische und **lautmalerische Figuren** („Brummer brummen", V. 6) sowie **Schlagreime** („Spatzen schwatzen", V. 8) sollen die Natur nachahmen und **bringen das Gedicht zum Klingen**. Es erscheint jedoch ungewöhnlich, dass das lyrische Ich sogar Freude an Mückenstichen empfindet (vgl. V. 6), verbindet man damit doch einen unangenehmen Juckreiz. Und auch das Schweigen von Fischen (vgl. V. 8) ist ein eher unkonventioneller Anlass zur Freude. Eine Ausnahme stellen auch die roten **Luftballons** dar, die in den Himmel ziehen (vgl. V. 7), da es sich dabei ja **nicht um ein Naturphänomen handelt**, sondern um ein von Menschenhand erschaffenes, künstliches Produkt. Die **Freude des lyrischen Ichs** erscheint dadurch beinahe **allumfassend**. Was **für andere Menschen ein Anlass zu Ärger oder Missmut** ist – wie Regen, Hagel, Kälte oder Schnee (vgl. V. 2) –, **dem kann das lyrische Ich positive Seiten abgewinnen**.

Die zweite Strophe knüpft zunächst an die erste an und thematisiert wieder **die Freude über verschiedene Naturerscheinungen**, dieses Mal über den Mond (vgl. V. 9) und die Sonne (vgl. V. 10) und über das Aufeinanderfolgen der vier Jahreszeiten (vgl. V. 11). Dann zieht das lyrische Ich **in der Mitte des Gedichts** eine Art **Zwischenfazit** seiner bisherigen Aussagen und hält fest: **„Da steckt ein Sinn dahinter** […]." (V. 12) Welcher Sinn das genau ist, wird jedoch nicht näher erläutert. Für das lyrische Ich scheint vor allem wichtig zu sein, dass überhaupt ein Sinn existiert. Es grenzt sich daraufhin auf durchaus **spöttische Weise** von den sogenannten „Neunmalklugen" (V. 13) ab, die diesen Sinn seiner Ansicht nach nicht erkennen können. Denn die „Neunmalklugen" würden den Sinn „mit dem Kopf verstehn" (V. 14) wollen. Laut lyrischem Ich gibt es also **Dinge auf dieser Welt, deren Wesen man nicht durch Denken und Grübeln** – dafür steht als Pars pro Toto der Kopf – **ergründen kann**. Dazu zählen alle Phänomene, die bisher aufgezählt wurden (vgl. V. 1–12). Diese Erkenntnis hält das lyrische Ich durch die Verwendung des **unpersönlichen Pronomens „man"** und durch ein Ausrufezeichen fest (vgl. V. 14) und stellt dadurch die **Allgemeingültigkeit seiner Beobachtung** heraus. Das lyrische Ich kann sich über alles freuen, weil es den **Sinn hinter den Dingen** nicht nur mit seinem Verstand zu greifen versucht, sondern auch und insbesondere **mit seinen Gefühlen**. Zum Ende dieser Strophe steht „Ich freue mich" noch einmal nachdrücklich und emphatisch als **Anapher** (vgl. V. 15 f.), was einen Kontrast zu den eben erwähnten, auf den Verstand fixierten „Neunmalklugen" erzeugt. **Die Freude selbst wird als Sinn des Lebens bezeichnet** (vgl. V. 15). Mit der Betonung der Freude an der eigenen Existenz („Ich freue mich vor allem, daß ich bin", V. 16) wird ein völlig neuer Aspekt aufgegriffen: Die **Freude richtet sich** nicht mehr nur auf äußere Dinge wie die Natur, sondern auch **auf die eigene Person**. Mit diesem **Umschwenken auf das Innere des Menschen** wird zur dritten und letzten Strophe übergeleitet.

Diese beginnt mit einer Metapher: „In mir ist alles aufgeräumt und heiter" (V. 17). Das lyrische Ich **spricht über sein Inneres, als wäre es ein Raum bzw. ein Haus**. Die blitzende Diele und das geschürte Feuer (vgl. V. 18) führen diese **Metapher** fort. Es entsteht ein Eindruck von **Gemütlichkeit und Wärme**. Das lyrische Ich will damit zum Ausdruck bringen, dass es **mit sich selbst im Reinen** ist und keine Sorgen hat. Ein solch freudiges Gefühl mache es sogar möglich, über eine **Leiter den Himmel** zu erreichen (vgl. V. 19 f.). Ob das lyrische Ich damit tatsächlich die christliche **Vorstellung des Himmels** meint oder ob der Himmel eine Metapher sein soll für einen besonders angenehmen Gefühlszustand, wird nicht erläutert. Wie in Vers 14 wird wieder das **unpersönliche „man"** (V. 19) verwendet, um die Aussage, durch Herstellung einer inneren Ordnung könne man **in eine höhere Sphäre gelangen**, als **objektive Erkenntnis** erscheinen zu lassen. Das eben beschriebene positive Verhältnis zu sich selbst sei daneben die Voraussetzung dafür, **andere Menschen wertschätzen** zu können: „Da kann der Mensch, wie es ihm vorgeschrieben, / – Weil er sich selber liebt – den Nächsten lieben" (V. 21 f.). Aufgrund der Wortwahl liegt es nahe, die Vorschrift, von der die Rede ist (vgl. V. 21), mit dem christlichen **Gebot der Nächstenliebe** gleichzusetzen. Selbstliebe ist laut lyrischem Ich eine notwendige Voraussetzung, um dieses zentrale christliche Gebot überhaupt erst erfüllen zu können. In den letzten vier Versen tritt das lyrische Ich selbst wieder stärker in Erscheinung und **greift noch einmal das Motiv der Freude auf:** „Ich freue mich" (V. 23). Dieses Mal bezieht sich die Freude aber auf keine konkrete Naturerscheinung oder auf das eigene Innenleben, sondern auf eine **Charaktereigenschaft**. Das lyrische Ich freut sich, dass es sich nicht an die schönen und wundervollen Erscheinungen dieser Welt gewöhnt (vgl. V. 23 f.), sondern dass in seinen Augen alles „erstaunlich" (V. 25) und „neu" (V. 25) bleibt. Gemeint ist also die **Fähigkeit, über das Schöne in dieser Welt noch immer staunen zu können**, nicht aus Gewohnheit abzustumpfen und alles für selbstverständlich zu halten. Der letzte Vers spielt auf den **Titel des Gedichts** „Sozusagen grundlos vergnügt" an und drückt die **Freude an der eigenen Freude** aus: „Ich freu mich, daß ich … Daß ich mich freu." (V. 26). Das kurze Zögern, das durch die drei Punkte symbolisiert wird, baut eine Spannung auf. Der **Satzabbruch** erweckt den Eindruck, als müsse das lyrische Ich einmal **tief Luft holen**, um nach der Aufzählung verschiedenster Dinge, die Freude bereiten, die entscheidende Erkenntnis mitteilen zu können. Die begonnene Aussage („Ich freu mich, daß ich …", V. 26) wird schließlich durch die einfachen Worte „[d]aß ich mich freu" (V. 26) zu Ende geführt. Durch die **Abweichung vom Metrum** im Nebensatz wirkt es so, **als sprudelten diese Worte geradezu aus dem Mund des lyrischen Ichs** heraus. Die entscheidende Einsicht lautet: Es braucht **keinen besonderen Anlass, um sich zu freuen**. Allein schon die Möglichkeit und die Fähigkeit, sich freuen zu können, reichen hierfür aus.

Schluss

„Sozusagen grundlos vergnügt" geht dem **Gefühl der Freude** genauer auf den Grund und stellt die **existenzielle Wichtigkeit** dieser Empfindung dar. Das **Staunen-Können** über die vielfältigen Phänomene der Natur und ein wohlwollendes, **liebevolles Verhältnis zu sich selbst** sind laut lyrischem Ich grundlegende **Bedingungen dafür, um den Mitmenschen positiv gegenübertreten** und ihnen Liebe und Respekt entgegenbringen zu können. Ob man diese Botschaft nun als christlichen Auftrag verstehen will oder als ethischen Ratschlag für einen gelingenden Umgang miteinander, ist letztlich unerheblich. An den einleuchtenden Erkenntnissen dieses Gedichts von Mascha Kaléko können die Leser auf jeden Fall ihre Freude haben.

Aufgabe:

Lassen Sie sich von Text und Foto anregen und schildern Sie eine erlebte oder erfundene Situation zur Thematik.

Franz Hohler (*1943 Schweizer Schriftsteller, Kabarettist und Liedermacher)

Die Nachricht vom Kellner

Kürzlich, als ich auf dem Bahnhof von Bonn auf meinen Zug wartete, stürzte sich ein Kellner aus dem Bahnhofsrestaurant, schaute sich hastig nach allen Seiten um und rannte dann zwischen Reisenden, Koffern und Gepäckkulis[1] durch, bis er eine Frau mit einem Rucksack eingeholt hatte, die ein Kind an der Hand führte.
Der Kellner drückte dem Kind den Stoffseehund, den er bei sich trug, in den Arm und ging nachher wieder ins Restaurant hinein, langsamer, als er herausgekommen war.
Als ich am selben Abend im Radio die Meldungen über Finanzkrisen, Selbstmordattentate und Armee-Einsätze gegen Demonstrationen hörte, merkte ich plötzlich, wie sehr ich die Nachricht vom Kellner vermisste, der dem Kind seinen vergessenen Stoffseehund zurückgebracht hatte.

Quelle: Hohler, Franz: Die Nachricht vom Kellner. In: Hohler, Franz: Das Ende eines ganz normalen Tages. Random House GmbH, München 2010, S. 38

Anmerkung:
1 Gepäckwagen

© missisya/123rf.com

Lösung

Hinweis: Bei dieser Aufgabe ist deine Kreativität gefordert, da es kein Material gibt, an dem du dich entlanghangeln kannst. Zwar liegt sowohl ein kurzer Text als auch ein Foto vor, doch sollen beide nur zur Inspiration dienen und müssen nicht in deinen eigenen integriert werden. Am besten liest du dir zuerst den kurzen Text von Franz Hohler durch und versuchst, dessen Sinn zu erfassen. Frage dich zum Beispiel, warum er diese Geschichte erzählt und was daran das Besondere ist. Dies kann dir helfen, eine eigene, ähnliche Situationsschilderung zu entwickeln. Zusammen mit dem Bild gibt der Text das Thema vor, zu dem du deinen Aufsatz verfassen sollst. Nachdem du dieses erkannt hast, kannst du eine Stoffsammlung anlegen, für die du dir alles notierst, was dir zur Aufgabenstellung einfällt. Überlege dann, zu welchem deiner Stichpunkte du am ehesten eine zusammenhängende Geschichte erzählen willst. Vielleicht bietet es sich an, einen selbst erlebten Moment zu schildern, jedoch darfst du auch deine Fantasie spielen lassen und dir etwas ausdenken. Achte dann jedoch darauf, dass die geschilderte Situation realistisch ist, also so hätte passiert sein können, auch wenn du sie nicht selbst so erlebt hast. Besonders ansprechend wird deine Schilderung, wenn sie, wie der vorgegebene Beispieltext, eine übergeordnete Botschaft enthält, die in der Einleitung bereits angedeutet werden kann. Im Hauptteil solltest du dich bemühen, anschaulich zu schreiben, damit sich die Leser in die von dir vorgestellte Situation hineinversetzen können. Vergegenwärtige dir, was man im beschriebenen Moment sieht, hört, riecht oder fühlt und wähle passende Adjektive, Vergleiche und Metaphern, um deinen Lesern diese Sinneseindrücke nahezubringen. Zum Schluss deiner Schilderung kannst du die in der Einleitung angedeutete Botschaft wieder aufnehmen und deutlich nennen. So rundest du deinen Aufsatz geschickt ab. Schön ist es außerdem, wenn du deinem Text eine passende Überschrift gibst, die die Leser neugierig macht und zum Weiterlesen animiert.

Analyse und Eingrenzung der Aufgabenstellung
Angeregt von einem kurzen Text und einer Fotografie eine Situation zum Thema Mitmenschlichkeit schreiben

Stichpunktartige Stoffsammlung und Gliederung

Einleitung
Einführung in den situativen Kontext: Fahrradheimfahrt bei trübem Dezemberwetter; wenig vorweihnachtliche Stimmung durch Nachrichten, die einen schlechten Eindruck von der Welt und den Menschen vermitteln

Hauptteil
- zunächst scheinbare Bestätigung des negativen Eindrucks: Vorbeifahrt an alter, gebrechlicher Frau, die sich mit schweren Einkaufstüten abschleppt
- Höhe-/Wendepunkt: Entschluss, umzukehren und der Frau zu helfen
- Entkräftung des negativen Eindrucks: Hilfsangebot an die alte Frau; Auswirkungen von Mitmenschlichkeit auf den Einzelnen

Schluss
Formulierung eines impliziten Appells: Bleib immer menschlich!

Aufsatzbeispiel

Schau zweimal hin!

Einleitung

Letztes Jahr an einem dunklen, nasskalten Dezemberabend circa zwei Wochen vor Weihnachten war ich abends gegen 20.30 Uhr auf dem Heimweg von meiner Freundin, bei der wir gemeinsam für die anstehende Matheklausur gebüffelt hatten. Es war mir schwergefallen, mich auf so etwas wie Gleichungen und Funktionen zu konzentrieren. Mein Kopf war noch ganz voll mit den negativen Meldungen, die ich zuvor in den Nachrichten verfolgt hatte. Angst vor Überfremdung, Terrorgefahr auf Weihnachtsmärkten, zunehmende gesellschaftliche Gleichgültigkeit – keine Spur von adventlicher Ruhe! Ich war trotz des trüben und regnerischen Wetters mit dem Fahrrad unterwegs, dessen schwaches Licht gerade so den Nebel durchdringen konnte, der über dem Weg hing. Mein Magen knurrte und ich wollte nur noch nach Hause, um meine vor Kälte starren Finger am Kachelofen aufwärmen zu können. Bei dem Wetter war um diese Uhrzeit kaum noch jemand unterwegs und wer doch draußen sein musste, wollte so schnell wie möglich an sein Ziel kommen. Auch ich trat fest in die Pedale, um nicht noch länger diesen unwirtlichen Bedingungen ausgesetzt zu sein.

Hauptteil

Tief über meinen Lenker geduckt, nahm ich kaum wahr, was sich rechts und links meines Gesichtsfelds abspielte, sodass ich die kleine gebeugte Gestalt neben mir auf dem Gehsteig beinahe übersehen hätte. Man konnte sie aber auch fast nicht erkennen, da sie kaum die Größe eines Grundschulkindes hatte und sich in ihrem schwarzen Daunenmantel und ihrem Kopftuch kaum von der sie umgebenden Dunkelheit abhob. Das Auffälligste an ihr war jedoch, dass sie nicht aufrecht ging, sondern ihr Oberkörper stark gebeugt und ihr Kopf zur Seite gedreht war. Sie bewegte sich im Schneckentempo vorwärts und die vollgepackten Einkaufstüten, die sie in beiden Händen mit sich trug, schleiften fast über den regennassen Boden, so schwer schienen sie zu sein. Wie die wenigen anderen Leute, die noch unterwegs waren, wurde auch ich kein bisschen langsamer, als ich sie überholte – schließlich hatte ich nichts mit der Person zu schaffen und wollte so schnell wie möglich nach Hause und ins Warme. Als ich die zwergenhafte Gestalt längst aus den Augen verloren hatte, bog ich endlich in unsere Straße ein, stellte mein Fahrrad ab und fummelte mit klammen Fingern den Haustürschlüssel aus meiner Hosentasche. Sobald ich die Tür nur einen Spalt breit geöffnet hatte, spürte ich die warme Luft, die mir aus unserem Hausflur entgegenwehte, und verführerischer Essensduft kitzelte meine Nase.

Allerdings war ich in dem Moment nicht so glücklich und erleichtert, wie ich es mir noch wenige Minuten zuvor ausgemalt hatte, als ich bei meiner Freundin losgefahren war. Stattdessen war mir, als hätte sich etwas Dunkles, Schweres auf mein Herz gelegt, das verhinderte, dass ich mich so richtig freuen konnte. Und ich wusste auch ganz genau, woran das lag. Die gebeugte Gestalt mit ihren kleinen Schritten, dem zur Seite geneigten Kopf und den schweren Einkaufstüten ging mir nicht mehr aus dem Kopf. Während ich mich auf ein leckeres Essen im Kreis meiner Familie im warmen Wohnzimmer freuen konnte und keine weiteren Verpflichtungen hatte, als Mathe zu lernen und ab und zu mal das Geschirr abzuspülen, musste die alte Frau sehr einsam sein, wenn sie sich in ihrem körperlich beeinträchtigten Zustand alleine mit ihren Einkäufen abschleppen und ihren gesamten Alltag ohne Hilfe bewältigen musste.

Ohne noch weiter zu überlegen, zog ich die Haustür wieder zu, schwang mich auf mein Fahrrad und fuhr den Weg, den ich vorher unbedingt hinter mich hatte bringen wollen, wieder zurück. Schon bald hatte ich die gebeugte Frau erreicht, die sich noch immer mit langsam tastenden Schritten vorwärtsbewegte und sich kaum von der Stelle entfernt hatte, an der sie mir zuerst aufgefallen war. Um sie nicht zu erschrecken, stellte ich mein Fahrrad ab und näherte mich ihr zu Fuß. Komischerweise nahm ich die unwirtlichen Bedingungen, die Kälte, den Wind und die Dunkelheit jetzt gar nicht mehr so stark wahr wie zuvor, als ich nur auf mich selbst und mein möglichst rasches Heimkommen konzentriert gewesen war. Während ein Geschäftsmann im Anzug die Frau mit großen Schritten überholte, beugte ich mich zu ihr hinunter und sprach sie an. „Entschuldigen Sie, kann ich Ihnen vielleicht mit Ihren Taschen helfen?", fragte ich etwas atemlos. Schwerfällig wand sie mir ihr kleines, von zahlreichen tiefen Falten durchzogenes Gesicht zu und blickte mich an. „Das ist aber sehr nett von dir! Ich wohne gleich hier drüben, allerdings ist der Aufzug kaputt, sodass ich schon befürchtet habe, heute gar nicht mehr in meine Wohnung zu kommen." Mit ganz neuer Energie nahm ich ihr die Taschen ab und begleitete sie bis zu ihrer Wohnungstür. Und obwohl wir viel langsamer liefen als ich es gewohnt war, war mir plötzlich wesentlich leichter ums Herz, die Dunkelheit kam mir nicht mehr ganz so dunkel und die Kälte nicht mehr gar so klamm vor. Und selten hatte mir ein Abendessen am Kamin im Kreis meiner Familie so gut geschmeckt wie an diesem Dezembertag.

Schluss

Sicher, auch am nächsten Morgen würde in der Zeitung wieder nur von der „Flüchtlingskrise", der Spaltung der Gesellschaft und von allen möglichen Gefahren zu lesen sein. Aber ich und ganz sicher auch die Frau mit den Tüten wussten, dass es auf unserer Welt auch viel Gutes gibt, wenn wir zweimal hinschauen und uns im Kleinen auf das besinnen, was uns ausmacht – unsere Mitmenschlichkeit!

Aufgabe:

Bearbeiten Sie **eine** der beiden Aufgaben.

Interpretieren Sie den Text.

oder

Versetzen Sie sich in die Lage des Herrn. Auf dem Nachhauseweg denkt er über die Worte und das Verhalten des jungen Mannes nach. Am Abend schreibt er seine Gedanken dazu in sein Tagebuch. Verfassen Sie diesen Text.

Helga M. Novak (1935–2013)

Eis

Ein junger Mann geht durch eine Grünanlage. In einer Hand trägt er ein Eis. Er lutscht. Das Eis schmilzt. Das Eis rutscht an dem Stiel hin und her. Der junge Mann lutscht heftig, er bleibt vor einer Bank stehen. Auf der Bank sitzt ein Herr und liest eine Zeitung. Der junge Mann bleibt vor dem Herrn stehen und lutscht.

Der Herr sieht von seiner Zeitung auf. Das Eis fällt in den Sand.

Der junge Mann sagt, was denken Sie jetzt von mir?

Der Herr sagt erstaunt, ich? Von Ihnen? Gar nichts.

Der junge Mann zeigt auf das Eis und sagt, mir ist doch eben das Eis runtergefallen, haben Sie da nicht gedacht, so ein Trottel?

Der Herr sagt, aber nein. Das habe ich nicht gedacht. Es kann schließlich jedem einmal das Eis runterfallen.

Der junge Mann sagt, ach so, ich tue Ihnen leid. Sie brauchen mich nicht zu trösten. Sie denken wohl, ich kann mir kein zweites Eis kaufen. Sie halten mich für einen Habenichts. Der Herr faltet seine Zeitung zusammen. Er sagt, junger Mann, warum regen Sie sich auf? Meinetwegen können Sie soviel Eis essen, wie Sie wollen. Machen Sie überhaupt, was Sie wollen. Er faltet die Zeitung wieder auseinander.

Der junge Mann tritt von einem Fuß auf den anderen. Er sagt, das ist es eben. Ich mache, was ich will. Mich nageln Sie nicht fest. Ich mache genau, was ich will. Was sagen Sie dazu?

Der Herr liest wieder in der Zeitung.

Der junge Mann sagt laut, jetzt verachten Sie mich. Bloß, weil ich mache, was ich will. Ich bin kein Duckmäuser. Was denken Sie jetzt von mir?

Der Herr ist böse.

Er sagt, lassen Sie mich in Ruhe. Gehen Sie weiter. Ihre Mutter hätte Sie öfter verhauen sollen. Das denke ich jetzt von Ihnen.

Der junge Mann lächelt. Er sagt, da haben Sie recht.

Der Herr steht auf und geht.

Der junge Mann läuft hinterher und hält ihn am Ärmel fest. Er sagt hastig, aber meine Mutter war ja viel zu weich. Glauben Sie mir, sie konnte mir nichts abschlagen. Wenn ich nach Hause kam, sagte sie zu mir, mein Prinzchen, du bist schon wieder so schmutzig. Ich sagte, die anderen haben nach mir geworfen. Darauf sie, du sollst dich deiner Haut wehren. Laß dir nicht alles gefallen. Dann ich, ich habe angefangen. Darauf sie, pfui, das hast du nicht nötig.

Der Stärkere braucht nicht anzufangen. Dann ich, ich habe gar nicht angefangen. Die anderen haben gespuckt. Darauf sie, wenn du nicht lernst, dich durchzusetzen, weiß ich nicht, was aus dir werden soll. Stellen Sie sich vor, sie hat mich gefragt, was willst du denn mal werden, wenn du groß bist? Neger[1], habe ich gesagt. Darauf sie, wie ungezogen du wieder bist.

Der Herr hat sich losgemacht.

Der junge Mann ruft, da habe ich ihr was in den Tee getan. Was denken Sie jetzt?

(1968)

Quelle: Novak, Helga M.: Eis. In: Kürzestgeschichten. Texte und Materialien für den Unterricht. Philipp Reclam jun., Stuttgart 2010, S. 35 f.

Anmerkung:

1 Neger: gilt heute als abwertende, rassistische Bezeichnung für schwarze Menschen und wird als Schimpfwort gebraucht.

Lösung

Variante 1: Interpretation des Textes

Hinweis: Variante 1 der Aufgabenstellung zielt darauf ab, die vorliegende Kurzgeschichte von Helga M. Novak zu interpretieren. Aufgrund des absurden Verhaltens einer der Figuren entzieht sich der Text zunächst dem Verständnis der Leserinnen und Leser. Eine erste Annäherung besteht in der Zusammenfassung des Inhalts. Gliedere den Text hierzu in Sinnabschnitte, die den Eskalationsstufen bei der Begegnung zwischen dem jungen Mann und dem Zeitungsleser entsprechen. Wichtig ist, die Äußerungen der Figuren nicht Wort für Wort, sondern die einzelnen Phasen der Begegnung prägnant und im Überblick wiederzugeben. Bei der sich anschließenden Detailanalyse kannst du genauer auf die Entwicklung des Gesprächs und das Verhalten der Figuren eingehen. Es sollte deutlich werden, weshalb das Verhalten des jungen Mannes so ungewöhnlich ist und auf welche Art und Weise er zu provozieren versucht. Gehe auch darauf ein, wie sein Gegenüber jeweils reagiert. Durch Zitate untermauerst du deine Feststellungen. Für die nachfolgende Interpretation ist es hilfreich, den Titel und den zeitlichen Entstehungskontext der Kurzgeschichte einzubeziehen. Durch eine Gliederung deines Aufsatzes in Einleitung, Hauptteil und Schluss verleihst du deinen Ausführungen Struktur.

Stichpunktartige Stoffsammlung und Gliederung

Einleitung

Gleichgültigkeit als Thema des Textes

Hauptteil

1. Teil: Zusammenfassung des Inhalts
2. Teil: Textanalyse

- Figuren als Vertreter unterschiedlicher Generationen, Aufnahme des Gesprächs
- zunehmende Eskalation des Gesprächs infolge von Provokationen des jungen Mannes
- weitere Zuspitzung des Konflikts nach übergriffigem Verhalten des jungen Mannes, Bericht des Jüngeren über Auseinandersetzungen mit seiner Mutter
- Ende der Begegnung durch fluchtartigen Aufbruch des Zeitungslesers

3. Teil: Interpretation

- Titel der Kurzgeschichte als Symbol für Gefühlskälte und Distanziertheit
- Entstehungskontext als Hinweis auf eine politische Lesart der Kurzgeschichte

Schluss

Aktualität des Textes am Beispiel der Fridays-for-future-Bewegung

Aufsatzbeispiel

Einleitung

Die von Helga M. Novak verfasste Kurzgeschichte „Eis“ aus dem Jahr 1968 handelt von einem jungen Mann, der in einem Park auf einen älteren Herrn trifft und auf penetrante Art und Weise versucht, dessen Aufmerksamkeit zu erlangen. Bei dem Aufeinandertreffen, das schließlich mit der Flucht des Älteren endet, tritt vor allem die **Gleichgültigkeit** zutage, mit der Menschen einander im Alltag begegnen.

Hauptteil

Zu Beginn des Textes wird erzählt, wie ein junger Mann vor einem Herrn, der im Park auf einer Bank sitzt und Zeitung liest, stehen bleibt und ein Eis isst. Als ihm dieses auf den Boden fällt, versichert der Herr seinem Gegenüber auf Nachfrage, dass er ihn nicht für tollpatschig hält.

Im weiteren Gesprächsverlauf möchte der junge Mann den Zeitungsleser provozieren. Er bezichtigt sein Gegenüber, ihn für mittellos zu halten und ihn zu verachten, nachdem er, der junge Mann, von sich behauptet hat, er mache, was er wolle. Der ältere Herr fordert den Provokateur zunächst indirekt auf, ihn nicht weiter zu behelligen, und versucht danach, sein Gegenüber zu ignorieren. Schließlich lässt sich der Ältere der beiden zu der Aussage verleiten, die Mutter des jungen Mannes hätte ihn öfter verhauen sollen. Dieser reagiert mit einem Lächeln und gibt dem Zeitungleser recht.

Das Gespräch scheint sich dem Ende zu nähern, als der Herr aufsteht und gehen will. Der junge Mann hält ihn jedoch am Ärmel fest und erzählt ihm von einem Streitgespräch mit seiner Mutter. Bei diesem Einschub wird deutlich, dass sich der junge Mann auch gegenüber seiner Mutter provokativ verhalten hat, beispielsweise durch widersprüchliche Aussagen oder durch den Gebrauch eines Schimpfworts.

Das Gespräch endet damit, dass sich der ältere Herr losreißen kann und ihm der junge Mann hinterherruft, er habe seiner Mutter etwas in den Tee getan.

Da im Text eine **übergeordnete Erzählinstanz**, die das Geschehen einordnen oder kommentieren könnte, **fehlt**, sind die Leserinnen und Leser **bei der Deutung** der Geschichte **auf sich allein gestellt**. Um zu einer Interpretation dieser absurden Begegnung zu gelangen, erscheint es sinnvoll, die **Szene eingehender zu analysieren**.

Zunächst ist festzustellen, dass es sich bei den **Figuren** nicht um komplexe Persönlichkeiten, sondern in erster Linie um **Vertreter unterschiedlicher Generationen** handelt. Das Aufeinandertreffen findet in einer „Grünanlage“ (Z. 1), also im **öffentlichen Raum**, statt. In der Regel kommt es dort eher zu oberflächlichen Begegnungen und es gilt der Grundsatz, **fremde Personen in Ruhe zu lassen**, es sei denn, man braucht Hilfe. Bereits zu Beginn der Begegnung verstößt der junge Mann gegen diesen Grundsatz. Er scheint gezielt die **Aufmerksamkeit** des Zeitungslesers, der ihm jedoch völlig fremd ist, **zu suchen**. Das geht aus der **protokollartigen Situationsbeschreibung** zu Beginn des Textes hervor. Der junge Mann bleibt vor einer Bank stehen (vgl. Z. 3), auf der bereits jemand sitzt, und lässt sein Eis erst fallen, nachdem sein Gegenüber aufgeblickt hat (vgl. Z. 5). Ungewöhnlich ist die Frage, was der vor ihm Sitzende jetzt von ihm denkt (vgl. Z. 6), denn normalerweise legt man bei einem Missgeschick keinen Wert auf die Kommentare fremder Personen. Entsprechend **überrascht reagiert** der Angesprochene (vgl. Z. 7) und versichert auf Nachfrage, er halte ihn nicht für trottelig (vgl. Z. 8 ff.). Der Zeitungsleser **signalisiert sogar Verständnis**, als er meint: „Es kann schließlich jedem einmal das Eis runterfallen.“ (Z. 10 f.)

Eigentlich hätte der junge Mann einfach beruhigt weitergehen können, doch es scheint ihm darauf anzukommen, nicht zur Normalität zurückzukehren. Vielmehr wird deutlich, dass der Jüngere durch **fortlaufende Provokationen** versucht, eine **Eskalation der Situation herbeizuführen**. Er entlässt den Herrn auf der Bank nicht aus dem Gespräch, indem er ihm schließlich unterstellt, er, der Zeitungsleser, habe auf etwas überhebliche Art und Weise **Mitleid signalisiert** (vgl. Z. 12 f.). Dieser gibt durch Zusammenfalten der Zeitung (vgl. Z. 14) zu erkennen, dass er sich genötigt sieht, seine Lektüre zu unterbrechen. Er versucht, seinen penetranten Gesprächspartner in die Schranken zu weisen, indem er ihn bei seiner Antwort als „junge[n] Mann" (Z. 14) bezeichnet. Durch diese Anrede macht er deutlich, **dass sein Gegenüber die Autorität des Älteren anerkennen sollte**. Zudem ist die Aussage, der Jüngere könne machen, was er wolle (vgl. Z. 15), auch als Aufforderung zu verstehen, ihm beim Lesen nicht weiter zu stören. Demonstrativ schlägt er die Zeitung daher wieder auf (vgl. Z. 16). Der Versuch, den Provokateur im Folgenden durch Schweigen zur Ruhe zu bringen (vgl. Z. 20), scheitert jedoch. Nach weiteren herausfordernden Aussagen („Ich mache, was ich will", Z. 17 f.) und Unterstellungen („jetzt verachten Sie mich", Z. 21) kann der ältere Herr nicht länger an sich halten. Durch **aufeinanderfolgende Befehlssätze** („[L]assen sie mich in Ruhe. Gehen sie weiter", Z. 24) möchte er sich der Zudringlichkeit des Jüngeren erwehren. Die Tatsache, dass er sich nun selbst zu einer provokanten Äußerung hinreißen lässt, weist auf seinen **Fassungsverlust** hin. Erst, nachdem der ältere Herr seine Zurückhaltung aufgegeben hat, scheint **der junge Mann zufrieden** zu sein, denn er reagiert mit einem Lächeln (vgl. Z. 26). Die Eskalation des Gesprächs ist jedoch schon so weit fortgeschritten, dass ein **Abbruch der Begegnung kurz bevorzustehen** scheint. Das wird deutlich, als sich der Herr zurückziehen will (vgl. Z. 27).

Der junge Mann wird daraufhin im wörtlichen Sinn übergriffig, indem er sein Gegenüber am Ärmel packt (vgl. Z. 28) und ihm in einem **langen Redebeitrag** eine Geschichte über das schwierige Verhältnis zu seiner Mutter aufnötigt (vgl. Z. 28–38). Aus den Worten des Mannes geht hervor, dass er auch seine Mutter durch **widersprüchliche Aussagen** („ich habe angefangen", Z. 32; „ich habe gar nicht angefangen", Z. 34) und **absurde Bemerkungen** („Neger" als Berufswunsch, vgl. Z. 36 f.) provozieren wollte.

Die Begegnung endet schließlich damit, dass es dem Zeitungsleser **gelingt, sich loszureißen** (vgl. Z. 39), und ihm der junge Mann nachruft, er habe seiner Mutter „was in den Tee getan" (Z. 40). Was er ihr in den Tee getan hat, ob er sie etwa vergiftet hat und ob die Aussage den Tatsachen entspricht, bleibt ungewiss. Jedenfalls gibt der junge Mann – wie schon am Beginn der Begegnung – mit der Frage „**Was denken Sie jetzt?**" zu verstehen, dass er von dem älteren Herrn **erwartet, Position zu beziehen**. Durch dessen Flucht bleibt die Frage jedoch unbeantwortet. Sie wirkt wie eine Aufforderung an die Leserinnen und Leser, sich Gedanken zum Text zu machen.

Der Text entzieht sich aber einer vorschnellen **Deutung**, da beim Lesen vor allem die Absurdität der Geschichte hervorsticht und aufgrund der **neutralen Erzählhaltung** richtungsweisende Kommentare fehlen. Der **Titel** der Kurzgeschichte enthält jedoch einen Hinweis, wie der Text interpretiert werden kann. Mit „**Eis**" verbindet man Kälte und Starre. In Bezug auf **zwischenmenschliche Beziehungen** steht Eis daher für **Distanziertheit**. Diese Haltung ist kennzeichnend für den älteren Herrn. Auch wenn dessen irritierte Reaktion auf die aufdringlichen Fragen des Jüngeren durchaus nachvollziehbar erscheinen, fällt doch auf, dass er **dem jungen Mann zunächst vollkommen gleichgültig gegenübersteht**. Er erklärt, „[g]ar nichts" (Z. 7) gedacht zu haben, als das Eis seines Gegenübers auf den Boden gefallen ist, und meint schließlich: „Meinetwegen können Sie soviel Eis essen, wie Sie wollen. Machen Sie überhaupt, was Sie wollen." (Z. 15 f.) Damit signalisiert der Zeitungsleser, dass es ihm prinzipiell egal ist, was andere denken und wie sie handeln. Der Text kann auch als **Kritik an einer solchen Haltung** gelesen werden. Im Alltag begegnen wir einander oftmals mit Gleichgültigkeit. Das eigenartige Verhalten des jungen Mannes macht deutlich, dass manchmal nur **ungewöhnliche Aktionen** dazu beitragen, diese **Gleichgültigkeit zu überwinden** und „das zwischenmenschliche Eis" zu brechen.

Durch das Jahr der Veröffentlichung erhält die Geschichte auch einen **politischen Charakter**. Mit **1968** verbindet man den Beginn der **Flower-Power-Bewegung**. Vor allem junge Menschen haben in dieser Zeit das **Verhalten ihrer Eltern infrage** gestellt und wollten überkommene Wertvorstellungen aufbrechen. Dass der Herr Schläge als Erziehungsmethode befürwortet (vgl. Z. 24f.), zeigt sein konservatives Denken. Da die Figuren im Text keine individuellen Züge tragen, erscheinen sie wie typische **Vertreter dieses Generationenkonflikts**. Zu dieser Betrachtungsweise passt auch, dass der junge Mann nicht nur den Herrn im Park, sondern auch seine Mutter provoziert hat.

Schluss

Auch wenn der Generationenkonflikt heute nicht mehr so stark ausgeprägt ist wie Ende der 1960er-Jahre, hat die Geschichte von Helga M. Novak nichts von ihrer Aktualität verloren. Sie wirft die Frage auf, ob wir dem Leben anderer nicht häufig viel zu gleichgültig gegenüberstehen. Zum anderen zeigt sich auch in der Gegenwart, z. B. bei der **Fridays-for-future-Bewegung**, dass sich junge Menschen manchmal nur durch Protest Gehör verschaffen können.

Variante 2: Verfassen eines Tagebucheintrags

Hinweis: Bei der zweiten Variante dieser Aufgabe sollst du einen Tagebucheintrag aus Sicht des Herrn auf der Parkbank verfassen. Dieser hat sich auf dem Nachhauseweg über die Worte und das Verhalten des jungen Mannes Gedanken gemacht und verfasst den Tagebucheintrag erst am Abend. Er hatte also ausreichend Zeit, über die Begegnung nachzudenken. Das Schreiben sollte demnach eine gewisse Struktur aufweisen und dadurch verdeutlichen, dass sich der Herr gedanklich bereits intensiv mit dem Vorfall im Park auseinandergesetzt hat. Es bietet sich an, nach einer kurzen Andeutung der aktuellen Situation des Verfassers aus dessen Sicht das Gespräch mit dem jungen Mann wiederzugeben. Dabei musst du das Gespräch nicht Wort für Wort nacherzählen, sondern du solltest vor allem auf die Teile der Unterhaltung eingehen, die aus Sicht des Herrn besonders aufwühlend waren. Gerade die Gedanken und Gefühle des Herrn während der Begegnung und kurz danach auf dem Nachhauseweg sollten bei deinem Schreiben lebhaft und glaubwürdig zum Ausdruck kommen. Am Abend betrachtet der Herr den Vorfall womöglich aus einem anderen Licht. Er könnte nicht nur das Verhalten des jungen Mannes hinterfragen, sondern auch seine eigene Reaktion darauf. Überlegungen, die darauf abzielen, sich über das Erlebte Klarheit zu verschaffen, kannst du besonders gut am Ende des Tagebucheintrags entfalten. Vergiss nicht, die formalen Bestandteile des Tagebucheintrags zu beachten (Ort und Datum des Eintrags, Anredeformel).

Stichpunktartige Stoffsammlung und Gliederung

Einleitung
- Ort, Datum, Anredeformel
- aktuelle Situation bei der Abfassung des Eintrags

Hauptteil
- Beschreibung der Begegnung im Park aus Sicht des Herrn
- Wiedergabe von Gedanken und Gefühlen, z. B. Verwunderung, zunehmender Ärger, evtl. auch Verunsicherung und Angst

Schluss
- Nachdenken über die Absicht des jungen Mannes
- Bedauern über die eigene Gleichgültigkeit

Aufsatzbeispiel

Meiningen, 2. Juni 2020

Liebes Tagebuch,

es hätte heute so ein schöner Tag werden können, aber ein Ereignis, dass sich heute Vormittag zugetragen hat, lässt mich nicht zur Ruhe kommen. Ich werde wohl gleich noch einen Beruhigungstee zubereiten und dann versuchen, zu schlafen. Am quälendsten ist die Ungewissheit. Ich begreife einfach nicht, was der junge Mann von mir wollte. Doch der Reihe nach!
Wie du weißt, gehe ich jeden Samstagvormittag in den Park, um dort etwas frische Luft zu schnappen und auf meiner angestammten Bank die Wochenendausgabe der *Thüringer Allgemeinen* zu lesen. Heute stand ein herrlicher Sommertag bevor und die morgendliche Kühle schien sich noch ein wenig in der Kastanienallee halten zu können.
Ich hatte kaum zehn Minuten gelesen, als ich merkte, wie eine Gestalt direkt vor mir stehen blieb. Ich blickte über den Rand meiner Zeitung und wurde eines jungen Mannes gewahr, der vielleicht Anfang 20 sein mochte. Er trug eine Jeans und ein weißes T-Shirt, seine Haare machten einen zerzausten Eindruck. Kaum hatte ich aufgeblickt, fiel das Eis, an dem er schlürfend gelutscht hatte, auf den sandigen Boden der Allee. Seltsam war, dass er mich die ganze Zeit direkt ansah, und von der Tatsache, dass ihm gerade das Eis aus der Hand gefallen war, schien er keine Notiz zu nehmen. Was ich jetzt von ihm denke, wollte er wissen. Da keine andere Person in der Nähe war, musste er wohl mich meinen. Meine Verwunderung, dass mich ein völlig Fremder im Park anspricht und wissen will, was ich von ihm denke, muss man mir wohl deutlich angemerkt haben. Daher fragte der junge Mann, ob ich ihn angesichts des Missgeschicks für einen Trottel halte. Mir war die Sache unangenehm. Was ich über den Fremden dachte, konnte ihm doch völlig egal sein! Ich hätte ja gar keine Notiz von ihm genommen, wenn er sich nicht direkt vor mich gestellt hätte. Ich blieb dennoch höflich und meinte, das könne jedem mal passieren.
Für mich war der Vorfall damit erledigt, aber der junge Mann in Jeans gab sich damit nicht zufrieden. Die dreiste Unterstellung, ich würde ihn für mittellos halten, brachte mich beinahe erneut aus der Fassung. Ich würde ihn bemitleiden und denken, er könne sich kein zweits Eis kaufen. Was für ein Unsinn! Es war nun offensichtlich, dass er mich einfach provozieren wollte. Doch ich hielt mich zurück, faltete in aller Ruhe meine Zeitung zusammen und blickte mein Gegenüber direkt an, als ich ihm zu verstehen gab, er könne machen, was er wolle. Was war eigentlich sein Problem? Diese Frage lässt mich seit dem Vorfall heute Morgen nicht mehr los. Jedenfalls versuchte ich meine Zeitungslektüre fortzusetzen und das unverschämte Bürschchen einfach zu ignorieren. Der Kerl verschwand jedoch nicht, sondern provozierte mich in einer Tour mit weiteren Unterstellungen. Schließlich riss mir der Geduldsfaden. Diese jungen Leute! Respekt und Achtung vor dem Alter – das ist doch nicht zu viel verlangt! „Ihre Mutter hätte Sie öfter verhauen sollen!“, entfuhr es mir schließlich. Ich richtete mich auf und wollte gehen. Der junge Mann hatte es geschafft, dass ich die Fassung verliere. Ein Lächeln zeichnete sich auf seinen Lippen ab. Da wurde es mir zu viel. Am liebsten hätte ich diesen Dreikäsehoch, diesen Grünschnabel mit der Zeitung verscheucht. Aber er schien es ja geradezu darauf anzulegen, mich in Rage zu versetzen. „Zeit zu gehen“, dachte ich, stand auf und wandte mich ohne ein weiteres Wort um.
Nun geschah das Unfassbare! Du wirst es kaum glauben, liebes Tagebuch, aber der Schuft hielt mich am Ärmel fest und tischte mir allerlei Geschichten auf, wie er dereinst seine Mutter provoziert hat. Ich war fassungslos, dass er mich am Ärmel gepackt hatte. Wie erstarrt stand ich da. Ich hörte ihm kaum noch zu, denn meine Gedanken überschlugen sich. War das ein Gewalttäter, der an meine Geldbörse wollte? War das ein von Wahnvorstellungen Geplagter, der in mir eine Bedrohung sah? Ich hörte noch, wie er etwas von einer nachlässigen Mutter, Streitigkeiten in der Schule und von seinem Berufswunsch als „Neger“ faselte. Offensichtlich hatte er den Verstand verloren. „Nichts wie weg hier!“, fuhr es mir schließlich durch den Kopf und ich erwachte aus meiner Starre.

Mit einem Ruck gelang es mir schließlich, mich von ihm loszureißen. Mit hastigen Schritten schlug ich den Weg zum Ausgang des Parks ein. Zum Glück folgte mir der junge Mann nun nicht weiter, aber er rief mir Folgendes hinterher: „Da habe ich ihr was in den Tee getan. Was denken Sie jetzt?"
Liebes Tagebuch, diese Worte beschäftigen mich, seitdem ich mich direkt nach dem Vorfall in die Wohnung zurückgezogen habe. Auf dem Nachhauseweg wich die Angst allmählich der Wut über die Dreistigkeit des jungen Mannes. Doch seit ich in die Sicherheit der eigenen vier Wände zurückgekehrt bin, schwirren mir die letzten Worte des Mannes im Kopf herum. Was ist, wenn er seiner Mutter tatsächlich etwas angetan hat? Wollte er mir, einem völlig Fremden, etwas bekennen? Selbst wenn es nicht so war – was bringt einen jungen Mann dazu, derart nach Aufmerksamkeit zu gieren? Offensichtlich trägt er eine gehörige Portion Wut im Bauch. Sonst wäre er nicht so angriffslustig. Es muss doch einen Grund für diese Wut geben! Im Nachhinein tun mir meine Worte fast ein wenig leid. Dass er machen kann, was er will, würde ich jetzt wohl nicht mehr sagen.
Ich weiß aber nicht, was in dieser Situation im Park richtig gewesen wäre. Ich habe mich für die Flucht entschieden, weil ich die Provokationen nicht länger ertragen habe und mir zugegebenermaßen auch mulmig wurde, als er mich am Ärmel festgehalten hat. Aber was, wenn ich seine Provokationen ins Leere hätte laufen lassen? Hätte ich ihn fragen sollen, ob er gemeinsam im Park eine Runde spazieren gehen möchte? Hätte ich ihn auf ein zweites Eis einladen sollen? Das hätte ihn seinerseits vermutlich aus der Fassung gebracht. Vielleicht hätte ich dann eine Antwort auf die Frage, was eigentlich sein Problem war. Morgen werde ich mich wieder an meinen angestammten Platz auf die Parkbank setzen. Vielleicht kommt der junge Mann erneut vorbei. Dann kann ich ihm hoffentlich zeigen, dass er mir nicht vollkommen gleichgültig ist.

Aufgabe:

Schule ist das Höchste. Aber nur, wenn sie das Leben ist.

Friedrich Fröbel (deutscher Pädagoge, 1782–1852)

Setzen Sie sich erörternd mit diesem Zitat auseinander. Entwickeln Sie dabei eigene Vorstellungen vom Lernen in Gegenwart und Zukunft.

Lösung

Hinweis: Das Zitat von Friedrich Fröbel steht im Zentrum der Erörterung, die du verfassen sollst. Du musst deshalb genau verstehen, was er mit seiner Aussage meint. Vielleicht hilft es dir, das Zitat in eigenen Worten zu formulieren und so die Kernaussage herauszuarbeiten. Die Einleitung bietet sich ideal dazu an, das Zitat aufzugreifen und kurz zu erklären. Anschließend leitest du zur Erörterungsfrage über. Gefordert ist hier eine kontroverse Erörterung. Es geht also darum, zu beleuchten, ob die Schule gut auf die Zukunft vorbereitet oder ob die wirklich wichtigen und entscheidenden Erfahrungen außerhalb der Schule gesammelt werden, die Schule also ihren Zweck verfehlt. Bevor du mit dem Schreiben beginnst, solltest du einen Schreibplan anlegen, in dem du deine Ideen sammelst und deine Argumente in die richtige Reihenfolge bringst. Beginne mit den Argumenten, die nicht deiner Meinung entsprechen und ordne sie nach abfallender Wichtigkeit. Anschließend führst du die Gegenargumente an. Diese sortierst du so, dass dein überzeugendstes Argument ganz am Ende des Hauptteils steht. Jedes Argument basiert auf einer Behauptung. Diese wird durch eine ausführliche Begründung und ein anschauliches Beispiel ergänzt. Die Aufgabenstellung fordert zudem, dass du eigene Vorstellungen vom Lernen in Gegenwart und Zukunft entwickelst. Diese kannst du gut in deine Argumente integrieren. Anregungen dazu findest du in der Grafik, natürlich kannst du aber auch eigene Ideen einbringen. Im Schlussteil fasst du die wichtigsten Aspekte noch einmal kurz zusammen und ziehst anschließend ein Fazit.

Analyse der Aufgabenstellung:

- kontroverse Erörterung: Sind Schüler*innen nach dem Schulabschluss gut für die Zukunft gerüstet oder lernen sie die wirklich wichtigen Dinge erst durch das Leben selbst?

Stichpunktartige Stoffsammlung und Gliederung

Einleitung

- Hinführung zum Thema: Zitat von Friedrich Fröbel
- Aufzeigen der zu erörternden Fragestellung

Hauptteil

Pro-Kontra-Argumentation:

- gegnerische Position (Argumente nach abfallender Wichtigkeit)
  1. fehlende Vermittlung lebensnaher Inhalte
  2. nicht mehr zeitgemäßer Unterricht
  3. unangenehme Lernatmosphäre durch großen Druck
- eigene Position (Argumente nach ansteigender Wichtigkeit)
  3. Schule als Raum, in dem soziale Kontakte geknüpft werden
  2. Vermittlung wichtiger Werte
  1. Erlernen von Grundwissen und grundlegenden Fähigkeiten

Schluss

- Positionierung zur Ausgangsfrage: Schule als wichtige und prägende Institution, die jedoch mit der Zeit gehen muss und Veränderungen nötig hat, um auch für zukünftige Generationen attraktiv zu sein

Aufsatzbeispiel

„Schule ist das Höchste. Aber nur, wenn sie das Leben ist.“ Mit diesem Ausspruch hat der deutsche Pädagoge **Friedrich Fröbel** schon vor ungefähr 200 Jahren seinen Unmut über das Schulsystem zum Ausdruck gebracht. Das Zitat legt nahe, dass die Institution Schule nicht das leistet, was sie eigentlich sollte, und man die wirklich wichtigen Dinge erst im Laufe des Lebens lernt. Fröbel meint also, dass der Erfahrungsschatz, den jeder von uns in seinem Leben sammelt, wesentlich wertvoller und wichtiger ist als das, was uns in der Schule vermittelt wird. Die zentrale **Frage**, die es in der Auseinandersetzung mit dem Zitat zu erörtern gilt, lautet also: Sind **Schülerinnen und Schüler nach dem Schulabschluss gut für die Zukunft gerüstet** oder beginnt die „wahre Schule“ erst nach dem Abschluss?

Obwohl es schon lange her ist, dass Fröbel seine Aussage getätigt hat, und sich das Schulsystem inzwischen verändert hat, gibt es eine Reihe an Argumenten, die dafür sprechen, dass die Schule Schülerinnen und Schüler nur **unzureichend auf das Leben vorbereitet**.

So werden in der Schule manche **Inhalte**, die für das spätere Leben wichtig sind, **nicht oder nur sehr knapp behandelt**. Der Fächerkatalog hat sich in den vergangenen Jahrzehnten kaum verändert und das, obwohl sich unsere Welt so schnell weiterentwickelt wie nie zuvor. Mit der **Globalisierung** und der zunehmenden **Digitalisierung** muss auch die Schule Schritt halten und Fächer, die in diesem Zusammenhang wichtig werden, vermehrt in den Fokus rücken, denn schon jetzt beklagen immer mehr Unternehmer Bildungsdefizite bei Schulabsolventen. Waren Fächer wie **Informatik** oder **Wirtschaft** vielleicht vor 30 Jahren noch nicht relevant, sollte heutzutage jeder Absolvent ein grundlegendes Verständnis in diesen Bereichen mitbringen, um für den Arbeitsmarkt attraktiv zu sein. Natürlich werden die angesprochenen Fächer inzwischen an vielen Schulen unterrichtet, doch wird ihnen nach wie vor meist eine eher untergeordnete Bedeutung zugewiesen.

Hinzu kommt, dass die **Art und Weise**, auf die an vielen Schulen **unterrichtet** wird, **nicht mehr zeitgemäß** ist. Die Schulen haben es verpasst, sich frühzeitig mit der Digitalisierung auseinanderzusetzen und nach und nach die notwendige **Technik** anzuschaffen. Ein Grund dafür ist sicherlich auch das **fehlende Geld für flächendeckendes, schnelles Internet** an Schulen und entsprechende Geräte, mit denen moderner Unterricht gehalten werden kann. Nach wie vor ist in den meisten deutschen Klassenzimmern eine Tafel vorzufinden, Übungsaufgaben werden auf Papier gedruckt und handschriftlich ausgefüllt. In einer Zeit, in der das **Smartphone** unser ständiger Begleiter und Helfer im Alltag ist, gäbe es zahlreiche Möglichkeiten, um Unterricht moderner zu gestalten – selbst, wenn kein Budget für große technische Anschaffungen vorhanden ist. So werden schon heute viele Apps angeboten, die das Lernen abwechslungsreicher machen und eine gute **Alternative zum klassischen Frontalunterricht** sein können. Vereinzelt gibt es inzwischen Schulen mit Tablet-Klassen und einer guten technischen Ausstattung. Die Zukunftsvision muss für alle Schulen in diese Richtung gehen, denn nur so kann eine Ausbildung garantiert werden, die die Lernenden optimal auf das spätere Leben vorbereitet.

Ein weiteres Problem ist die oft **unangenehme Lernatmosphäre** an Schulen. Diese entsteht häufig dadurch, dass die Erwartungen an die Lernenden immer größer werden und ein enormer **Leistungsdruck** aufgebaut wird. Das beginnt schon mit dem Übertritt auf eine weiterführende Schule. Ein bestimmter Notenschnitt muss erreicht werden, um auf das Gymnasium oder die Realschule wechseln zu können, und gegen Ende des Schuljahres gibt es einen regelrechten Prüfungsmarathon. Schon die ganz Kleinen erfahren dadurch, dass Schule eine große Belastung sein kann und nahezu die komplette Freizeit raubt. Auch in den weiterführenden Schulen liegt der Fokus stets auf der **Notengebung**. Zeit für Kreativität und das Erforschen der eigenen Stärken bleibt kaum. Es wäre wünschenswert, wenn es zunehmend Raum für **Unterrichtsfächer mit einem ganz anderen Schwerpunkt** gäbe. So könnte man z. B. das Fach „Glück“ einführen, in dem keine Noten vergeben werden und das Erkunden der eigenen Bedürfnisse und Wünsche im Vordergrund steht.

Neben all den negativen Aspekten, die man der Schule zuschreiben kann, gibt es jedoch auch eine Reihe an Argumenten, die dafür sprechen, dass die **Schule uns gut für die Zukunft wappnet**.

Zunächst einmal bietet die Schule einen Raum, um **soziale Kontakte zu knüpfen** und zu pflegen. Die meisten Kinder- und Jugendfreundschaften beginnen in der Schule. Man lernt dort schnell Gleichaltrige kennen und kann so **Freundschaften fürs Leben** schließen. Abgesehen davon, dass soziale Kontakte für die Entwicklung jedes Menschen enorm wichtig sind, bereiten sie uns auch auf die Zukunft vor. Denn genauso wie vergnügte Stunden gehören auch Auseinandersetzungen und Meinungsverschiedenheiten zu einer Freundschaft. Der **Umgang mit Konflikten**, der bereits in der Schule gelernt wird, ist auch **später im Beruf** ganz entscheidend. In der Zusammenarbeit mit Kolleginnen und Kollegen kann es immer wieder zu Unstimmigkeiten kommen. Durch die Erfahrungen, die in Schulzeiten gesammelt werden, fällt es später leichter, soziale Kontakte im Berufsleben zu pflegen und mit Auseinandersetzungen zurechtzukommen.

Des Weiteren werden in der Schule ganz **grundlegende Werte** wie Zuverlässigkeit, Pünktlichkeit, Verantwortungsbewusstsein oder Toleranz **vermittelt**. Dadurch, dass es an Schulen bestimmte **Regeln** gibt, an die sich alle halten müssen, werden Schülerinnen und Schüler maßgeblich geprägt und angeleitet. Dazu tragen natürlich nicht nur die Regeln bei, sondern auch die **Erziehung** und die **Einflussnahme der Lehrerinnen und Lehrer** sowie bestimmte **Schulfächer**. So wird z. B. ein tolerantes Handeln gegenüber allen Mitmenschen in den Fächern Religion oder Ethik intensiv behandelt. Und auch hinsichtlich der Zuverlässigkeit und Pünktlichkeit ist die Schule prägend. Ist es zu Hause vielleicht nicht so entscheidend, wenn man sich um einige Minuten verspätet, wird ein Zu-spät-Kommen in der Schule nicht geduldet. Auch Aufgaben müssen pünktlich und zuverlässig erledigt werden, da sich eine zu späte Abgabe auf die Note auswirken kann. Die Werte, die durch die Schule vermittelt werden, sind also enorm wertvoll – auch oder vor allem für das Leben nach dem Schulabschluss.

Ganz entscheidend ist zudem, dass an Schulen nach wie vor wichtiges **Grundwissen und grundlegende Fertigkeiten** gelehrt werden. Auch, wenn jemand kein Sprachenspezialist oder Matheheld ist: Grundlegende Fähigkeiten in den Fächern Deutsch, Mathematik und Englisch sind unabdingbar. Ähnlich ist es mit Nebenfächern wie Geschichte, Politik oder Biologie. Die grausamen Verbrechen der NS-Zeit oder die Funktionsweise des politischen Systems der Bundesrepublik Deutschland sollten jedem Schulabgänger geläufig sein. Auch wenn man sich viele Inhalte nicht im Detail merken kann und die Lehrpläne vielleicht an mancher Stelle überfrachtet sind, muss dieses Grundwissen jedem Menschen vermittelt werden. Nur durch eine **gute Allgemeinbildung** und eine Auseinandersetzung mit bestimmten Themen ist gewährleistet, dass Fehler aus der Vergangenheit nicht wiederholt werden und wir alle zu **mündigen Bürgerinnen und Bürgern** heranreifen.

An den meisten Schulen wurde der Schritt hin zu einer modernen, zukunftsfähigen Institution verpasst. Wichtige Investitionen wurden nicht getätigt und die Digitalisierung wurde weitestgehend verschlafen. Hier gibt es einen großen **Nachholbedarf**. Es muss schnellstmöglich auf die Versäumnisse der letzten Jahre reagiert werden, wenn man den Schülerinnen und Schülern eine moderne und zeitgemäße Ausbildung garantieren will. Trotz all der Versäumnisse ist die Institution Schule jedoch nach wie vor eine **prägende Einrichtung**, die nicht nur wichtige **Werte und Fähigkeiten** vermittelt, sondern auch einen Raum bietet, in dem **soziale Kontakte** geknüpft werden können. Deshalb kann ich Friedrich **Fröbel nur bedingt zustimmen**. Sicherlich hat er recht damit, dass wir von Erfahrungen, die wir außerhalb der Schule sammeln, sehr profitieren. Nichtsdestotrotz kann der reine Erfahrungsschatz, den das Leben bietet, kein Ersatz für die schulische Bildung sein. Ich denke, man kann ihn vielmehr als Ergänzung ansehen, die uns – zusätzlich zur Schulbildung – bereichert.

Aufgabe:

Es war einmal …

In diesem Buch machen vierzehn Thüringer Autorinnen und Autoren mit unterhaltsamen Kurzgeschichten neugierig auf die Natur in Deutschland.

In einem nächsten Band sollen moderne Waldmärchen erzählt werden.

Verfassen Sie dafür ein solches Märchen, in dem die **Bedeutung des Waldes für die Menschen** betont wird.
Beachten Sie, dass mindestens fünf Merkmale von Märchen erkennbar sein müssen. Sie können sich von den folgenden Zitaten anregen lassen.

[…] Dort, wo die Gräser wie Bekannte nicken und wo Spinnen seidne Strümpfe stricken, wird man gesund. […]

Erich Kästner (1899–1974)

„Der Mensch ist das einzige Lebewesen, das Bäume fällt, um daraus Papier herzustellen, auf das er dann schreibt:
Rettet den Wald“

(unbekannter Verfasser)

„Die vielen Bäume und die wenigen Menschen – die machen den Wald so schön.“ *Otto Weiß (1849–1915)*
„Am Walde hätte nicht die Axt so leichtes Spiel, hätt' ihr der Wald nicht selbst geliefert den Stiel.“ *Friedrich Rückert (1788–1866)*
[…] Weißt du, was ein Wald ist? Ist ein Wald etwa nur zehntausend Klafter Holz? Oder ist er eine grüne Menschenfreude? […] *Bertolt Brecht (1889–1956)*

© IvonneWierink / canstock

Lösung

Hinweis: Bei der folgenden Aufgabe ist deine Kreativität gefordert, da du weitgehend frei ein Märchen verfassen sollst. Du kannst deiner Fantasie also freien Lauf lassen, musst dabei aber genau die Hinweise der Aufgabenstellung beachten. Darin heißt es, dass du ein modernes Märchen schreiben sollst, in dem die Bedeutung des Waldes für den Menschen zum Ausdruck kommt. Außerdem müssen in deinem Text mindestens fünf Merkmale eines Märchens enthalten sein. Mache dir also vor dem Schreiben bewusst, welche Märchen-Merkmale du kennst und was ein modernes Märchen auszeichnet. Sammle außerdem auf einem Schmierblatt Assoziationen zum Thema „Wald und Mensch“. So wird dir bewusst, in welcher Hinsicht der Wald für den Menschen von Bedeutung sein kann. Ideen liefern dir hier auch die vorgegebenen Zitate, von denen du dich inspirieren lassen kannst. Wichtig ist außerdem, dass du dir vor der Ausformulierung den Handlungsverlauf deines Märchens überlegst. Stelle dir dazu zum Beispiel folgende Fragen: Wer soll in deinem Märchen auftauchen? Welche Rolle soll der Wald in deinem Text spielen? Wie soll dein Märchen am Ende ausgehen? Welche typischen Märchen-Merkmale willst du in deinem Aufsatz unterbringen? Diese Vorbereitungen helfen dir dabei, beim Schreiben den roten Faden nicht zu verlieren, sondern bei der Sache zu bleiben. Sprachlich solltest du versuchen, dich dem Stil eines Märchens anzunähern, indem du viele anschauliche Adjektive und immer wieder auch wörtliche Rede verwendest. Vergiss außerdem nicht, Spannung aufzubauen, und gib deinem Text eine Überschrift, die den Leser neugierig auf dein Märchen macht.

Analyse und Eingrenzung der Aufgabenstellung
Angeregt von mehreren Zitaten ein modernes Märchen mit mindestens fünf Märchen-Merkmalen zur Bedeutung des Waldes für den Menschen schreiben

Stichpunktartige Stoffsammlung und Gliederung

Einleitung
Einführung in die Ausgangssituation: überarbeiteter Geschäftsmann in Holzverarbeitungsfirma, der von seiner Chefin gestresst wird und sich nach Ruhe und Entspannung sehnt

Hauptteil
- Einbruch des Magischen in den Alltag: Erscheinen des Zwergs mit Plan zur Rettung des Waldes
- Höhe-/Wendepunkt: Durchführung und Gelingen des Plans
- guter Ausgang des Märchens: Rettung der Waldprinzessin und Rückkehr des Waldes ins Leben der Menschen

Schluss
positiver Ausblick in die Zukunft mit expliziter Moral: Leben im Einklang mit der Natur

Enthaltene Märchen-Merkmale
Eingangs- und Schlussformel; Prüfung der Hauptfigur; Konflikt zwischen Gut und Böse; Auftauchen magischer Zahlen und Zauberformeln; wichtige Rolle der Farbe Gold; Einbruch des Fantastischen in den Alltag

Aufsatzbeispiel

Der Schlüssel zum Glück

Es war einmal ein Geschäftsmann, der in einer großen, hektischen Stadt in einer gigantischen, milliardenschweren Firma arbeitete, bei der er jeden Tag mit dem Verkauf von „echtem, stabilem Baumholz" mehr und mehr Geld verdiente. Er stand früh bei Sonnenaufgang auf, fuhr mit dem Handy am Ohr ins Büro, wo er bis zur Dämmerung ohne Pause am Computer saß, wenn er nicht gerade von Termin zu Termin hetzte. Bei all dem wurde er von seiner Chefin mit Aufträgen, To-do-Listen und Deadlines gequält. War er abends endlich zu Hause, hatte er immer noch ihre schrille Stimme im Ohr und ihr zu einem höhnischen Lächeln verzogenes Gesicht vor Augen, weil er mal wieder nicht geschafft hatte, was sie an diesem Tag von ihm erwartet hatte. Selbst im Bett sah er noch die blinkenden Lichter seines Computers vor sich und hörte das grelle Läuten seines Telefons. Ach, wie er sich nach ein bisschen Ruhe und Frieden sehnte, die es aber beide schon seit Langem (eigentlich seit dem Erfolg der Firma und dem damit einhergehenden Abholzen des Waldes) nicht mehr zu geben schien …

Doch eines Tages geschah etwas, das das Leben des Geschäftsmannes von Grund auf verändern sollte. Eigentlich hatte er nur einmal kurz während eines besonders anstrengenden Bürotags die Füße hochlegen wollen, doch musste er wohl eingeschlafen sein. Im Traum war er über einen grünen Teppich aus Bäumen geflogen, von dem ein verlockendes Rauschen ausgegangen war. Am liebsten wäre er gelandet und hätte diese Idylle näher in Augenschein genommen, doch gerade als er den Gedanken zu Ende gedacht hatte, schrak er durch ein lautes Splittern aus dem Schlaf hoch. Er rieb sich die Augen, rückte seine Brille zurecht und blickte ungläubig auf einen Scherbenteppich in seinem Büro. Inmitten einer zerbrochenen Vase saß – konnte das denn wirklich wahr sein? – ein winziger Zwerg von der Größe einer Coladose mit einer roten Zipfelmütze, einem blauen Wämslein und einem langen weißen Bart und blickte ihn aus seinen kleinen Knopfäuglein neugierig an. Nein, er musste noch schlafen, denn Zwerge gab es doch genauso wie die schöne, unberührte Natur, über die er vorhin hinweggeschwebt war, höchstens im Traum oder im Märchen. Als er diese lästigen Gedanken abschütteln und sich wieder seiner Arbeit zuwenden wollte, spürte er, wie sich das Wasser aus der zerbrochenen Vase langsam seinen Füßen näherte und seine Socken durchnässte. Das Ganze war also kein Traum, sondern Wirklichkeit.

Da erhob sich der Zwerg auch schon, rückte seine Zipfelmütze zurecht und verbeugte sich formvollendet mit den Worten:

„Darf ich vorstellen,
wird es bald,
ich bin Zwerg Goldschlüssel
aus dem Wald!"

„Wie, Zwerg Goldschlüssel? Und was willst du von mir?", erwiderte der Geschäftsmann. Der Zwerg schwang sich behände auf seinen Schreibtisch, fuchtelte mit seinen kleinen Fingerchen und schien nur auf diese Nachfrage gewartet zu haben. In den nächsten Minuten überschüttete er den Geschäftsmann mit einem wahren Wortschwall, in dem des Öfteren ein goldener Schlüssel sowie der Name seiner Chefin auftauchte. „Du musst mir also helfen, den Goldschlüssel zurückzubekommen, die Waldprinzessin zu befreien und damit die Existenz des Waldes zu retten!", endete der Zwerg seine lange Rede, die er mit hoher Fistelstimme vorgetragen hatte. „Halt, nochmal langsam!", unterbrach ihn der Geschäftsmann. „Ich soll eine Prinzessin befreien und den Wald retten? Ist es dafür nicht längst zu spät?" „Noch ist es dafür nicht zu spät!", fiel ihm der Zwerg namens Goldschlüssel ins Wort. „Aber wir müssen schnell handeln, bevor deine Chefin Wind von meinem Erscheinen bekommt und den Schlüssel verschwinden lässt, den sie die ganze Zeit an einer Kette um den Hals trägt. Dann stirbt die Prinzessin einsam im Keller und der Wald wird für immer verloren sein." „Ja, aber wie soll ich denn unbemerkt an den Hals meiner Chefin kommen?", fragte der Geschäftsmann mit wachsender Verzweiflung. „Wenn sie mich dabei erwischt, macht sie Kleinholz aus mir und ich verschwinde genauso wie der schöne grüne Wald!" „Hör mir gut zu", gab der Zwerg zurück. „Du musst folgendermaßen vorgehen, dann wird deine Mission Erfolg haben: Serviere deiner Chefin drei Tassen Tee mit diesem magischen Kraut und öffne um Punkt 12 Uhr Mitternacht, keine Minute später, ihre Bürotür. Du wirst sie tief schlafend vorfinden. Wenn du sie dreimal umrundest und dabei den Spruch vor dich hinmurmelst

‚Am falschen Hals Gold,
ist so nicht gewollt,
doch Gold im Herzen
erzeugt keine Schmerzen.',

wird sich der Schlüssel von ihrer Kette lösen und in deine Brusttasche springen. Danach verlässt du ihr Büro, vor dem ich dich erwarte, um dich zum Verlies der Prinzessin zu führen." Mit diesen Worten drehte der Zwerg sich dreimal um sich selbst und war so plötzlich, wie er gekommen war, verschwunden. Nur drei Bündel Kräuter, die in der mittlerweile wie von Zauberhand wieder zusammengesetzten Vase steckten, zeugten noch von seiner Anwesenheit.

Der Geschäftsmann, der auf einmal von einer lange nicht mehr erlebten Energie erfüllt war, machte sich sofort ans Werk und kochte die erste Tasse Tee für seine Chefin. Diese wollte ihn zuerst wie gewohnt zur Schnecke machen, weil er seine Zeit mit der Zubereitung von Tee vertrödele, anstatt für den Gewinn des Unternehmens zu schuften. Doch als ihr der besondere Kräutergeruch der ersten Tasse in die Nase stieg, schloss sie den Mund, ohne ihre Beschimpfung beendet zu haben, und griff mit gierigem Blick nach der dampfenden Tasse. „Das klappt ja schon einmal besser als gedacht", ermutigte sich der Geschäftsmann selbst. Genauso gut lief es auch mit Tasse zwei und drei, die der Geschäftsmann seiner Chefin, wie von Zwerg Goldschlüssel befohlen, vorsetzte. Kurz vor Mitternacht (lange Arbeitszeiten waren in der Holzfirma nichts Ungewöhnliches) postierte er sich vor der Bürotür in der Chefetage und blickte, mit der rechten Hand bereits auf der Klinke, angespannt auf den Sekundenzeiger seiner Uhr, um nur ja nicht zu spät den Raum zu betreten. Sein Herz schlug ihm bis zum Hals und seine Hände waren ganz feucht. Ob seine Chefin wirklich schlafen würde? Um Punkt Mitternacht drückte er leise die Türklinke herunter und linste vorsichtig in den Raum. Und, oh Wunder, seine Chefin saß tatsächlich mit geschlossenen Augen und leicht geöffnetem Mund zurückgelehnt in ihrem Schreibtischstuhl. Jetzt bloß nicht den Spruch vergessen, den sich der Geschäftsmann im Lauf des Tages immer wieder vorgesagt hatte. Auf Zehenspitzen schlich er dreimal um seine schlafende Chefin herum und murmelte, wie vom Zwerg vorgegeben:

„Am falschen Hals Gold,
ist so nicht gewollt,
doch Gold im Herzen
erzeugt keine Schmerzen."

Genau als er die dritte Runde beendete hatte, löste sich mit einem leisen Klirren ein kleiner goldener Schlüssel von der Kette seiner Chefin, den der Geschäftsmann kurz darauf als kühles, schweres Gewicht in seiner Brusttasche spürte. In diesem Moment bemerkte er ein leichtes Zucken in der Hand der Schlafenden und sein Herzschlag setzte kurz aus. Sie schien aber nur geträumt zu haben und atmete bald darauf schon wieder gleichmäßig weiter. „Nichts wie weg hier!“, dachte der Geschäftsmann und wäre beim Verlassen des Büros beinahe über den kleinen Zwerg gestolpert, der vor der Tür auf ihn wartete.

Gemeinsam fuhren sie mit dem Aufzug in den Keller, in dem der Geschäftsmann noch nie in seinem Leben gewesen war und in dem sich tote und in kleine Stücke zerhackte Baumstämme bis zur Decke stapelten. Im hintersten und dunkelsten Gang befand sich eine schwarze Eisentür mit einem winzigen Schlüsselloch. „Hier!“, rief der Zwerg, der ihn hergeführt hatte, aufgeregt. „Steck den goldenen Schlüssel ins Schloss!“ Der Geschäftsmann tat wie ihm geheißen und sobald er den Goldschlüssel umgedreht hatte, öffnete sich mit einem Krachen die schwere Tür und eine wunderschöne Prinzessin mit blondgelocktem Goldhaar kam zum Vorschein. Sie nahm den völlig überraschten Geschäftsmann bei der Hand, setzte sich den Zwerg auf die Schulter und eilte mit ihnen die Treppe hoch und aus dem Gebäude.

Und siehe da – dort, wo vorher eine Wüste aus Betongebäuden und gläsernen Wolkenkratzern den Blick in den Himmel verstellt hatte, erstreckte sich nun ein herrlicher, grüner und dichter Wald vor ihnen. Ihre Füße traten auf einen Teppich von weichem Moos, der Geruch von getrockneten Tannennadeln lag in der Luft und die vom Wind bewegten Baumwipfel schienen ihnen von oben freundlich zuzuraunen. Zum ersten Mal in seinem Leben spürte der sonst so gestresste Geschäftsmann, wie ihn eine tiefe Ruhe überkam und er sich entspannte. Wie hatte er nur seine kostbare Lebenszeit der Gewinnung und dem Verkauf von Holz widmen können, um dadurch zu zerstören, was der Wald in allererster Linie für den Menschen war – ein lang ersehnter und unbedingt notwendiger Seelentröster und Ruhe- und Entspannungsort.

Nach diesem Erlebnis bauten er und die Waldprinzessin an der Stelle, an der die Firma mitsamt der Chefin im Erdboden verschwunden war, ein wunderschönes kleines, von Tannen und Waldtieren umgebenes Häuschen. Und wenn sie nicht gestorben sind, dann leben sie dort noch heute glücklich, zufrieden und im Einklang mit der Natur.

Aufgabe:
Vergleichen Sie die beiden Gedichte anhand geeigneter Kriterien, z. B. Inhalt, Form, Sprache, Wirkung.

Joseph Karl Benedikt Freiherr von Eichendorff (1788–1857):

Mondnacht

Es war, als hätt' der Himmel
Die Erde still geküsst,
Dass sie im Blüten-Schimmer
Von ihm nun träumen müsst'.

Die Luft ging durch die Felder,
Die Ähren wogten sacht,
Es rauschten leis die Wälder,
So sternklar war die Nacht.

Und meine Seele spannte
Weit ihre Flügel aus,
Flog durch die stillen Lande,
Als flöge sie nach Haus.

(1837)

In: Paefgen, E. K. (Hrsg.): Echtermeyer. Deutsche Gedichte. Cornelsen Verlag, Berlin 2005, S. 318.

Siegfried Stöbesand (geb. 1954):

neue sachlichkeit

habe den mond betrachtet
und dann das:
der mond hat gar kein gesicht
er soll nur aus staub, sand und stein bestehen
krater und geröll
wüstenlandschaften
die winde halten sich in grenzen
und an wasser mangelt es

lass mir meinen mond
in der nacht
wenn über der großstadt oben weit
und prächtig hell scheinend
das märchengesicht
das traumgesicht
in die scheibe geritzt
ein friedliches Bild

so kühl und so warm
so ernst und so heiter
so bedenklich und so gelassen
wenn mir nicht wohl ist
wenn mir der kopf zerspringt
wenn mir die lust vergeht
dann mag ich keine sachlichkeit
dann mag ich nur

staunen und mir erträumen
das gesicht das milde gesagt so lieblich ist

Siegfried Stöbesand: Neue Sachlichkeit, www.lyrikmond.de/gedichte-thema-10-43.php

Lösung

Hinweis: Die Aufgabenstellung verlangt von Ihnen den Vergleich von zwei Gedichten. Am besten nehmen Sie zunächst Eichendorffs Gedicht genauer in den Blick. Im Anschluss daran beschäftigen Sie sich mit dem Gedicht von Stöbesand, wobei Sie hier auf Gemeinsamkeiten und Unterschiede zwischen den Gedichten hinweisen sollten. Die Kriterien für eine gelungene Gedichtanalyse und für einen ergiebigen Vergleich werden bereits in der Aufgabenstellung genannt: Inhalt, Form, Sprache und Wirkung. Beim Lesen der beiden Gedichte werden Sie feststellen, dass die Gemeinsamkeiten zwischen den Texten eher auf der inhaltlichen Ebene liegen, wohingegen große Unterschiede in formaler und sprachlicher Hinsicht bestehen.
Bei der Auseinandersetzung mit dem Gedicht von Eichendorff sollten Sie Wert darauf legen, die Vergleiche und Metaphern, die der Autor verwendet, genau zu analysieren. Was bedeutet es, wenn der Himmel die Erde küsst oder wenn die Seele des Sprechers zu fliegen beginnt? Bei diesen Deutungen sollten Sie stets darauf achten, inhaltliche, formale und sprachliche Beobachtungen miteinander zu verknüpfen.
Das Gedicht von Stöbesand stellt Sie vor ganz andere Herausforderungen: Hier fällt es aufgrund des Fehlens von eindeutigen syntaktischen Bezügen nicht ganz leicht, den Gedankengang des Sprechers nachzuvollziehen. In Stöbesands Gedicht geht es um zwei verschiedene Sichtweisen auf den Mond, die miteinander konkurrieren.

Stichpunktartige Gliederung

Einleitung
– Gedankenspiel zu Eichendorff und dem wissenschaftlichen Fortschritt

Hauptteil

Analyse von Gedicht 1: „Mondnacht“

Form
– drei Strophen à vier Verse
– Kreuzreime, Metrum: Jambus → gleichmäßiger, ruhiger Rhythmus

Strophe 1
Inhalt
– Kuss zwischen Himmel und Erde, Folge: Erde träumt vom Himmel

Sprache und ihre Wirkung
– Vergleich („Es war, als hätt’“, V. 1), Personifikation: Himmel und Erde als handelnde Personen (V. 1 ff.) → märchenhafte Verlebendigung der Natur
– Neologismus „Blüten-Schimmer“ (V. 3) → Zauber der Natur im Mondlicht

Strophe 2
Inhalt
– Schilderung der friedvollen, stillen Natur

Sprache und ihre Wirkung
– kurze Hauptsätze, gleicher Satzbau → Eindruck einer in sich ruhenden, friedvollen Natur

Strophe 3
Inhalt
– Flug und Heimkehr der Seele des lyrischen Sprechers

Sprache und ihre Wirkung
– Pars pro toto: Seele steht für lyrischen Sprecher (V. 9) → Betonung des emotionalen Teils im Menschen
– Metapher: Flug der Seele (V. 10 f.) → Wirkung der Mondnacht auf lyrischen Sprecher: emotionaler „Höhenflug“, Inspiration
– Vergleich: Heimkehr der Seele (V. 12) → Geborgenheit und Frieden

Aussageabsicht

– Verzauberung der Natur, Einheit und Harmonie in der Natur, enge Verbindung des Menschen zur Natur

Vergleich mit Gedicht 2: „neue sachlichkeit“

Inhaltlicher Vergleich

Gemeinsamkeiten
– Sehnsucht des Sprechers nach einem Mond im Sinne Eichendorffs
– Trost, Staunen und Träumen angesichts des Mondes: emotionale Reaktion auf Mond

Unterschiede
– neue wissenschaftliche Erkenntnisse über den Mond: karge, unbelebte Landschaft
– Überraschung und Empörung angesichts dieser neuen Erkenntnisse
– Schilderung des Mondes aus Sicht einer Großstadt

Vergleich in Bezug auf die Form

Gemeinsamkeit
– Enjambements in beiden Gedichten

Unterschiede
– Kleinschreibung, keine Satzzeichen und fehlende Reime in Stöbesands Gedicht
– keine einheitlichen Strophen, kein Metrum bei Stöbesand

Vergleich in Bezug auf Sprache und Wirkung

Unterschiede
– bei Stöbesand: keine syntaktisch vollständigen Sätze
– nüchtern-sachliche Ausdrucksweise
– Stilmittel auf syntaktischer Ebene: Anapher, Auflistung, Parallelismus, Wiederholung

Schluss

– Zusammenfassung des Vergleichs, eigene Gedanken zum Thema Mondnacht

Aufsatzbeispiel

Einleitung

Was hätte der 1788 geborene Joseph von Eichendorff wohl dazu gesagt, wenn er gewusst hätte, dass der Mensch im 20. Jahrhundert mit einer selbst gebauten Maschine auf dem Mond landen würde? Und dazu, dass der Mond im Jahr 2020 beinahe schon uninteressant geworden ist und die Menschen längst die Erkundung und Kolonisierung des Planeten Mars planen? Wäre Eichendorff begeistert gewesen vom Entdeckergeist des Menschen oder hätte er sich vielleicht vor den Gefahren des Weltraums gefürchtet? Diese Fragen kann man rückblickend leider nicht beantworten. Eichendorffs Gedicht „Mondnacht“ aus dem Jahr 1837 bietet dem Leser allerdings einen Einblick, wie ein Schriftsteller im 19. Jahrhundert den Mond wahrgenommen hat.

Hauptteil

Auffällig an Eichendorffs Gedichttitel ist, dass das Wort „**Mondnacht**" nur im Titel erscheint und im Laufe des Gedichts nicht mehr aufgegriffen wird. Der Titel des Gedichts benennt hier die **Situation** des Geschehens, das sich während einer Mondnacht zuträgt. Eichendorffs Gedicht weist **drei Strophen mit jeweils vier Versen** auf, die durch **Kreuzreime** miteinander verbunden sind. Das Gedicht folgt durchgehend einem **jambischen Metrum**, wodurch ein gleichmäßiger Rhythmus entsteht, der gut zum geschilderten Szenario einer ruhigen Mondnacht passt.

Die **erste Strophe** besteht aus einem einzigen Satz, der mit den Worten „Es war, als hätt'" (V. 1) eingeleitet wird. Dieser Einstieg erinnert an die **Anfangsformel eines Märchens** – „Es war einmal…" –, und tatsächlich weist Eichendorffs Gedicht märchenhafte Züge auf. Der dann folgende **Vergleich** wirkt sehr **bildhaft** und steht im **Konjunktiv:** Das Geschehen ist also nicht real. Der Himmel küsst die Erde (vgl. V. 1 f.). Diese beiden Anfangsverse sind durch ein **Enjambement** miteinander verknüpft, was die enge **Verbindung zwischen Himmel und Erde** auch formal zum Ausdruck bringt. Indem Himmel und Erde **personifiziert** werden, wirken sie **wie handelnde Figuren** in einer Geschichte. Die Verse 3 und 4 schildern nun, was aus dem Kuss zwischen Himmel und Erde folgt: Die Erde träumt vom Himmel (vgl. V. 4), und zwar „im Blüten-Schimmer" (V. 3). Dieser **Neologismus** verweist auf den **Zustand der Natur:** Offensichtlich herrscht Frühling oder Sommer, denn nur zu diesen Jahreszeiten blühen Pflanzen, Blumen und Bäume. Und diese Blüten werden vom Licht des Mondes angestrahlt, sodass sie nun „schimmern". Ob es sich bei dem Kuss um einen Gute-Nacht-Kuss oder um einen Kuss zwischen Liebenden handelt, kann man nicht eindeutig klären. Der Vergleich in der ersten Strophe vermittelt auf jeden Fall das Bild einer „stillen" (vgl. V. 2) Natur, die **Harmonie und Geborgenheit** ausstrahlt.

In der **zweiten Strophe** wird das Mondnacht-Szenario weiter ausgestaltet. In dieser Strophe sind **vier kurze Sätze**, die jeweils einen Vers ausfüllen, aneinandergereiht. Die geschilderte Situation wirkt dadurch ruhig und friedvoll. Der **Wind** (vgl. „Luft", V. 5) weht durch die nächtliche Natur. Allerdings ist dieser Wind nicht stark oder bedrohlich, sondern schwach, denn die Ähren auf dem Feld bewegen sich nur „sacht" (vgl. V. 6) und die Wälder „rauschten" leise (V. 7). Kein Mensch, kein Tier und keine Unwetter stören diese **nächtliche Idylle**. Dennoch wirkt die Natur nicht unbelebt, sondern in sich ruhend, eben wie in einem angenehmen Schlaf. Die Voraussetzung für diese Idylle wird in Vers 9 benannt: „So sternklar war die Nacht." Durch die Erwähnung der **Sterne** wird wieder die **Verbindung** hergestellt **zum Himmel** aus der ersten Strophe. Die Ereignisse im Himmel und auf der Erde stehen also in einem Zusammenhang, die **Natur erscheint als unauflösliche Einheit**.

In der dritten und **letzten Strophe** tritt nun erstmals der **lyrische Sprecher** selbst auf und schildert, welche Wirkung die ruhige Mondnacht mit all ihren Erscheinungen auf ihn ausübt. Auch diese Strophe besteht aus einem **einzigen Satz**, der von einer **Metapher** geprägt ist: Die Seele des lyrischen Sprechers spannt ihre Flügel aus und beginnt zu fliegen (vgl. V. 9 ff.). Das betonte Wort „Weit" zu Beginn von Vers 10 stellt dabei einen Bruch im ansonsten durchgehend jambischen Metrum dar und soll auch klanglich hervorheben, wie weit die Seele des lyrischen Ichs ihre Flügel ausbreitet. Die „Seele" (V. 9) gilt als Sitz der Persönlichkeit eines Menschen und lenkt – als Pars pro Toto – den Blick auf das **Innenleben des lyrischen Sprechers**. Die Seele fliegt „durch die stillen Lande, / Als flöge sie nach Haus" (V. 11 f.). Mit „stillen Lande" ist die Natur gemeint, die in den ersten beiden Strophen geschildert wurde und die mit Stille bzw. Ruhe charakterisiert wurde (vgl. „still", V. 2; „sacht", V. 6; „leis", V. 7). Der Vergleich im letzten Vers („Als…") spannt einen Bogen zum Vergleich im ersten Vers („Es war, als…"): Bei seinem Flug über die Lande fühlt sich der lyrische Sprecher, **als würde er heimkehren**. Die Metapher vom Flug und der Heimkehr der Seele könnte bedeuten, dass sich der lyrische Sprecher durch die Mondnacht und ihre Erscheinungen emotional bewegt und inspiriert fühlt. Die **Natur und der Mensch** stehen hier **in einem engen Verhältnis**, der

Sprecher reflektiert nicht rational, sondern beobachtet lediglich die Natur und reagiert mit seinen Emotionen unmittelbar darauf. Die verzauberte Ruhe, die die Natur ausstrahlt, überträgt sich eins zu eins auf den lyrischen Sprecher – denn mit der Heimkehr „nach Haus“ (V. 12) verbindet man das Gefühl von Geborgenheit, Sicherheit und innerem Frieden.

Ganz anders stellt sich die Situation im Gedicht **„neue sachlichkeit“** des zeitgenössischen Autors Siegfried Stöbesand dar. Der **Mond** wurde durch die fortschreitenden wissenschaftlichen Erkenntnisse gewissermaßen **entzaubert**, der lyrische Sprecher in Stöbesands Gedicht zeigt sich davon empört und **wünscht sich die Illusion des märchenhaften Mondes**, wie er bei Joseph von Eichendorff im 19. Jahrhundert heraufbeschworen wird, zurück.

Stöbesands Gedicht ist in **vier Strophen** untergliedert, wobei die ersten drei Strophen jeweils acht Verse umfassen und die letzte Strophe nur zwei Verse. Anders als Eichendorffs Gedicht weist Stöbesands Text **keine Reimstruktur** auf und folgt auch **keinem erkennbaren Metrum**. Es ist auffallend, dass dieses Gedicht durchgehend in **Kleinschreibung** gehalten ist und bis auf eine Ausnahme (vgl. V. 2) **keine Satzzeichen** aufweist. Bei Eichendorff erzeugt allein die Gedichtform den Eindruck von Harmonie und Geborgenheit, bei Stöbesand hingegen ist der Leser von der ungewöhnlichen Gedichtform eher überrascht und irritiert.

Die geschilderte **Szenerie** ist hingegen bei Eichendorff und Stöbesand **dieselbe:** Ein lyrischer **Sprecher betrachtet den Mond** und äußert seine Gedanken dazu. Bereits der Gedichttitel bei Stöbesand gibt einen Hinweis für das Verständnis seines Gedichts: „neue sachlichkeit“ deutet an, dass sich die **Sichtweise der Menschen auf den Mond verändert** hat. Bereits die ersten Verse bringen das zum Ausdruck: „habe den Mond betrachtet / und dann das:“ (V. 1 f.). Die **elliptische** Ausdrucksweise in Stöbesands Gedicht passt zur nüchternen Sprache, die im Gedicht herrscht, und verdeutlicht die Verwunderung des Sprechers über die **Kargheit des Mondes** auch sprachlich. Der lyrische Sprecher hat sich offenbar etwas anderes vom Anblick des Mondes erwartet. Das berühmte Gesicht des Mondes sei nicht vorhanden (vgl. V. 3), stattdessen bestehe der Mond nur aus „staub, sand und stein“ (V. 4) – die Alliteration verdeutlicht die **Trostlosigkeit**, die auf dem **unbelebten Mond** herrscht. Das Wort „soll“ zeigt, dass diese Aussagen über den Mond wohl neu sind und von anderen Personen stammen – es liegt nahe, dass der lyrische Sprecher hier die **Erkenntnisse von Wissenschaftlern** wiedergibt. In einer Aufzählung beschreibt er das neue, von der Wissenschaft geprägte Erscheinungsbild des Mondes („krater und geröll / wüstenlandschaften“, V. 5 f.). Das Fehlen von Winden und Wasser (vgl. V. 7 f.) verstärkt der Eindruck eines unbelebten Mondes.

Die **zweite Strophe** enthält eine Forderung des lyrischen Sprechers im Imperativ: „lass mir meinen mond / in der nacht“ (V. 9 f.). Gemeint ist damit, dass sich der Sprecher das **romantische Bild**, das er vom Mond hat, **nicht** von den ernüchternden Erkenntnissen der Wissenschaft **nehmen lassen will**. In den Versen 11–16 wird in einem weiteren unvollständigen Satz das „friedlich[e] Bild“ (V. 16) einer Mondnacht entworfen, wie sie sich der Sprecher zurückwünscht. In der Vorstellung des Sprechers spiegelt sich an der Fensterscheibe (vgl. V. 15) einer „großstadt“ (V. 11) der Mond. Die herbeigesehnte Mondnacht zeigt sich also ähnlich **friedlich** wie bei Eichendorff, wird jedoch nicht in einer Landschaft, sondern **von einer Großstadt aus wahrgenommen**. Der Sprecher bezeichnet den Mond als „märchengesicht“ (V. 13) und „traumgesicht“ (V. 14) und widerspricht damit den Erkenntnissen der Wissenschaft, nach denen der Mond gar kein Gesicht besitzt (vgl. V. 3). Stattdessen würde seine Charakterisierung des Mondes eher zu dem romantischen Gedicht passen: Eichendorffs stille Mond-Szenerie wirkt märchenhaft und die Erde träumt, nachdem sie vom Himmel geküsst wurde.

Die **dritte Strophe** beginnt mit der Aneinanderreihung von **widersprüchlichen Eigenschaften** des Mondes, die Verse 17–19 sind dabei gleich aufgebaut. Die **Antithesen** „kühl – warm“, „ernst – heiter“ und „bedenklich – gelassen“ zeigen die **Vielfalt** dessen, was der Mond aus der Perspektive des Sprechers ausstrahlen kann. Der Mond wirkt dadurch – ähnlich wie die Natur bei Eichendorff – **lebendig und geheimnisvoll** und eben nicht unbelebt und karg, wie ihn die Wissenschaft beschreibt. Es folgen drei anaphorische Konditionalsätze („wenn", V. 20 ff.), die verschiedene **negative Zustände** des Sprechers enthalten, sei es in emotionaler („nicht wohl", V. 20; „lust vergeht", V. 22) oder in rationaler Hinsicht („der Kopf zerspringt", V. 21). Wenn sich der Sprecher in einem solchen Zustand befindet, dann will er den Mond nicht auf sachliche Weise (vgl. V. 23), also unter wissenschaftlicher Perspektive, betrachten. Er sucht vielmehr nach **Trost** und nach einem **emotionalen Halt**. Die vorletzte und die letzte Strophe sind durch ein Enjambement miteinander verbunden. Der Sprecher will beim Anblick des Mondes „staunen" (V. 25) und sich dessen „lieblich[es]" (V. 26) Gesicht „erträumen" (V. 25).

Schluss

In den beiden vorliegenden Gedichten betrachtet ein lyrischer Sprecher einen am Nachthimmel stehenden Mond und schildert seine Gedanken und Gefühle dazu. Während der Sprecher bei **Eichendorff** eine **märchenhafte Naturidylle** entwirft, die ihn im übertragenen Sinne sogar zum Fliegen bringt, muss sich der Sprecher bei **Stöbesand** zuerst mit neuen **wissenschaftlichen Erkenntnissen** auseinandersetzen, um sein **romantisches Idealbild des Mondes bewahren** zu können. Und obwohl sich die beiden Gedichte in ihrer Form und Sprache sehr voneinander unterscheiden, ist das zugrunde liegende Bild des Mondes doch dasselbe geblieben: Der Mond übt eine **faszinierende Wirkung** auf den Menschen aus, bietet ihm die Möglichkeit zum Nachdenken und zum Träumen. Was werde ich wohl fühlen und denken, wenn ich das nächste Mal den Mond am Himmel stehen sehe?

Realschulabschluss Deutsch in Thüringen: Prüfungsaufgaben 2021
Aufgabe 1

Aufgabe:

1.1 Entnehmen Sie den Texten (M 1 + M 2) insgesamt 15 Informationen zum Leben und Werk von Bertha Benz und stellen Sie diese in einer geeigneten Form dar.

1.2 Versetzen Sie sich in die Lage von Bertha Benz und verfassen Sie aus deren Sicht einen Brief an einen Freund/eine Freundin. Schildern Sie darin die legendär gewordene Autofahrt.

M 1:

Cäcilie Bertha Benz (geborene Ringer; * 3. Mai 1849 in Pforzheim; † 5. Mai 1944 in Ladenburg) war eine deutsche Pionierin des Automobils. Durch ihren unternehmerischen, technischen und finanziellen Einsatz schuf sie die Voraussetzungen für die Erfindung des Benz-Patent-Motorwagens durch ihren Mann Carl Benz.

Carl Friedrich Benz (* 25. November 1844 in Mühlburg als Karl Friedrich Michael Vaillant; † 4. April 1929 in Ladenburg) war ein deutscher Ingenieur und Automobilpionier. Sein Benz-Patent-Motorwagen Nummer 1 von 1885 gilt als erstes praxistaugliches Automobil.
Aus seinem 1883 gegründeten Maschinenbau- und Automobilunternehmen Benz & Cie. entstand 1926 durch Fusion mit der Daimler-Motoren-Gesellschaft die Daimler-Benz AG (heute Daimler AG).

Quelle: https://de.wikipedia.org/wiki/Bertha_Benz, https://de.wikipedia.org/wiki/Carl_Benz

M 2: Bertha Benz – Eine Frau bewegt die Welt

„10 Liter Ligroin?“ fragt der betagte Apotheker ungläubig nach. Er rückt seine Brille zurecht, als ob sich schlechtes Hören durch genaueres Hinsehen verhindern ließe. Zugegebenermaßen: Das Kleid der Dame ist auffallend verschmutzt. Dass eine Portion Wahnsinn dazugehören muss, sich als Weibsbild so überhaupt an die Öffentlichkeit zu wagen, denkt er insgeheim. Zumal das Frauenzimmer Umgangsformen besitzt, die so gar nicht zu ihrem Aufzug passen wollen. „Ein Liter Waschbenzin wird völlig ausreichen“, rät er mit einer Mischung aus offener Irritation und väterlicher Besorgtheit, „um das Kleid wieder sauber zu bekommen.“ Doch die wunderliche Dame im derangierten Aufzug besteht darauf, sämtliche Bestände an Ligroin aufzukaufen. Denn sie will gar nicht waschen. Sondern tanken. Um die allererste Fernfahrt der Welt mit ihrem Benz-Patent-Motorwagen erfolgreich fortsetzen zu können. Die Dame heißt Bertha Benz.

Die kleine Bertha wird 1849 in eine Zeit geboren, in der Frauen der Zugang zu höherer Bildung verwehrt ist. Wissenschaftler sind sich einig, dass das leichtere Gehirn der Damen logischerweise auch weniger aufnehmen und verarbeiten kann. Außerdem beeinträchtige zu viel Denken die Gebärfähigkeit. Bertha aber interessiert sich schon früh für technische Zusammenhänge. Wann immer ihr Vater, ein zu beträchtlichem Wohlstand gelangter Zimmermann, ihr die Eisenbahn erläutert, beginnen ihre Augen zu leuchten. Als sie mit neun Jahren eine Schule für höhere Töchter besuchen darf, wird das Fach „Naturlehre“ zu ihrer Lieblingsstunde. Umso härter trifft sie der Eintrag in der Familienbibel, den sie eines Tages lesen muss: „Leider wieder nur ein Mädchen“. Das hatte ausgerechnet der geliebte Vater anlässlich ihrer Geburt notiert. Der Legende nach reift in ihr fortan der Wunsch, der Welt zu beweisen, dass auch Angehörige weiblichen Geschlechts Weltbewegendes leisten können.

Schön, klug, unterhaltsam ist Bertha Ringer, als sie ins heiratsfähige Alter kommt. Und wohlhabend. Die Liste ihrer Verehrer ist lang. Doch das Schicksal will es, dass auf einer Ausfahrt des Vereins „Eintracht“ am 27. Juni 1869 ein mittelloser junger Ingenieur zu ihr und der Frau Mutter in die Kutsche steigt.

Als der das Gespräch auf einen Wagen ohne Pferde lenkt, an dem er derzeit arbeitet, ist es um die junge Bertha geschehen. Trotz seines nachlässigen Aufzugs und der kauzigen Manieren: Carl Benz ist der Mann, den sie sich für den Rest ihres Lebens an ihrer Seite wünscht.

Alle Warnungen des Vaters schlägt sie in den Wind. Er selbst war seinerzeit erst durch harte Arbeit und geschickte Immobiliengeschäfte zu Wohlstand gelangt. Nun bemüht er sich, ihr einzuschärfen, dass die Annehmlichkeiten der Bourgeoisie nicht selbstverständlich sind. Dass ein Leben in Entbehrung Härten birgt, von denen sie nicht die mindeste Vorstellung hat. Doch nichts kann sie von ihrem Heiratswunsch abbringen. Sie zieht den introvertierten Tüftler einem standesgemäßen Leben an der Seite einer „guten Partie“ vor. Ohne zu zögern, investiert sie noch vor der Hochzeit ihre gesamte Mitgift in den Aufbau seiner Firma. Die Gründerjahre sind hart. Carl Benz besticht zwar durch verkanntes Konstruktionsgenie, mit kaufmännischem Talent kann er jedoch nicht prahlen.

So mehren sich die Rückschläge für die stetig anwachsende Familie, Bertha Benz lernt Hunger, Not und den Spott der Gesellschaft kennen. Doch wann immer ihr Mann verzagt, ist sie es, die ihn wieder aufrichtet. Und allem Elend zum Trotz weicht sie nie von seiner Seite.

Nach Jahrzehnten harter Arbeit und einer schier endlosen Geschichte von Rückschlägen wird der Motorwagen am 29. Januar 1886 zum Patent angemeldet und Carl Benz damit zum Erfinder des Automobils. Doch zur Überraschung der Familie Benz bleiben die Kaufinteressenten aus. Sollte die Menschheit eine solche technische Errungenschaft unter „ferner liefen“ verbuchen? Allein der Gedanke scheint der fünffachen Mutter unerträglich. Sie fasst sich ein Herz: Bertha selbst wird eine Fernfahrt von Mannheim nach Pforzheim unternehmen und der Welt beweisen, wozu das Automobil in der Lage ist.

Mit ihren Söhnen Richard und Eugen macht sich Bertha Benz in den frühen Morgenstunden eines schönen Augusttages 1888 ohne das Wissen ihres Mannes mit dem Benz-Patent-Motorwagen auf den Weg. Dass die Straßen, auf denen sonst Pferdewagen fahren, stellenweise alles andere als geeignet für das Automobil sind, kann sie nicht davon abhalten. Treibstoffmangel, verstopfte Ventile oder durchgescheuerte Kabel – sie findet unterwegs für alles eine Lösung. Sei es ein Strumpfband, eine Hutnadel oder das Plündern der Ligroinbestände der Apotheken auf dem Weg. Auch als vor Wiesloch das Benzin restlos ausgeht und der Patent-Motorwagen kilometerweit geschoben werden muss, ist sie sich nicht zu schade, mit abzusteigen und anzupacken.

Und ihr Plan geht auf: Während mancher Zaungast sich betend auf die Straße wirft, da er das „rauchende Ungetüm" für einen Vorboten des Jüngsten Gerichts hält, bitten andere um eine Probefahrt.
Jahrzehnte der Armut und der Häme weichen nun Anerkennung und Wohlstand. Zwar dauert es noch Jahre, bis die Neuerung von den breiten Massen akzeptiert wird. Doch im 20. Jahrhundert wird das Automobil zu einer der wichtigsten kulturellen Errungenschaften des aufkommenden Zeitalters. Keiner würde mehr wagen zu bestreiten, welchen Verdienst Familie Benz an der Moderne trägt. Möglich gemacht hat das nicht zuletzt Bertha: Mit ihrem unerschütterlichen Glauben, ihrem Kapital und ihrer Tapferkeit hat sie diese Erfolgsgeschichte wesentlich geprägt. An ihrem 95. Geburtstag wird sie von der Technischen Universität Karlsruhe zur Ehrensenatorin ernannt. Sie, Bertha, die nie studieren durfte, weil es gegen den guten Ton verstoßen hätte. […]

Quelle: www.mercedes-benz.com/de/classic/bertha-benz/

Hinweis:

Beide Teilaufgaben 1.1 und 1.2 sind zu bearbeiten und gehen folgendermaßen in die Bewertung ein:

1.1: 25 % und

1.2: 75 %

Lösung

Teilaufgabe 1.1: Informationen zum Leben und Werk von Bertha Benz

Hinweis: Die erste Teilaufgabe verlangt von dir, den beiden Materialien 15 Informationen zum Leben und Werk von Bertha Benz zu entnehmen. Die Materialien enthalten eine Fülle von Angaben zu dieser historischen Person. Daher wird es dir nicht schwerfallen, die geforderte Anzahl an Informationen zu erreichen. Beachte aber den Zusatz, die gesammelten Daten „in geeigneter Form" darzustellen. Es bietet sich an, eine chronologische Anordnung zu wählen, beispielsweise in Form eines Steckbriefs. Auf diese Weise kann die Biografie von Bertha Benz von ihrer Geburt bis zu ihrem Tod nachgezeichnet werden. Dabei solltest du nicht nur die „harten Fakten" aufzählen, sondern auch auf den Charakter der Person und auf deren Lebensleistung eingehen.

Leben und Werk von Cäcilie Bertha Benz – ein Steckbrief

Geboren	3. Mai 1849 in Pforzheim
Herkunft	Kindheit in einer zu Wohlstand gelangten Zimmermannsfamilie
Bildungsgang	Schule für höhere Töchter
Interessen	Naturkunde und Technik
Ehepartner	Carl Friedrich Benz
Wichtige Lebensereignisse	– 27. Juni 1869: Kennenlernen ihres späteren Mannes bei einer Kutschfahrt – Geburt der fünf Kinder

	– 29. Januar 1886: Anmeldung des Benz-Motorwagens zum Patent – August 1888: Fernfahrt von Mannheim nach Pforzheim mit dem Automobil zu Werbezwecken
Eigenschaften	– Schönheit und Klugheit – Willensstärke und Mut – Durchhaltevermögen angesichts eines Lebens in Armut in den ersten Ehejahren
Leistungen	Ermöglichung des technischen Fortschritts durch ihre finanziellen Mittel und ihren persönlichen Einsatz
Auszeichnung	Ernennung zur Ehrensenatorin durch die Technische Universität Karlsruhe (3. Mai 1944)
Verstorben	5. Mai 1944 in Ladenburg (95 Jahre alt)

Teilaufgabe 1.2: Verfassen eines persönlichen Briefs

Hinweis: Das Sammeln von Informationen zum Leben und Werk von Bertha Benz im Rahmen der ersten Teilaufgabe wird dir dabei helfen, dich in diese historische Person hineinzuversetzen. Das ist unbedingt erforderlich, um aus deren Sicht einen Brief an einen Freund/eine Freundin zu verfassen. Gemäß der zweiten Teilaufgabe sollst du in dem Schreiben die legendär gewordene Autofahrt schildern. Überlege dir also, in welcher Situation sich Bertha Benz befand, als sie sich zu der Autofahrt entschlossen hat, und welche Gründe sie dafür hatte, dieses Wagnis einzugehen. Material 2 kannst du zahlreiche Informationen entnehmen, die darüber Aufschluss geben, was Bertha Benz bei ihrer Fahrt mit dem Automobil erlebt hat und welche Hindernisse sie überwinden musste. Die Ereignisse sollen aus der subjektiven Sicht der historischen Person wiedergegeben werden. Achte also darauf, deren Gedanken, Gefühle und sinnliche Wahrnehmungen lebhaft zu schildern. Das verleiht deinem Brief Glaubwürdigkeit. Indem du an geeigneter Stelle einen Adressatenbezug herstellst, erhält dein Schreiben eine persönliche Note. Vergiss nicht, die formalen Bestandteile des Briefs zu beachten (Ort und Datum des Eintrags, Anrede- und Grußformel, Unterschrift, evtl. ein Postskriptum).

Stichpunktartige Stoffsammlung und Gliederung

Einleitung
- Ort, Datum, Anredeformel
- Herstellen eines Bezugs zum Adressaten/zur Adressatin

Hauptteil
- Aufzeigen des Hauptgrunds für die Fahrt
- Schilderung der Ereignisse während der Fahrt, z. B. Reaktion der Passanten, Hindernisse durch Pannen, Begegnung mit dem Apotheker
- Rechtfertigung des eigenen Handelns

Schluss
- Bitte um Verständnis und Hoffen auf Nachsicht des Ehemanns
- Grußformel und Unterschrift, evtl. Postskriptum

Aufsatzbeispiel

Mannheim, 20. August 1888

Meine teuerste Amalia,

zu viele Wochen sind seit unserem letzten Briefwechsel schon wieder ins Land gegangen und ich muss mich bei dir entschuldigen, dass du längere Zeit schon keine Post von mir erhalten hast. Bestimmt hast du schon auf Nachrichten aus dem Hause Benz gewartet. Ach, meine Gute, es ist schön zu wissen, dass du an meinem Leben und dem meiner Familie so regen Anteil nimmst! Vielleicht kannst du mir mein längeres Schweigen verzeihen, wenn ich dir gleich von dem Abenteuer berichte, das ich in den letzten Wochen sorgsam geplant habe.
Bevor ich näher darauf eingehe, möchte ich es aber nicht versäumen, mich nach deinem Befinden zu erkundigen. Die Hitze dieser Augusttage ist nahezu tropisch und die zahlreichen Stoffschichten der üppigen Bekleidung, die uns die Männerwelt aufzwingt, machen es nicht leichter. Ich hoffe, du hast ein kühles Plätzchen gefunden, an dem es sich aushalten lässt.
An einen schattigen Rückzugsort war bei mir gestern nicht zu denken, denn ich war auf offener Straße unterwegs. Schon seit Längerem hegte ich die fixe Idee, mit dem Automobil meines Mannes eine Fahrt zu unternehmen. Wie du weißt, ist es schon über zwei Jahre her, dass wir ein Patent auf den Benz-Motorwagen angemeldet haben. Leider fehlt es so vielen Menschen an Vorstellungskraft und der Gedanke, sich von einer selbst fahrenden Kutsche von einem Ort zum nächsten bringen zu lassen, bereitet den meisten Unbehagen. Ach, würden doch mehrere Zeitgenossen unsere Technikbegeisterung, die wir beide schon auf der Schule für höhere Töchter zeigten, teilen! Dann hätten sich in den zwei Jahren wohl schon Kaufinteressenten gefunden und die Entbehrungen und Mühen der letzten Jahre hätten sich ausgezahlt. Doch nichts dergleichen!
Aber du kennst mich. So einfach will ich mich nicht mit dem Vorfindbaren zufriedengeben. Wo ein Wille, da ein Weg! Lass dir also berichten, was ich gestern zur Änderung unserer schwierigen Lage unternommen habe. Früh am Morgen bin ich aufgestanden, habe mich auf leisen Sohlen aus dem Schlafgemach geschlichen und mein schönstes Kleid angezogen. Anschließend habe ich Richard und Eugen geweckt. Sie sollten mich auf meinem Abenteuer begleiten. Mein Plan: Mit unserem Automobil wollte ich von Mannheim nach Pforzheim fahren, um aller Welt zu zeigen, dass mit dem von Carl entwickelten Fortbewegungsmittel ein neues Zeitalter der Mobilität anbricht. Ich liebe Carl und halte ihn für den größten Ingenieur unserer Zeit, aber in meine Pläne konnte ich ihn nicht einweihen. Aus Sorge um mein Wohl und Ansehen hätte er mich davon abgehalten. Nun ja, so viel er von Technik versteht, so wenig kann er mit kaufmännischen Dingen und dem Werben für die eigene Sache anfangen. Dieses Vorhaben musste ich also selbst in die Hand nehmen.
Die ersten Kilometer auf der Straße waren ein Vergnügen: der frische Fahrtwind in der noch kühlen Morgenluft, die Ausgelassenheit von Richard und Eugen, die wie ich angesichts unserer Abenteuerfahrt durchaus aufgeregt waren, das Knattern des Motors, der uns unserem Ziel Meter für Meter ein Stück näherbrachte. Was für ein Gefühl, am Steuer zu sitzen und wie von Zauberhand gezogen zu werden! Selbst der Umstand, dass wir auf der unebenen Straße wie Würfel in einem Becher durchgeschüttelt wurden, konnte uns die Fahrt nicht verleiden.
Sicher fragst du dich nun, wie die Passanten auf einen derartigen Anblick reagiert haben. Nun, es gab, wie zu erwarten war, diejenigen, die das Automobil für ein rauchendes Ungetüm hielten, sich bekreuzigten und ängstlich in den Staub warfen. Zum Glück leben aber nicht nur Kleingeister auf dieser Welt, sondern auch Menschen mit einer gesunden Neugier. Viele erkundigten sich danach, wie es möglich ist, dass diese Kutsche von selbst fährt. Manche fragten gar, ob es genehm wäre, ein Stück des Weges mitzufahren. Diesen Bitten kam ich, ohne zu zögern, nach. Möglichst viele sollten durch das persönliche Erleben erfahren, dass der Menschheit ein neues Fortbewegungsmittel, das allein durch Technik und nicht durch Hexerei vorangetrieben wird, zur Verfügung steht. Wenn ich auf diesen Tag zurückblicke, bin ich zuversichtlich, dass meine Bemühungen Früchte tragen werden.

Doch möchte ich dir auch nicht die Hindernisse verschweigen, die sich uns auf der Fahrt nach Mannheim in den Weg stellten. Verstopfte Ventile und durchgescheuerte Kabel waren noch das kleinere Übel. Diese Kleinigkeiten ließen sich mit Strumpfband und Haarnadel leicht aus der Welt schaffen. Schwieriger wurde es, als kurz vor Wiesloch der Treibstoff ausging. Gemeinsam mit Richard, Eugen und einem hilfsbereiten Passanten schob ich das Automobil mehrere Kilometer weit. Mein Vorhaben durfte nicht scheitern, galt es doch, von dem Wunder der Technik zu überzeugen. Und so biss ich die Zähne zusammen, als in der Mittagshitze Ruß und Schweiß auf meiner Haut zu jucken begannen und ich den Wagen mit meinen Helfern bis nach Wiesloch schob.
Kannst du dir den Anblick vorstellen, den ich beim Betreten der Apotheke vor Ort abgegeben habe? Zurecht wirst du jetzt lachen. In völlig derangiertem Kleid, von Kopf bis Fuß voll Staub, Ruß und Schweiß stand ich vor dem Apotheker und fragte höflich, aber bestimmt, ob es möglich sei, zehn Liter Ligroin zu kaufen. Mein Gegenüber macht aus seiner Verwunderung keinen Hehl und meinte gar, ein Liter Waschbenzin dürfte für mein Kleid wohl ausreichen. Wie bezeichnend! Wie so viele andere Männer war er wohl der Überzeugung, die einzige Sorge einer Frau bestehe darin, auf eine adrette äußere Erscheinung zu achten. Jedenfalls habe ich ihn eines Besseren belehrt, als ich den Tank eigenhändig befüllt und erhobenen Hauptes gemeinsam mit Richard und Eugen von dannen gefahren bin. Diesen Tag wird er wohl nicht so schnell vergessen!
Und das werde ich auch nicht. Meine Teuerste, ich wünsche mir so sehr, dass mein Unterfangen von Erfolg gekrönt ist und sich bald die ersten Käufer einfinden. Vielleicht hältst du mich für verrückt, aber aus vielerlei Gründen würde ich dieses Wagnis jederzeit aufs Neue eingehen. Aus Liebe zu Carl, der still und unermüdlich vor sich hinarbeitet und für seine Ideen schiefe Blicke erntet. Aus Liebe zu meinen Kindern, die nicht länger in Armut, sondern in einem behaglichen Zuhause aufwachsen sollen. Und nicht zuletzt aus dem Antrieb, unseren Zeitgenossen vor Augen zu führen, dass auch Angehörige des weiblichen Geschlechts Weltbewegendes leisten können.
Meine liebe Amalia, ich bin mir sicher, du kannst mich im Grunde verstehen. Als Freundin bist du mir stets zur Seite gestanden und als Frau weißt du, dass sich unser Geschlecht nicht einreden lassen darf, es müsse technische Angelegenheiten den Männern überlassen. Zum Glück ist Carl in dieser Hinsicht anders. Trotzdem habe ich die Befürchtung, dass er mir mein kleines Abenteuer mit dem Automobil so schnell nicht verzeihen wird. Aber sobald uns die ersten Anfragen von Interessenten erreichen, wird er mir wohl vergeben.

Ich bin schon gespannt, was du zu meiner Fahrt nach Pforzheim zu sagen hast, und freue mich schon jetzt auf deinen Antwortbrief.

Treulichst
deine Bertha

PS: Falls du einmal mit einem Automobil fahren willst, gib mir herzlich gerne Bescheid. Dann drehen wir eine Runde – vorausgesetzt, Carl lässt mich jemals wieder in die Nähe des Automobils.

Aufgabe:

Das Land, in dem ich leben will

„Meine Vision [von Deutschland] ist die eines Landes, in dem man ohne Angst verschieden sein kann."

Johannes Rau (1931–2006) ehemaliger Bundespräsident der Bundesrepublik Deutschland

Quelle: https://www.bundespraesident.de/SharedDocs/Zitate/DE/Johannes-Rau/1999/09/19990912_Zitat4.html

Erörtern Sie, wie Sie sich das Land, in dem Sie leben wollen, vorstellen. Orientieren Sie sich an dem Zitat und den folgenden Schwerpunkten.

Bildung
Wohlstand
Gesetz
Zusammenleben
Freiheit
Altwerden
Sicherheit
Schutz

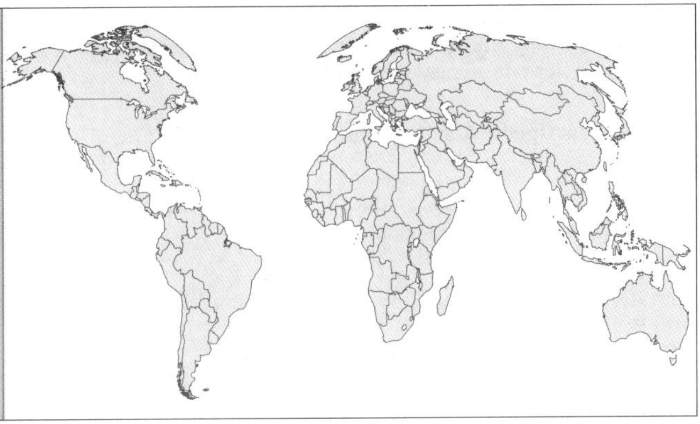

Lösung

Hinweis: Bei der Wahl der vorliegenden freien Erörterung bist du sehr wenig eingeschränkt, da ihr kein langer Text zugrunde liegt, den du berücksichtigen musst. Du kannst hier also deinen Assoziationen freien Lauf lassen und deiner Kreativität Ausdruck verleihen. Allerdings sind dir trotzdem ein grobes Thema und einige kurze Materialien zur Orientierung vorgegeben. So bist du dazu aufgefordert, dir Gedanken über das Land zu machen, in dem du leben willst. Sammle am besten in Stichpunkten Werte, die dir wichtig sind, und versuche, sie mit dem Zitat von Johannes Rau sowie den separat genannten Begriffen (Bildung, Gesetz, Wohlstand usw.) zu verknüpfen. Auf diese Weise fällt es dir leichter, dich auf unterschiedliche Bereiche zu beziehen und deinem Aufsatz eine Struktur zu geben. Am besten beginnst du mit einer Einleitung, die zu deinem Erörterungsthema hinführt. Danach solltest du in verschiedenen Argumentationsblöcken umfassend darlegen, wie dein Idealland aussehen könnte. Um deine Ausführungen anschaulich zu gestalten, empfiehlt es sich, mit Beispielen zu arbeiten und konkrete Vorschläge zur Umsetzung deiner Vorstellungen zu machen. Am Ende kannst du das vorgegebene Zitat aufgreifen und es auf deine vorherigen Äußerungen beziehen. Mit einem kurzen Rückbezug zur Einleitung rundest du deinen Aufsatz auf elegante Weise ab.

Analyse der Aufgabenstellung:
lineare Erörterung (auf der Grundlage von Materialien zur Orientierung): Wie sollte das Land aussehen, in dem du gerne leben würdest?

Stichpunktartige Stoffsammlung und Gliederung

Einleitung
- Hinführung zum Thema: Artikel 1 des Grundgesetzes
- Aufzeigen der zu erörternden Fragestellung

Hauptteil
zentrale Werte des idealen Staats (Argumente nach aufsteigender Wichtigkeit)
1. Bildungsgerechtigkeit
2. Zusammenleben der Generationen
3. Freiheit

Schluss
Fazit: Verknüpfung der Darstellung mit vorgegebenem Zitat und Plädoyer für Vielfalt und Pluralismus

Aufsatzbeispiel

Bildungschancen für alle, nachhaltiges Wirtschaften, Schutz vor Terrorismus, Generationengerechtigkeit – all diese Themen sind sowohl von gesellschaftlicher als auch von politischer Bedeutung. Deshalb beschäftigen sie Bürgerinnen und Bürger sowie Politikerinnen und Politiker gleichermaßen und manchmal sind sie auch stark umstritten. Immer wieder muss im **Zusammenleben von Menschen** neu ausgehandelt werden, wie dieses gestaltet werden soll und welche **Aufgaben dem Staat dabei zukommen**. Über allen Überlegungen steht dabei **Artikel 1 des Grundgesetzes:** „Die Würde des Menschen ist unantastbar." Eine Vorgabe, die gut klingt, aber nicht immer leicht umzusetzen ist. Im Folgenden soll deshalb erörtert werden, wie ein Land aussehen sollte, in dem es sich **gut und würdevoll leben** lässt.

Auch wenn sich wahrscheinlich jeder Schüler und jede Schülerin schon einmal über Hausaufgaben, Prüfungen und die Schule allgemein beschwert hat, können wir doch den **Wert von Bildung** gar nicht hoch genug schätzen. Schließlich ist sie es, die den Menschen ein **Leben in Fortschrittlichkeit und Wohlstand** ermöglicht. Genau aus diesem Grund ist es wünschenswert, dass allen die **gleichen Bildungschancen** offenstehen. In einem idealen Land sollte also niemandem aufgrund seiner Herkunft oder seines Geschlechts der **Zugang zu Bildung** verwehrt werden. Wer jetzt bei diesen Beschränkungen nur an Entwicklungsländer denkt, liegt falsch, denn auch bei uns in Deutschland ist es längst nicht egal, aus welcher Familie ein Kind stammt. Kinder, deren Eltern ärmer oder weniger gebildet sind, erhalten oft auch schwerer Zugang zu guten Bildungsangeboten, was häufig dazu führt, dass sie auch als Erwachsene wieder weniger gut gestellt sind. Nicht umsonst spricht man von sogenannten **bildungsfernen Schichten**. In einem idealen Land gäbe es diesen Teufelskreis nicht, sondern es würde mithilfe kostenloser Kindergartenplätze sowie **gezielter Förderangebote** in Schule und Freizeit dafür gesorgt, dass alle Kinder von Beginn an die gleichen Chancen haben, sich weiterzuentwickeln und an der Gesellschaft teilzuhaben.

Doch nicht nur Kinder und Jugendliche sind in einem idealen Land wichtig, sondern auch die **älteren Menschen**. Diese sollten nicht aus dem Leben ausgeschlossen werden, nur weil sie nicht mehr so leistungsfähig und rüstig sind wie jüngere Leute. Vielmehr sollte der Staat Möglichkeiten schaffen, dass seine Bürgerinnen und Bürger **in Würde altern** können. Das heißt nicht nur, dass kostenlose oder zumindest kostengünstige **medizinische Angebote** zur Verfügung stehen, sondern auch, dass älteren Menschen ihr **Alltag erleichtert** wird und sie **Zugang zu Kultur- und Bildungsveranstaltungen** erhalten. Hier würde zum Beispiel **Barrierefreiheit** in öffentlichen Verkehrsmitteln schon viel ausmachen, genauso wie leicht erreichbare Supermärkte oder bequeme Sitzplätze in Theatern oder Kinos. Auf diese Weise könnte man es älteren Menschen ermöglichen, weiterhin ohne Probleme **am gesellschaftlichen Leben teilzunehmen**. Am wichtigsten wäre es aber, dass sich die Einstellung gegenüber betagteren Personen wandelt. So sollte der **Wert eines Menschen weniger an seiner Leistungsfähigkeit gemessen** werden, sondern vielmehr an seinen Erlebnissen, Erzählungen, seinem Humor, seiner Hilfsbereitschaft, seinem Mitgefühl und seinen Interessen, einfach an dem, was **Menschsein** wirklich ausmacht. Dann wären zum Beispiel **generationenübergreifende Wohngemeinschaften** keine Seltenheit mehr, bei denen beide Seiten voneinander profitieren können: die Jungen von der Lebenserfahrung und Weisheit der Älteren und die Älteren vom Lebenshunger und der Aufgeschlossenheit der Jüngeren.

Einen ganz zentralen Wert für einen idealen Staat und ein menschenwürdiges Leben stellt in meinen Augen die **Freiheit** dar. Der Mensch sollte sich frei und **individuell entfalten** und sein Leben so führen können, wie er es selbst als wünschenswert erachtet. Das bedeutet, dass der **Staat sich möglichst wenig** in das Leben seiner Bürgerinnen und Bürger **einmischen** sollte. Stattdessen sollte er, wie oben bereits ausgeführt, nur die Rahmenbedingungen schaffen, die eine **freie Entfaltung jedes Einzelnen** ermöglichen. Und die Freiheit hat so viele Gesichter: So umfasst sie **persönliche Freiheiten** wie Meinungsfreiheit, Religionsfreiheit oder Freiheit in der Lebensgestaltung genauso wie **gesellschaftlich-politische Freiheiten** wie das Recht zur Mitbestimmung durch Wahlen oder das Recht zum Widerstand. In einem idealen Staat kann sich jeder Mensch selbst einen Beruf aussuchen, seinen Glauben frei wählen und frei entscheiden, ob er oder sie eine Familie gründen möchte. Und das alles, **ohne** dadurch **Nachteile oder gar Bestrafungen** fürchten zu müssen. Nicht immer sind es allerdings Gesetze, die eine individuelle Lebensführung verhindern, sondern **ungeschriebene, überlieferte Werte**, die das **Leben der Einzelnen einschränken**. Man denke nur an eine Frau, die sich entscheidet, trotz Kind Karriere zu machen, und dann schnell als Rabenmutter beschimpft wird. Zwar verbietet ihr kein Gesetz, nach der Geburt ihres Babys weiterzuarbeiten, aber das Urteil der Gesellschaft erschwert es ihr, ihren eigenen Lebensweg zu gehen. In einem idealen Staat gibt es solche Engstirnigkeit nicht, sondern die Lebensentscheidungen der Mitmenschen werden mit **Toleranz und Offenheit** akzeptiert und respektiert. Hier findet das Sprichwort Geltung „Die Freiheit des Einzelnen endet an der Freiheit des Andersdenkenden", welches verdeutlicht, dass Freiheit immer auch mit **Verantwortung** einhergeht. Wenn man selbst für sich in Anspruch nimmt, die eigene Persönlichkeit frei entfalten zu dürfen, muss man das gleiche Recht auch anderen zugestehen, auch wenn diese darunter vielleicht etwas anderes verstehen als man selbst. Der Staat muss hier immer wieder **situationsangemessene Kompromisse** finden, um die Freiheit aller zu gewährleisten.

Ein wie oben beschriebener Staat kommt der Vision des ehemaligen Bundespräsidenten Johannes Rau sehr nahe, der sich Deutschland als Land wünscht, in dem man **ohne Angst verschieden sein** kann. In einem solchen könnten Menschen aller Altersklassen, verschiedener Herkunft und Bildungsniveaus, mit voneinander abweichenden Meinungen und Lebenseinstellungen sowie unterschiedlichen körperlichen Voraussetzungen friedlich zusammenleben. Dies entspräche dann wahrlich der immer wieder geäußerten Forderung nach **Vielfalt und Pluralismus** sowie einer **Demokratie**, die die **Würde des Menschen** an zentraler Position in ihrer Verfassung verankert hat.

Realschulabschluss Deutsch in Thüringen: Prüfungsaufgaben 2021
Aufgabe 3

Aufgabe:
Interpretieren Sie die Kurzgeschichte.

Reiner Kunze (*1933)

Clown, Maurer oder Dichter

Ich gebe zu, gesagt zu haben: Kuchenteller. Ich gebe ebenfalls zu, auf die Frage des Sohnes, ob er allen Kuchen auf den Teller legen solle, geantwortet zu haben: allen. Und ich stelle nicht in Abrede, daß der Kuchen drei Viertel der Fläche des Küchentischs einnahm. Kann man denn aber von einem zehnjährigen Jungen nicht erwarten, daß er weiß, was gemeint ist, wenn man Kuchenteller sagt? Das Händewaschen hatte ich überwacht, und dann war ich hinausgegangen, um meine Freunde zu begrüßen, die ich zum Kartoffelkuchenessen eingeladen hatte. Frischer Kartoffelkuchen von unserem Bäcker ist eine Delikatesse.
Als ich in die Küche zurückkehrte; kniete der Sohn auf dem Tisch. Auf einem jener Kuchenteller, die nur wenig größer sind als eine Untertasse, hatte er einen Kartoffelkuchenturm errichtet, neben dem der schiefe Turm zu Pisa senkrecht gewirkt hätte. Ich sparte nicht mit Stimme.
Ob er denn nicht sähe, dass der Teller zu klein sei.
Er legte sich mit der Wange auf den Tisch, um den Teller unter diesem völlig neuen Gesichtspunkt zu betrachten.
Er müsse doch sehen, daß der Kuchen nicht auf diesen Teller passe.
Aber der Kuchen passe doch, entgegnete er. Das eine Blech lehnte am Tischbein, und auch das andere war fast leer.
Ich begann mich laut zu fragen, was einmal aus einem Menschen werden solle, der einen Quadratmeter Kuchen auf eine Untertasse stapelt, ohne auch nur einen Augenblick daran zu zweifeln, daß sie groß genug sein könnte.
Da standen meine Freunde bereits in der Tür.
„Was aus dem Jungen werden soll?", fragte der erste, meine Worte aufnehmend. Er peilte den Turm an.
„Der Junge offenbart ein erstaunliches Gefühl für Balance. Entweder er geht einmal zum Zirkus, oder er wird Maurer."
Der zweite ging kopfschüttelnd um den Turm herum. „Wo hast du nur deine Augen?", fragte er mich. Erst jetzt entdeckte ich, daß die von mir geschnittenen Kuchenstücke geviertelt waren, als wären wir zahnlose Greise. Mein Freund sah die größeren Zusammenhänge. „Siehst du denn nicht, daß in dem Jungen ein Künstler steckt?", sagte er. „Der Junge hat Mut zum Niegesehenen. Er verknüpft die Dinge so miteinander, daß wir staunen. Er hat schöpferische Ausdauer. Vielleicht wird aus ihm sogar ein Dichter, wer weiß."
„Eher ein richtiger oder ein genialer Soldat", sagte der dritte, den ich jedoch sogleich unterbrach. „Soldat? Wieso Soldat?", fragte ich auf die Gefahr hin, dem Sohn die Wörter wieder abgewöhnen zu müssen, die zu erwarten waren, sobald sich dieser Freund seiner Armeezeit erinnerte. Er antwortete: Ein richtiger Soldat, weil er auch den idiotischsten Befehl ausführt. Und ein genialer Soldat, weil er ihn so ausführt, daß das Idiotische des Befehls augenfällig wird. Ein Mensch wie er kann zum Segen der Truppe werden."
Ich hoffte, der Sohn würde das meiste nicht verstanden haben. Am Abend hockte er sich jedoch zu Füßen seiner Schwester aufs Bett und fragte sie, was zu werden sie ihm rate:

Clown, Maurer oder Dichter. Soldat zu werden, zog er nicht in Betracht, weil er es dann mit Vorgesetzten wie seinem Vater zu tun haben könnte.
Seitdem bedenke ich, wer bei uns zu Gast ist, bevor ich eines meiner Kinder kritisiere.

Quelle: Kunze, Reiner: Clown, Maurer oder Dichter. In: Kunze, Reiner: Die wunderbaren Jahre. S. Fischer Verlag GmbH, Frankfurt am Main 1976, S. 18.

Lösung

Hinweis: Bei dieser Aufgabe sollst du die vorliegende Kurzgeschichte von Reiner Kunze interpretieren. Eine erste Annäherung besteht in einer knappen Zusammenfassung des Inhalts. Wichtig ist, die Geschichte nicht im Detail nachzuerzählen, sondern die einzelnen Phasen der Handlung prägnant und im Überblick wiederzugeben. Verwende dabei das Präsens. Bei der sich anschließenden Detailanalyse kannst du genauer auf das Verhalten der Figuren und auf die Gespräche zwischen ihnen eingehen. Auch die Analyse von sprachlichen Besonderheiten des Textes findet hier ihren Platz. Durch Zitate untermauerst du deine Feststellungen. Bei der nachfolgenden Interpretation ist es sinnvoll, auf den Titel der Geschichte und mögliche Absichten des Verfassers einzugehen. Um deinen Ausführungen Struktur zu verleihen, ist es sinnvoll, deinen Aufsatz in Einleitung, Hauptteil und Schluss zu gliedern und für die verschiedenen Aspekte der Analyse und Interpretation eigene Abschnitte zu verfassen.

Stichpunktartige Stoffsammlung und Gliederung

Einleitung
Missverständnis zwischen Vater und Sohn als Thema des Textes

Hauptteil
1. Teil: Zusammenfassung des Inhalts

2. Teil: Textanalyse
- Erzählperspektive: Sicht des Vaters
- Charakterisierung des Ich-Erzählers
- sprachliche Mittel und deren Wirkung

3. Teil: Interpretation
- Bedeutung des Titels in Bezug auf den Inhalt
- Mögliche Absichten des Verfassers

Schluss
Aktualität des Textes

Aufsatzbeispiel

Einleitung

Reiner Kunzes Kurzgeschichte „Clown, Maurer oder Dichter“, die 1976 in seinem Buch „Die wunderbaren Jahre“ veröffentlicht wurde, handelt von einem Missverständnis zwischen einem Vater und seinem Sohn. Der Vater gibt dem zehnjährigen Jungen eine unklare Anweisung, die dieser wörtlich nimmt. Aus der Art, wie das Kind die Aufgabe umsetzt, leiten die Freunde des Vaters Berufe ab, für die der Junge geeignet wäre.

Hauptteil

Der Vater trägt seinem zehnjährigen Sohn auf, Kartoffelkuchen auf einen Kuchenteller zu legen. Dabei drückt er sich jedoch unklar aus, da er eigentlich eine Kuchenplatte meint. Nach einer kurzen Rückversicherung bei seinem Vater führt der Junge den Auftrag wortgetreu aus. Als der Vater nach der Begrüßung seiner Freunde, die er zum Kuchenessen eingeladen hat, in die Küche zurückkehrt, ist er entsetzt über das, was sein Sohn getan hat: Der Junge hat beinahe zwei Bleche Kuchen kleingeschnitten und auf einem kleinen Kuchenteller aufgetürmt. Wütend schreit der Vater seinen Sohn, der den Ärger nicht nachvollziehen kann, an und stellt dessen berufliche Zukunft infrage. Als die Freunde des Vaters diese Frage hören, schlagen sie verschiedene Berufe vor, für die der Junge geeignet sein könnte: Der erste Freund glaubt, dass der Junge aufgrund seines guten Gespürs für Balance, das er beim Kuchenstapeln bewiesen hat, beim Zirkus oder als Maurer arbeiten könnte. Der zweite Freund sieht im Jungen hingegen einen Künstler oder Dichter, weil er die Aufgabe auf kreative Weise gelöst hat. Der dritte meint, das Kind könnte ein genialer Soldat werden, da es auch den idiotischsten Befehl ausführt, dies aber so tut, dass das Idiotische daran offensichtlich wird. Am Abend sucht der Junge bei seiner Schwester Rat, welchen Beruf er ergreifen soll. Er schließt nur aus, Soldat zu werden, da er es dann mit Vorgesetzten wie seinem Vater zu tun hätte. Die Erzählung endet schließlich mit der Erklärung des Vaters, dass er seit diesem Ereignis darauf achtet, wer zu Besuch ist, bevor er seine Kinder kritisiert.

Die Geschichte beginnt unmittelbar mit dem Eingeständnis eines Ich-Erzählers, dass dieser dem Sohn gegenüber die missverständlichen Worte „Kuchenteller“ (Z. 1) und „allen“ (Z. 2) verwendet hat und der Kuchen tatsächlich sehr groß war (vgl. Z. 2 f.). Rückblickend berichtet der Erzähler, was sich in Folge seiner unklaren Wortwahl ereignet hat. Aus der Ich-Perspektive erfahren die Leserinnen und Leser, was der Erzähler sieht (z. B. „Er legte sich mit der Wange auf den Tisch“, Z. 14), was gesagt wird (vgl. Z. 23–39) und zum Teil auch, welche Gedanken und Gefühle der Erzähler hat („Ich hoffte“, Z. 40). Gegen Ende der Geschichte wird mit der vorherrschenden Ich-Perspektive gebrochen und den Leserinnen und Lesern ein kleiner Einblick in das Gespräch zwischen dem Sohn und seiner Schwester gewährt (vgl. Z. 40–43). Erst hier wird auch klar, dass ein Vater von einer Begebenheit mit seinem Sohn erzählt, denn bis zu diesem Zeitpunkt werden in Bezug auf den Sohn nur Artikel benutzt, die keinen Aufschluss darüber geben, ob es sich um den Sohn des Ich-Erzählers handelt („des Sohnes“, Z. 1 f.; „der Sohn“, Z. 9, Z. 40).

Auch ansonsten erfährt man über den Erzähler nur sehr wenig. Abgesehen von dem Sohn, um den sich die Geschichte dreht, hat er mindestens noch eine Tochter („seiner Schwester“, Z. 41; „eines meiner Kinder“, Z. 44) und lebt möglicherweise nicht allein mit seinen Kindern, da an manchen Textstellen Possessivpronomen im Plural verwendet werden („von unserem Bäcker“, Z. 7; „bei uns zu Gast“, Z. 44). Er mag den Kartoffelkuchen eines bestimmten Bäckers (vgl. Z. 7 f.) und hat mindestens drei Freunde („der erste“, Z. 23; „Der zweite“, Z. 27; „der dritte“, Z. 34), die er zum Kuchenessen zu sich einlädt. Er scheint Schwierigkeiten zu haben, sich in seinen Sohn hineinzuversetzen und eigene Fehler zuzugeben, da er nicht nachvollziehen kann, dass sein Sohn ihn missverstanden hat, und auch nur zugibt, bestimmte Begriffe verwendet zu haben (vgl. Z. 1–5). Darauf deutet auch der letzte Satz hin (vgl. Z. 44), da der Vater aus der Situation offenbar nicht gelernt hat, dass er sich klarer ausdrücken sollte. Er nimmt sich lediglich vor, zukünftig zu bedenken, wer zu Gast ist, bevor er seine Kinder kritisiert. Er scheint auch aufbrausend zu sein, weil er seinen Sohn aufgrund des Missverständnisses gleich anschreit („Ich sparte nicht mit Stimme“, Z. 11 f.) und ihm Vorwürfe macht (vgl. Z. 13, Z. 16).

Bereits der Anfang des Textes fällt hinsichtlich seiner sprachlichen Gestaltung auf. Durch die Anapher „Ich gebe zu […]. Ich gebe […] zu“ in der ersten Zeile, wird klar, dass der Ich-Erzähler offenbar einen Fehler gemacht hat und nun versucht, sich zu rechtfertigen. Welche missverständlichen Worte er verwendet hat, wird jeweils deutlich durch einen Doppelpunkt markiert (vgl. Z. 1, Z. 2). Auf die Verteidigungshaltung des Erzählers weist auch seine rhetorische Frage hin („Kann man denn aber von einem zehnjährigen Jungen nicht erwarten, daß er weiß, was gemeint ist, wenn man Kuchenteller sagt?", Z. 4 f.), die er einem unbekannten Adressaten stellt. Die Hyperbel „neben dem der schiefe Turm zu Pisa senkrecht gewirkt hätte" (Z. 11) und der direkt darauf folgende Euphemismus „Ich sparte nicht mit Stimme" (Z. 11 f.) zeigen, dass der Vater überreagiert und wie absurd die Situation dadurch erscheint. Die beiden in der indirekten Rede formulierten rhetorischen Fragen des Vaters („Ob er denn nicht sähe, dass der Teller zu klein sei", Z. 13; „Er müsse doch sehen, daß der Kuchen nicht auf diesen Teller passe", Z. 16) nimmt der Sohn wörtlich: Der Junge prüft sein Werk noch einmal kritisch, bis er schließlich zu der Erkenntnis gelangt, „der Kuchen passe doch" (Z. 17). Auch hier wird die Absurdität der Situation noch einmal deutlich. Die nächste rhetorische Frage des Vaters, was aus dem Jungen einmal werden solle (vgl. Z. 19–21), wird ebenfalls beantwortet. Dieses Mal allerdings von den Freunden des Vaters. An dieser Stelle wechselt das Gespräch auch in die direkte Rede (vgl. Z. 23–39), weshalb den Antworten eine besondere Bedeutung beikommt.

Der Titel der Geschichte bezieht sich auf genau diese Antworten. In Z. 42 wird der Titel „Clown, Maurer oder Dichter" sogar wörtlich aufgegriffen, als der Junge seine Schwester um Rat fragt, welchen dieser Berufe er ergreifen solle. Auffällig ist dabei, dass der Junge die Berufe, die von den Freunden des Vaters vorgeschlagen wurden, nicht eins zu eins übernimmt, sondern an seine eigenen Vorstellungen anpasst. Den Vorschlag, zum Zirkus zu gehen (vgl. Z. 25 f.), greift er auf, indem er überlegt, Clown zu werden. Ein Zirkusclown benimmt sich häufig naiv und tölpelhaft und bringt damit das Publikum zum Lachen. Dabei tut er oft absurde Dinge oder imitiert andere auf übertriebene Weise, wodurch deren Verhalten ins Lächerliche gezogen wird. In gewisser Weise passt die Rolle des Clowns zum Jungen, da er sich scheinbar naiv und tölpelhaft verhalten hat, als er die Anweisung des Vaters wörtlich genommen und den Kuchen zu einem Turm aufgestapelt hat. Tatsächlich ist es aber nicht der Junge, der sich lächerlich gemacht hat, sondern der Vater mit seiner übertriebenen Reaktion darauf. Das scheint auch dem Jungen bewusst zu sein, denn den Beruf des Soldaten schließt er aus, „weil er es dann mit Vorgesetzten wie seinem Vater zu tun haben könnte" (Z. 42 f.). Die Meinung über den Vater bestätigt sich auch durch die seltsame Lehre, die dieser aus dem Vorfall zieht (vgl. Z. 44). Anstatt sich einzugestehen, dass er sich missverständlich ausgedrückt hat und seine Reaktion übertrieben war, nimmt er sich nur vor, darauf zu achten, seine Kinder vor bestimmten Gästen nicht mehr zu kritisieren. Es scheint ihm also nur darum zu gehen, wie er vor seinen Gästen wirkt. Dass sein Verhalten gegenüber seinem Sohn nicht richtig war, sieht er offenbar nicht.

Der Text kann daher auch als Kritik an Personen aufgefasst werden, die wie der Vater ihr Verhalten nicht selbst reflektieren. Der Vater will oder kann sich seine eigenen Fehler nicht eingestehen, sondern sucht die Schuld für die ganze Situation nur bei seinem Sohn und zum Teil auch bei den Gästen, die auf seine Kritik am Jungen offenbar nicht im Sinne des Vaters reagieren (vgl. Z. 44). Zudem wird in der Geschichte deutlich, wie leicht es zu Missverständnissen kommen kann und wie wichtig es ist, sich präzise auszudrücken und dabei den Wissensstand der Gesprächspartner*innen zu berücksichtigen. Ein Erwachsener hätte vielleicht aus seinen Erfahrungen, wie Kuchen üblicherweise präsentiert wird, ableiten können, dass mit der Bezeichnung „Kuchenteller" eigentlich eine große Kuchenplatte gemeint sein muss. Der Erfahrungsschatz eines Kindes reicht dafür aber womöglich noch nicht aus. Außerdem könnte der Autor darauf aufmerksam machen, welche Bedeutung das Umfeld eines Kindes für die spätere Berufswahl haben kann. Ohne die Vorschläge der väterlichen Freunde würde sich der Junge wohl nicht die Frage stellen, ob er „Clown, Maurer oder Dichter" werden soll, und wäre sich auch nicht sicher, dass der Soldatenberuf für ihn nicht in Betracht kommt.

Schluss

Auch wenn Reiner Kunzes Kurzgeschichte „Clown, Maurer oder Dichter“ bereits vor 45 Jahren veröffentlicht wurde, hat der Text nichts an Aktualität verloren. Nach wie vor begegnet man Personen, die sich missverständlich ausdrücken oder sich Fehler nur schwer eingestehen können. Und auch das Umfeld beeinflusst heute ebenso wie damals die Berufswahl von Kindern und Jugendlichen in großem Maße. Reiner Kunzes Geschichte hat uns Leserinnen und Lesern gezeigt, dass wir sensibel mit diesen Themen umgehen müssen und über unser eigenes Verhalten nachdenken und es gegebenenfalls anpassen sollten.

Aufgabe:
Interpretieren Sie das Gedicht.

Hilde Domin (1909–2006)

Wie wenig nütze ich bin

Wie wenig nütze ich bin,
ich hebe den Finger und hinterlasse
nicht den kleinsten Strich
in der Luft.

Die Zeit verwischt mein Gesicht,
sie hat schon begonnen.
Hinter meinen Schritten im Staub
wäscht Regen die Straße blank
wie eine Hausfrau.

Ich war hier.
Ich gehe vorüber
ohne Spur.
Die Ulmen am Weg
winken mir zu wie ich komme,
grün blau goldener Gruß,
und vergessen mich,
eh ich vorbei bin.

Ich gehe vorüber –
aber ich lasse vielleicht
den kleinen Ton meiner Stimme,
mein Lachen und meine Tränen
und auch den Gruß der Bäume im Abend
auf einem Stückchen Papier.

Und im Vorbeigehn,
ganz absichtslos,
zünde ich die ein oder andere
Laterne an
in den Herzen am Wegrand.

(1957)

Quelle: Domin, Hilde: Wie wenig nütze ich bin. In: Domin, Hilde: Gesammelte Gedichte. S. Fischer Verlag GmbH, Frankfurt am Main 1987, S. 30–31.

Lösung

Hinweis: Die Aufgabenstellung ist knapp gefasst und verlangt von dir, das vorliegende Gedicht zu interpretieren. Dafür musst du das Gedicht zuerst in inhaltlicher und sprachlich-formaler Hinsicht analysieren und darauf aufbauend deine Ergebnisse deuten. Zunächst empfiehlt es sich, Hilde Domins Gedicht mehrmals langsam und genau zu lesen. Versuche nachzuvollziehen, wovon das Gedicht handelt und wie sich die Gedanken des lyrischen Ich im Verlauf des Textes entwickeln. Markiere dabei Auffälligkeiten aller Art farbig im Text und halte deine Beobachtungen am besten stichpunktartig am Textrand fest.
In der Einleitung solltest du kurz zum Thema des Gedichts hinführen. Du kannst hier z. B. auf die Aktualität des Themas verweisen oder eigene Gedanken zum Titel des Gedichts anführen. Denke daran, hier auch die Basisinformationen zum Text zu nennen (Autorin, Titel, Erscheinungsjahr).
Im Hauptteil gehst du am besten Strophe für Strophe vor und klärst dabei die folgenden Fragen: Worüber spricht das lyrische Ich? Lässt sich – abgesehen von den Strophen – eine bestimmte gedankliche Ordnung im Gedicht erkennen? Mit welchen Worten, sprachlichen Bildern und rhetorischen Mitteln wird der Inhalt vermittelt? Gibt es eine feste Reimstruktur und ein durchgehendes Metrum? Wichtig ist, dass du deine Ausführungen und Deutungen immer durch Verweise auf die entsprechenden Verse oder durch Zitate belegst.
Zum Schluss solltest du deine Ergebnisse in einem kurzen Fazit zusammenfassen. Du kannst deinen Aufsatz dann beispielsweise mit einem weiterführenden eigenen Gedanken zum Thema des Gedichts abrunden oder einen Bezug zur Einleitung herstellen.

Stichpunktartige Stoffsammlung und Gliederung

Einleitung
Bezug zum Gedichttitel und Verweis auf grundlegende menschliche Erfahrung: Gefühl, nichts bewirken zu können

Hauptteil

Analyse des Gedichts: „Wie wenig nütze ich bin"

Form
- fünf Strophen mit unterschiedlich langen Versen
- keine Reimstruktur, kein durchgehendes Metrum → prosanahe Sprache

Strophe 1
Inhalt
- Gedanken des lyrischen Ich über die eigene Nutzlosigkeit

Sprache und ihre Wirkung
- Wiederholung des Gedichttitels im ersten Vers → Ausruf und Klage des lyrischen Ich
- eigener Vers „nicht den kleinsten Strich" (V. 3) → Hervorheben des Scheiterns

Strophe 2
Inhalt
- verblassende Erinnerungen an das lyrische Ich, keine Hinterlassenschaften an die Nachwelt

Sprache und ihre Wirkung
- Metapher/Personifikation: „Die Zeit verwischt mein Gesicht" (V. 5) → Prozess des Alterns bzw. der verschwindenden Erinnerungen
- Vergleich „wäscht Regen die Straße blank / wie eine Hausfrau" (V. 8 f.) → keine einzige Spur der menschlichen Bemühungen bleibt erhalten → Vergänglichkeit

Strophe 3

Inhalt

- flüchtiger Gruß der Ulmen, sofortiges Vergessen

Sprache und ihre Wirkung

- Metapher „Ulmen […] / winken mir zu“ (V. 13 f.) → schwankende Äste im Wind
- Parenthese /Aufzählung „grün blau goldener Gruß“ (V. 15) → Verweis auf beginnenden Herbst und auf bedrückte Stimmung des lyrischen Ich

Strophe 4

Inhalt

- Wende im Gedankengang des lyrischen Ich: Fortleben und Wirksamkeit durch Literatur

Sprache und ihre Wirkung

- auffallende Wortwahl: „vielleicht“ (V. 19), „kleinen Ton meiner Stimme“ (V. 20), „Stückchen Papier“ (V. 23) → Zurückhaltung, vorsichtige Hoffnung des lyrischen Ich
- pars pro toto: „meiner Stimme, / mein Lachen und meine Tränen“ (V. 20 f.) → lyrisches Ich mit all seiner Persönlichkeit, mit positiven und negativen Emotionen

Strophe 5

Inhalt

- positive Wirkung der Texte des lyrischen Ich auf die Leserinnen und Leser

Sprache und ihre Wirkung

- Metapher: „zünde ich […] / Laterne an / in den Herzen“ (V. 26–28) → lyrisches Ich spendet mit Texten Orientierung, Einsicht und Zuversicht

Aussageabsicht

Vergänglichkeit von materiell-körperlichen Dingen, Unvergänglichkeit von niedergeschriebenen Ideen und Gedanken; Möglichkeit, durch Literatur positiven Einfluss auf Mitmenschen und Nachwelt auszuüben

Schluss

Zusammenfassung der Interpretation, Gedichttitel widerlegt sich selbst

Aufsatzbeispiel

Einleitung

Jeder Mensch kennt mit Sicherheit diese Momente im Leben, in denen man plötzlich seinen eigenen Wert infrage stellt und sich das Gefühl aufdrängt, dass man trotz zahlreicher Anstrengungen nichts bewirken kann. Das Gedicht von Hilde Domin „Wie wenig nütze ich bin" aus dem Jahr 1957 greift diese existenzielle menschliche Erfahrung auf. Es schildert den Gedankengang eines lyrischen Ich: Dieses hebt zunächst die Nutzlosigkeit der menschlichen Bemühungen hervor, da die Zeit und andere Einflüsse alle Spuren eines Menschen beseitigen würden. Im Verlauf des Gedichts zeigt das lyrische Ich dennoch einen Weg auf, wie es trotz aller Hindernisse seine Spuren bei den Mitmenschen und der Nachwelt hinterlassen kann.

Hauptteil

Domins Gedicht ist in fünf unterschiedlich lange Strophen unterteilt. Es weist weder eine Reimstruktur auf, noch folgt es einem erkennbaren Metrum. Die meisten Verse sind kurz (zwischen zwei und acht Wörtern, vgl. V. 12 und 22), aber oftmals durch Enjambements miteinander verbunden (vgl. z. B. V. 2–4, 7–9, 11–12). Zusammen mit der nüchternen Wortwahl und der knappen Ausdrucksweise ergibt sich dadurch ein harmonischer Lesefluss. Das Gedicht liest sich beinahe wie ein Prosatext und unterstützt damit das Verständnis für den im Gedicht geschilderten Gedankengang des lyrischen Ich.

Der erste Vers der ersten Strophe wiederholt den Titel des Gedichts. Den Ausruf „Wie wenig nütze ich bin" (V. 1) kann man als Klage des lyrischen Ich verstehen: Offensichtlich schätzt es seinen eigenen Wert gering ein und ist in dieser Einschätzung vom Nützlichkeitsdenken geprägt. Für wen oder was das lyrische Ich nicht nützlich sein soll – ob für eine Einzelperson, die nächsten Mitmenschen, für die Gesellschaft oder eine bestimmte Tätigkeit –, bleibt hier noch unkonkret. Die folgenden Verse dieser Strophe geben dann einen ersten Hinweis darauf, wie die Klage im Titel und im ersten Vers des Gedichts zu verstehen ist. Der erhobene Finger des lyrischen Ich „hinterlasse / nicht den kleinsten Strich / in der Luft" (V. 2–4). Das lyrische Ich versucht also, Zeichen oder Buchstaben in die Luft zu schreiben, und ist möglicherweise enttäuscht, dass dieser Versuch scheitert. Die ausbleibende Wirkung dieses Schreibversuchs wird in einem eigenen Vers hervorgehoben („nicht den kleinsten Strich", V. 3).

In der zweiten Strophe liefert das lyrische Ich dann weitere Erläuterungen, warum es sich „wenig nütze" (V. 1) fühlt. Die Metapher, dass die personifizierte Zeit das Gesicht des lyrischen Ich verwische (vgl. V. 5), könnte man als Hinweis auf den Alterungsprozess des lyrischen Ich lesen. Es könnte aber auch bedeuten, dass die Erinnerungen der Mitmenschen an das lyrische Ich verblassen und sich in absehbarer Zeit niemand mehr an das lyrische Ich erinnern wird. Wie man diesen Vers auch deuten mag: Der Prozess habe auf alle Fälle bereits „begonnen" (V. 6). Der zweite Teil der zweiten Strophe (V. 7–9) besteht aus einem einzigen Satz und variiert das Motiv der Wirkungs- bzw. Nutzlosigkeit. Wie die Luft das Zeichen des Fingers nicht festhält und wie die Zeit das Gesicht allmählich verschwinden lässt, so verwischt der personifizierte Regen die Fußspuren des lyrischen Ich. Diese Feststellungen zeigen auf metaphorische Weise: Es gibt nichts, was das lyrische Ich der Nachwelt hinterlässt, alle dahingehenden Versuche scheitern, alle menschlichen Bemühungen sind vergänglich. Dass tatsächlich keine einzige Spur des lyrischen Ich erhalten bleibt, wird erneut (vgl. „nicht den kleinsten Streich", V. 3) hervorgehoben: Der Regen sei gründlich „wie eine Hausfrau" (V. 9) und wasche „die Straße blank" (V. 8).

Zu Beginn der dritten Strophe, also im Mittelteil des gesamten Gedichts, fasst das lyrische Ich in zwei kurzen Sätzen seinen bisherigen Gedankengang noch einmal zusammen: „Ich war hier. / Ich gehe vorüber / ohne Spur" (V. 10–12). Das lyrische Ich geht also davon aus, dass sich niemand an es erinnern wird und es der Welt nichts hinterlassen wird. Im zweiten Teil der dritten Strophe (V. 13–17) schildert das lyrische Ich ein weiteres Beispiel, das zu dieser Einsicht geführt hat: „Die Ulmen […] winken mir zu wie ich komme" (V. 13 f.). Man könnte sich hier die Äste der Bäume vorstellen, die im Wind wehen und dadurch aussehen, als würden sie winken. Der Einschub in Vers 15 „grün blau goldener Gruß“ lässt an den beginnenden Herbst denken, wenn die grünen Blätter vor einem immer noch blauen Himmel sich langsam zu verfärben beginnen und „golden“ werden. Diese beginnende Herbststimmung passt zur bedrückten Stimmung des lyrischen Ich. Aber auch die grüßenden Ulmen „vergessen“ (V. 16) das lyrische Ich, und zwar noch bevor es vollständig an ihnen vorbeigegangen ist (vgl. V. 17). Auch hier wird wieder die Schnelligkeit bzw. Vollständigkeit betont (vgl. V. 3, 8), mit der die Erinnerung an das lyrische Ich erlischt. Das lyrische Ich fühlt sich zwar verbunden mit der Natur, aber auch diese Verbundenheit ist nicht von Dauer.

Die vierte Strophe leitet dann eine Wende im Gedankengang des lyrischen Ich ein. Sie beginnt zunächst mit der Wiederholung eines Verses aus der dritten Strophe (V. 11): „Ich gehe vorüber“ (V. 18). Nun folgt aber nicht die traurige Einsicht „ohne Spur“ (V. 12), sondern eine Einschränkung, die mit dem Wort „aber“ (V. 19) angekündigt wird. Das lyrische Ich äußert die leise und tröstende Hoffnung („vielleicht“, V. 19), seine Gefühle und Erlebnisse in literarischer Form („auf einem Stückchen Papier“, V. 23) an die Nachwelt weitergeben zu können. Auch der „Gruß der Bäume“ (V. 22) aus der vorherigen Strophe (vgl. V. 13–17) könne auf diese Weise vor dem Vergessen geschützt werden. Auffallend ist, mit welcher zurückhaltenden Wortwahl das lyrische Ich diese neu gewonnene Hoffnung formuliert („vielleicht“, V. 19, „kleinen Ton“, V. 20, „Stückchen Papier“, V. 23). „Stimme“, „Lachen“ und „Tränen“ (V. 20 f.), zusätzlich betont durch die Wiederholung des Possessivpronomens „mein“, stehen pars pro toto für die unterschiedlichen persönlichen Empfindungen des lyrischen Ich. Die Literatur bietet dem lyrischen Ich die Möglichkeit, all diese Gefühle für andere Menschen festzuhalten, hier droht kein Vergessen und kein Verschwinden der Erinnerungen. Die eigenen Gedanken auf Papier niederzuschreiben und weiterzugeben, ist eine Tätigkeit, welcher weder die „Luft“ (V. 4) noch die „Zeit“ (V. 5) oder der „Regen“ (V. 8) etwas anhaben können – sie bietet Unvergänglichkeit.

In der fünften und letzten Strophe führt das lyrische Ich diesen Gedanken fort und beschreibt die Wirkung, welche die auf Papierstücken (vgl. V. 23) festgehaltenen Texte bei den Leserinnen und Lesern entfalten können. Mit den Texten würde das lyrische Ich „die ein oder andere / Laterne an[zünden] / in den Herzen am Wegrand“ (V. 26–28). Laternen dienen den Menschen als Wegweiser, bringen Licht in die Dunkelheit und spenden mit ihrem Feuer zudem Wärme. Die bildhaft-metaphorische Ausdrucksweise des lyrischen Ich legt also nahe, dass seine Texte den Lesern Orientierung, Einsicht und Zuversicht bieten sollen. Der Hinweis, dass dies „im Vorbeigehen, / ganz absichtslos“ (V. 24 f.) geschehe, ist wohl ironisch-augenzwinkernd bzw. als weiteres Zeichen der Zurückhaltung (vgl. „vielleicht“, V. 19) zu verstehen. Das lyrische Ich ist sich der Wirkung der eigenen Worte mit Sicherheit bewusst.

Schluss

Das lyrische Ich widerlegt also im Laufe des Gedichts die eigenen, im ersten Gedichtteil geäußerten Bedenken (vgl. Strophe 1–3) und widerspricht damit dem traurig klingenden Titel des Gedichts: Es ist eben nicht „wenig nütze“, ganz im Gegenteil. Durch das Niederschreiben der eigenen Gedanken gelingt es dem lyrischen Ich einerseits, nicht in die befürchtete Vergessenheit zu geraten, und andererseits, eine positive Wirkung auf die Leserinnen und Leser auszuüben. Es ist denkbar, dass sich hinter dem lyrischen Ich die Autorin Hilde Domin zu erkennen gibt, die sich selbst und ihren Leserinnen und Lesern mit dem vorliegenden „Stückchen Papier“ einen Hoffnungsschimmer bieten möchte.

Rechtschreibung und Zeichensetzung der Fremdtexte folgen jeweils der Quelle, der sie entnommen wurden.

Realschulabschluss Deutsch in Thüringen
Prüfungsaufgaben 2022

Um dir die Aufgaben und Lösungen zur **Prüfung 2022** schnellstmöglich zur Verfügung stellen zu können, bringen wir sie in digitaler Form heraus.

Sobald die Original-Prüfungsaufgaben 2022 freigegeben sind, können sie als PDF auf der Plattform **MyStark** heruntergeladen werden (Zugangscode vgl. Farbseiten vorne im Buch).

Prüfung 2022

www.stark-verlag.de/mystark